Recueil 474

1.° La font amelior. des terres 1775
2. Bourdon, marechal d'armée 1777
3. ―――― manuel du Cavalier 1737

S+1127.
H.1.

AVIS
AU PEUPLE
SUR
L'AMÉLIORATION
DE SES TERRES
ET LA SANTÉ
DE SES BESTIAUX.

PREMIERE PARTIE.

Ô! SUA SI BONA NORINT.

Par M. de La font Subdélégué et juge de la ville de gap.

A AVIGNON,

Chez J. J. NIEL, Imprimeur-Libraire,
rue de la Balance.

M. DCC. LXXV.

PRÉFACE.

UNE foule d'Auteurs ont écrit, les uns sur l'agriculture & les autres sur les maladies des bestiaux, qui sont très-fréquentes en France & ruinent la plupart des cultivateurs. Les premiers se sont occupés des moyens de perfectionner l'agriculture, d'améliorer les terres & en ont indiqué les voies : leurs ouvrages contiennent d'excellens principes fondés sur la raison & l'expérience. Les seconds ont donné des avis salutaires pour le progrès & la conservation des bestiaux, si nécessaires à la culture des terres.

Ces deux objets sont des plus importans, puisqu'ils forment la richesse de l'Etat, la source du commerce & des manufactures. Il est certain que la prospérité générale d'une nation a pour base l'agriculture, & que partout où celle-ci fleurit, l'abondance règne, les arts se raniment, le commerce prend une nouvelle vigueur, croît rapidement & pousse de tous les côtés des riches branches; la misère fuit alors les campagnes avec les crimes; l'innocence, la vertu, la bonne foi s'y fixent; l'Etat devient puissant, les Peuples sont heureux.

Mais cette prospérité, but désirable auquel nous devons tendre sans cesse, se dérobera toujours à nos efforts, si nous ne joignons la prudence aux lumières; si, par un zèle aveugle, nous forçons la nature,

PRÉFACE.

si nous l'épuisons en la tourmentant, en la fatiguant, pour que sa fécondité passe les bornes qu'elle ne peut franchir ; si, en un mot, nous exigeons qu'elle nous donne deux récoltes, tandis qu'une, mais bonne, mais abondante, est tout ce qu'elle peut nous rapporter : ne cherchons pas des biens imaginaires ; nous en avons de solides, & nous les avons, pour ainsi dire, sous la main.

Tout le secret, toute l'économie d'une bonne & riche agriculture consiste à proportionner les amendemens aux besoins des terres, à multiplier & conserver ses bestiaux ; le soin du bétail est celui dont on retire les fruits les plus prompts & les plus abondans, tant par le profit de la vente, que par le gain du travail & par le prix de ses productions.

Les ouvrages de ces amis de l'humanité, qui font l'admiration de tous les connoisseurs, devroient être entre les mains de tous les cultivateurs, surtout dans celles du peuple de la campagne, pour pouvoir profiter des lumières qu'ils fournissent ; mais malheureusement ils n'y sont pas répandus : ces écrits ont peu d'influence sur le laboureur ; il est dans l'inaction ; ses terres sont à peu près dans le même état que ses peres les lui ont laissé. L'art de la culture des terres est encore presque partout borné à la tradition de pere en fils, à quelques pratiques grossières & à un grand nombre de préjugés : enfin soit que le cultivateur s'obstine à son ancienne routine, ou

PRÉFACE.

que les méthodes pour améliorer les terres ne s'étendent pas au-delà de quelques amateurs, il est toujours dans le même état.

D'ailleurs ses bestiaux sont souvent attaqués de maladies qui les lui enlevent, parce qu'il est obligé de se confier à un maréchal qui n'a fait aucune étude, qui est dans le préjugé de quelques recettes qu'il tient de ses peres, ou à un paysan ignorant qui se donne la qualité de médecin de bestiaux, & qui assassine tous ceux dont il entreprend la guérison : aussi tous les ans il y a une étrange mortalité dans ces animaux, qui dégoûte non-seulement le laboureur, mais le met souvent hors d'état de cultiver ses terres & le fait gémir sous le poids de sa misère.

C'est seulement pour tirer le peuple de la campagne de son inaction sur l'amélioration des terres, & lui indiquer les moyens de multiplier & conserver ses bestiaux, que ce petit ouvrage a été entrepris.

L'Auteur, qui n'est inspiré que par des vues purement patriotiques, convient que cet ouvrage ne lui appartient que par l'ordre & l'arrangement qu'il lui a donné, son intention étant seulement de présenter au Public un résumé ou une compilation abrégée de ce que les meilleurs Auteurs ont écrit sur cette matière pour mettre les habitans de la campagne plus à portée d'en profiter, soit par le retranchement des détails auxquels les campagnards ne peuvent se livrer, soit par la facilité qu'ils y trouveront dans l'ordre & l'administration des remèdes, soit enfin par la modicité de son prix. Heureux si l'Auteur a pû remplir la tâche qu'il s'est proposé, & plus heureux encore si on daigne le regarder comme une preuve des sentimens qui l'animent pour le bien public.

Cet Ouvrage sera divisé en deux Parties : la première traitera de l'amélioration des terres, des notions nécessaires pour y parvenir, du soin qu'on doit avoir des bestiaux, & de la manière de perfectionner autant qu'il est possible & conserver les races des bêtes à laine.

La seconde renfermera le détail des Auteurs qui ont écrit sur les bestiaux & leurs maladies, & surtout de ceux que M. Vitet a jugé mauvais, médiocres, bons ou excellens, & de ceux qu'il a analysé, pour que les praticiens reviennent de leur méthode s'ils se trouvent dans le cas, & que les personnes qui veulent étudier cette partie ne puissent pas s'égarer dans le choix des Auteurs : elle contiendra quelques observations générales & essentielles pour les connoissances & le traitement des maladies ; elle donnera une idée de la qualité & de l'éducation des quadrupèdes domestiques, traitera de leurs maladies & des symptômes qui les caractérisent, des remèdes dont les hommes les plus éclairés se sont servis fondés sur l'expérience & l'observation ; des maladies de la volaille avec les remèdes convenables ; & enfin le détail & la vertu des remèdes analogues aux animaux & la manière de les administrer.

AVIS AU PEUPLE
SUR
L'AMÉLIORATION DE SES TERRES
ET
LA SANTÉ DE SES BESTIAUX.

PREMIERE PARTIE.
De l'Amélioration des Terres.

CHAPITRE PREMIER.
Effets des Élémens, & comment ils contribuent chacun aux progrès des Plantes.

L y a quatre élémens, la terre, l'eau, l'air, le feu ou la chaleur. La végétation est vive & forte dans les plantes, & partout où ils ont un concours libre & proportionné ; c'est cette belle végétation qui nous fait espérer l'abondance des productions de la terre ;

& notre espérance n'est frustrée que par quelque accident qui détruit les plantes ou qui interrompt ce cours, en faisant dominer l'un des élémens sur les autres, ou en tenant l'un ou l'autre dans l'inaction : mais lorsque les élémens concourent à la végétation, dans la proportion que le tempérament des plantes le demande, elles deviennent fécondes, souvent au-delà de ce que nous osions l'espérer.

Il y a des plantes de différent tempérament : les unes veulent plus de substance, d'autres plus d'eau, d'autres demandent une plus vive impression de l'air & de la chaleur; & d'autres veulent enfin une juste proportion dans le concours des élémens. De ces élémens, les uns sont la matière des plantes & des fruits, comme la terre & l'eau; les autres (l'air & le feu) sont les agens de la végétation & de la maturité. Il faut donc faire à son terrain tout ce qui peut lui donner la qualité que demandent les plantes qu'on veut cultiver, ou le choisir de la qualité que le tempérament des plantes exige.

La terre offre son sein, donne & prodigue ses sels & ses sucs gras aux semences qu'on lui confie, à toutes les plantes & aux arbres qu'elle porte. Son intérieur est un vaste magasin, où ces plantes trouvent différens sucs & des sels féconds, dont les secours se multiplient comme les propriétés. On doit en être convaincu par la variété des couleurs, des qualités, & par la différence de l'odeur & du goût, tant des plantes elles-mêmes que de leurs fruits.

Il est vrai que la terre produit plus dans un endroit, moins dans un autre; mais elle donneroit partout & toujours, si le secours des autres élémens ne lui manquoit pas, & qu'on eût soin de renouveller les sels & ses sucs épuisés, ou de faire passer dans les plantes ceux que son sein contient: on peut l'un & l'autre par le moyen des amendemens & du travail. Il est nécessaire que les plantes trouvent des sels & des sucs gras dans le sein de la terre, & c'est pour procurer ce secours essentiel aux plantes, qu'on se donne tant de soins pour ramasser des engrais & des fumiers. Voyons maintenant en quoi l'eau peut être utile à la végétation.

L'eau est pesante; elle est donc emportée par son propre poids dans les pores de la terre, dont elle pénétre toutes les parties. L'eau en pénétrant ainsi la terre, & filtrant entre toutes ses pores, transporte avec elle les sels qui lui étoient déja unis, & se charge encore de ceux que la terre contient; elle les dissout & se les attache avec les sucs gras qu'elle rencontre. Toutes ces matières sont pesantes; elles sont donc emportées par leur propre poids, & d'ellesmêmes approchées des racines des plantes. Ce mélange d'eau, de sels & de sucs gras, est mis en mouvement par l'action de l'air & de la chaleur, & par ce moyen est insinué dans les tuyaux capillaires des racines des plantes. Enfin ce mélange, dont l'eau fait la plus grande partie, devient la séve des plantes, leur nourriture & celle de leur fruit; ou plutôt devient la plante elle-même & son fruit: ainsi les sucs de la terre, les sels & l'eau sont la matière qui fournit à la végétation. Voyons maintenant comment l'air & la chaleur en sont les agens.

L'air & la chaleur sont les agens de la végétation & de la maturité des plantes & de leurs fruits, parce que leur activité, l'élasticité naturelle de leurs parties, & la facilité avec laquelle l'action du soleil les dilate, font que ces deux élémens s'insinuent bien avant dans l'intérieur du sol. Là, ils pénétrent l'eau chargée des sucs nourriciers des plantes, lui communiquent le mouvement, l'enlevent en vapeurs insensibles, l'introduisent & l'accompagnent dans toutes les fibres de chaque plante. Ce mélange insinué dans la plante, s'appelle sa séve; des parties d'air & des parties de feu pénétrent dans les plantes & dans les arbres, non-seulement par les fibres des racines, mais aussi par tous les pores des branches & des feuilles; alors ces deux élémens se donnent mutuellement des forces pour mettre la séve en mouvement. Ce mouvement est donné à la séve par la vive action du soleil, & par la diminution de cette action. D'abord la vive action du soleil dilate les parties d'air & développe la chaleur ou les parties de feu mêlées dans la séve; ce qui doit agiter & pousser chaque partie de cette séve en éloignant l'une de l'autre: l'action du soleil étant diminuée, le mouvement de l'air & de la chaleur mêlés avec la séve, est diminué aussi ; ce qui fait que chaque partie de la séve se rapproche l'une de l'autre. On sent bien que cela ne peut se faire sans que ces parties se mêlent ensemble. Cette augmentation & cette diminution de mouvement cause une espèce de circulation de la séve dans la plante, à-peu-près semblable à la circulation de notre sang dans nos veines. Dans ce mouvement de la séve des plantes, l'eau en dissout les sels, ce qu'il y a de sucs gras ou huileux y est incorporé, l'air & la chaleur continuant d'agiter le tout, jusques dans le fruit de la plante, l'assaisonnent, le digèrent, pour ainsi dire, & enfin le mûrissent.

L'air & la chaleur sont nécessaires aux plantes, pour leur perfection & pour celle de leur fruit : on distingue aisément les plantes & les fruits auxquels le secours de ces deux élémens a manqué, parce que la maturité n'en est pas parfaite. On doit remarquer que les grains & les fruits venus à l'ombre, ne sont jamais d'aussi bonne qualité que ceux qui ont joui de l'impression de l'air & du soleil.

L'action de l'air & de la chaleur est encore, à l'égard de la végétation, d'une utilité à laquelle on n'a jamais peut-être fait attention, & que ces deux élémens s'entr'aidoient mutuellement à enlever les parties d'eau de la surface de la mer & des autres endroits humides ; ils font à-peu-près la même chose dans le sol intérieur de celui qui est au-dessous de la superficie, c'est à-dire la terre qui est à un pied ou deux, & même plus, au-dessous de la surface. Par leur action, l'air & le feu échauffent l'humidité intérieure de la terre, & mettent cette humidité en mouvement; ils la soutiennent & l'élèvent en vapeurs insensibles, comme ils le font sur la surface de la mer, &c. Ces vapeurs, qui contiennent les sels & les sucs gras de l'intérieur de la terre, sont rapprochées de l'ouverture des racines des plantes, & y sont insinuées; l'air & la chaleur transportent donc aux plantes une nourriture que leurs racines ne pouvoient atteindre, & l'on sent pourquoi tout bon cultivateur est si attentif à mettre sa terre en bon & profond guéret : c'est afin que l'air & la chaleur agissent librement jusques dans les pores du sol intérieur, pour fournir aux plantes une nourriture que leurs racines ne pourroient pas se procurer sans cela.

CHAPITRE II.

Des différentes espèces de Sol.

CE que l'on a dit jusqu'à présent de la nécessité du concours des élémens dans certaine proportion, pour la fécondité de la terre, n'a été qu'afin de faire comprendre la manière dont la nature fait croître

& mûrir les productions de la terre ; parce qu'avec cette connoissance, on voit aisément quel genre d'amélioration demande chaque terrain qui n'est pas fertile ; puisqu'alors on peut connoître quelle est la cause de sa stérilité. Mais pour rendre cette connoissance plus facile, examinons les différentes espèces de terre & leurs défauts : le premier soin d'un bon cultivateur est de bien connoître son terrain.

Il y a bien de sortes de terres qui ont toutes différens noms & différentes qualités ; mais ces noms changent presque comme nos Provinces. Les espèces de terre dont les noms sont le plus généralement en usage, sont la terre-franche ou bonne terre, l'argile, dont il y a plusieurs sortes, la glaise, la craie ou le tuf, laubue, le bournais & le sable, &c.

Toutes ces espèces de terre sont fécondes ou stériles, selon que les élémens y concourent à la végétation des plantes, sans obstacle, & dans la proportion que l'on a dit être nécessaire à la fécondité de la terre.

Il seroit inutile de faire la description de chaque espèce de terre en particulier ; il y a un moyen plus simple de mettre en état de connoître assez bien le terrain, & toutes les espèces de sol, pour que l'on puisse devenir un bon & intelligent cultivateur. Pour éviter toute confusion des noms & des qualités des terres, convenons que la terre n'est composée que de deux espèces de parties : de vraie terre ou terre pure, & de sable. L'on appelle vraie terre ou terre pure, ou encore terre végétale, toutes les parties molles, fines ou déliées, de quelque couleur qu'elles foient, qui font liantes & propres à s'unir ; en forte qu'on les pétriroit aifément fi elles étoient humides. L'on appelle fable, toutes les parties de la terre qui font en petits grains de différente groffeur, folides, & pour l'ordinaire de figure à ne pouvoir fe tenir unis enfemble.

Le fol qui ne feroit compofé que de ce que l'on appelle vraie terre ou terre végétale, feroit un corps compacte, & fi lié, que l'air & la chaleur ne le pénétreroient point affez & que l'eau ne pourroit y circuler : ce fonds refteroit donc trop froid & trop ferré ; les racines des plantes ne pourroient s'y étendre ; elles laifferoient donc la plante fans accroiffement & fans végétation, ou la végétation y feroit bien languiffante.

Le fol qui au contraire ne feroit compofé que de fable, feroit fans fubftance ; l'eau y filtreroit trop facilement ; le peu d'humidité qui s'y attacheroit feroit bientôt diffipée par l'action de l'air & de la chaleur qui y agiroit avec trop de force ; les plantes y feroient fans nourriture, & en peu de tems brûlées par le foleil. Si dans les deux efpèces de terrains dont nous venons de parler il y avoit une certaine quantité de pierres, l'un & l'autre s'appelleroit fol pierreux : cette qualité les laifferoit pour le moins également ftériles.

Malgré ce que l'on vient de dire, on ne croit pas qu'on puisse trouver aucun sol qui soit tout pur vraie terre ou tout pur sable; la superficie de la terre est plus ou moins mélangée de l'une ou de l'autre de ces matières; l'on veut dire que partout il y a du moins un peu de vraie terre, ou un peu de sable mêlés dans le sol. C'est du plus ou du moins de ce mélange que dépend la bonne ou mauvaise qualité de chaque sol; c'est aussi sans doute le degré de ce mélange qui a donné lieu à la dénomination de tant de différens sols qu'on distingue partout, & souvent le même sous différens noms.

Le sol où il n'y a pas assez de sable, quoiqu'il y en ait, reste encore compacte, trop lié & trop froid; par conséquent il ne peut pas être fertile. L'on doit se souvenir que l'on a dit que les plantes avoient besoin des sels & des sucs gras de la terre pour leur nourriture; mais il faut que la terre soit disposée de façon que l'eau y filtre aisément, afin qu'elle puisse se charger de ces sels & de ces sucs qu'elle rencontrera dans les pores de la terre, & les approcher de l'ouverture des racines des plants: cependant il faut aussi que l'eau séjourne assez dans la terre pour dissoudre les sels & mêler les sucs qu'elle y trouve, & pour se les attacher. L'on a encore dit combien il étoit nécessaire que l'air & la chaleur pénétrassent assez le sol pour s'y mêler avec les parties humides, chargées des sels & des sucs de la terre ; pour les échauffer, les mettre en mouvement, les incorporer les uns aux autres ; pour les insinuer dans les racines des plantes ; & enfin pour les conduire & les faire circuler dans toute la plante : & on doit comprendre que tout cela ne peut se faire dans une terre trop compacte, trop liée & trop froide, & qu'ainsi, toute bonne qu'elle est en elle-même, elle ne peut être fertile.

Le terrain dans lequel le sable prédomineroit, jusqu'au point de lui faire donner le nom de sable, seroit un sol qui n'auroit point assez de substance, & seroit brûlé par une qualité opposée à celle du précédent : il ne seroit pas plus fertile. Cette espèce de sol étant presque sans substance & très-poreux, ne peut assez retenir l'humidité ; l'eau y passe avec trop de précipitation, entraîne avec elle la plupart des sels & des sucs qui peuvent s'y trouver ; c'est cette raison qui fait que le sol trop sablonneux consume & dévore si vîte les engrais.

L'air & la chaleur agissant avec trop de liberté dans les sables, évaporent & dissipent une partie des sels & des sucs que l'eau y a laissés ; ce qui y reste de ces sels & de ces sucs, demeure dans l'inaction & devient inutile, étant trop desséché par la force de l'air & de la chaleur. Ainsi les plantes ne reçoivent plus d'aliment, pour ainsi dire, que de la rosée & de l'air, qui leur dépose le peu d'humidité dont il est ordinairement chargé ; les plantes languissent, ou périssent faute d'une nourriture suffisante : ce qu'on ne voit arriver que trop souvent dans les sables.

Ce qu'on vient de dire de l'humidité de l'air, est pour faire connoître l'avantage que les plantes en retirent. Cette humidité est une ressource pour les plantes trop altérées dans les grandes chaleurs & dans les tems de sécheresse; outre cela l'air soutient les plantes & les fortifie; aussi voyons-nous que celles qui sont privées de l'influence de l'air, ou qui sont à l'ombre, sont foibles, languissantes & de mauvaise qualité.

L'air donne de la force & de la vigueur aux plantes, & le peu d'humidité qu'elles en reçoivent est une nourriture de plus qui les soutient; ainsi on les priveroit de cette force & de ce secours, si l'on plantoit des arbres qui deviennent trop touffus, dans les champs qui peuvent porter de bonnes récoltes. Il est incontestable que les plantes ne sauroient jouir trop librement des influences de l'air; il faut donc les débarrasser de ce qui les couvre d'ombre.

La meilleure terre pour la fécondité des plantes, est celle dont le sol est rempli de ces parties molles, fines ou déliées, que nous avons appellé vraie terre, qui est un composé de sels, de sucs gras, & outre cela d'une certaine quantité de sable, mais seulement jusqu'au degré suffisant pour le rendre facile à être mis en guéret. Le terrain de cette espèce est meilleur pour la culture

& beaucoup plus fertile que toutes les autres espèces de fonds, parce qu'il réunit toutes les qualités qu'il faut pour que les plantes jouissent du secours de tous les élémens, sans que l'un domine sur l'autre. Un sol ainsi disposé a beaucoup de substance, c'est-à-dire, est gras & chargé de sels; l'eau le pénétre aisément, & il retient suffisamment l'humidité; il est aisé à rendre meuble ou à mettre en guéret : il reçoit donc autant qu'il le faut l'action de l'air & de la chaleur, que l'on a montré être les agens de la végétation. Le meilleur sol est encore celui dont nous parlons, qui, gras & chargé de sels, tient un juste milieu entre la terre trop forte & celle qui est trop légere.

Les sémences qu'on donne à cette sorte de fonds, fermentent & germent aussitôt; elles levent facilement, les racines percent la terre & s'y étendent en liberté; la plante n'y manque point de nourriture, elle végéte avec force & devient féconde; sa maturité n'est ni prématurée ni tardive : elle est donc de la meilleure qualité.

C'est le degré du mélange du sable avec la vraie terre, qui fait la variété qu'on remarque d'un endroit à l'autre sur la surface de la terre, & c'est de-là que vient la bonne ou mauvaise qualité de chaque terrain : il y a un point nécessaire à ce degré de mélange du sable avec la vraie terre, pour que le sol ait toutes les qualités qu'il lui faut pour être fertile ou pour le devenir.

Celui qui est mêlé jusqu'à ce point, est parfait de sa nature; celui qui en approche le plus est fertile à proportion, pourvu que l'un & l'autre soient suffisamment fournis de sels & de sucs, c'est-à-dire de substance propre à nourrir les plantes. Il faut encore que l'intérieur du sol soit de bonne qualité: on appelle intérieur du sol, la terre qui est un peu au-dessous de la superficie. Plus cette couche intérieure sera profonde, plus le sol aura de force.

Le sol dans lequel le mélange du sable avec la vraie terre excéde le point nécessaire à la fertilité, & le sol où ce mélange est au-dessous de ce point, sont l'un & l'autre peu fertiles, ou même stériles, à proportion qu'ils en sont éloignés; c'est que le concours des élémens n'est proportionné ni dans l'un ni dans l'autre : l'un est brûlé & privé du suc nourricier des plantes; l'autre est trop compacte & trop lié, & ainsi trop froid, pour que les plantes puissent jouir & se nourrir des sucs & des sels que ce sol contient.

Il y a des terres bonnes, & peut-être parfaites de leur nature, qui cependant sont peu fertiles. On voit, par exemple, des coteaux fort escarpés, directement tournés vers le nord; quoique ces terres soient bonnes, par la proportion du mélange dont on vient de parler, on ne doit pas espérer qu'elles soient aussi fertiles, dans cette exposition, que celles qui jouissent d'un bel aspect du soleil : ces terres ainsi exposées au nord, restent toujours froides & tardives ; l'air & la chaleur n'y agissent point comme ailleurs ; la végétation n'y est point assez vive, ni assez forte, pour que les plantes deviennent bien fécondes.

Les terres basses & plates, quelque bonnes qu'elles soient ordinairement, ont assez souvent le défaut d'être trop humides. Cet obstacle à la fertilité, lorsqu'on met ces terres à culture, est aussi nuisible que l'exposition au nord ; la trop grande humidité les rend pesantes & froides. Le trop long séjour de l'eau dans la terre en corrompt les sels, ou les noie ; c'est-à-dire que ces sels sont alors dissous & mêlés dans une trop grande quantité d'eau ; les racines des plantes qu'on cultive sont sujettes à pourrir dans les sols trop humides ; l'air & la chaleur n'agissent que foiblement dans l'intérieur des terrains de cette nature ; la séve des plantes qui y croissent n'est point assez digérée, ni assaisonnée au point qu'il faut, pour que le fruit qui en provient soit abondant & de bonne qualité.

Il y a beaucoup de terres, & ce sont peut-être les plus communes, qui à les voir & à les toucher paroissent bonnes & fertiles ; le sol en paroît de bonne nature, & n'est ni trop léger, ni trop tenace. Si on l'examine, on trouve le mélange de la vraie terre avec le sable, approchant du point d'une terre parfaite, & pareil à celui de quelques autres fonds, qu'on sçait être bons. Pourquoi donc ce sol, si semblable à un bon, eſt-il ſi peu fertile? C'eſt que ce ſol, bon en apparence, & très-propre à le devenir réellement, a été négligé dans les labours & dans les engrais. Ce n'eſt plus qu'un ſol épuiſé par ſes productions.

La plupart des cultivateurs voudroient de bonnes récoltes, ſans ſe donner beaucoup de ſoins, & ſans travail : mais les terres négligées s'épuiſent ; alors elles n'ont point aſſez de ſels & de ſucs gras, pour que les plantes trouvent une nourriture ſuffiſante. L'air, la chaleur & l'humidité auront beau y agir dans un degré favorable, tout cela ſera inutile ; car outre l'action de ces trois élémens, il faut des ſels & des ſucs gras dans la terre ; s'ils manquent, rien ne proſpere, tout périt ou languit faute de nourriture : le concours des élémens ne ſe trouvant pas ſecondé, il n'y a point de fécondité.

Mais auſſi il eſt certain que plus on travaillera à l'agriculture, plus on remarquera qu'il eſt vrai que le concours proportionné des élémens, eſt le vrai principe de la fécondité de la terre. C'eſt donc la connoiſſance du jeu & de l'action des élémens, ou ſi l'on veut, c'eſt la connoiſſance de la manière dont la nature fait croître & mûrir les productions de la terre, qui fait la baſe de la ſcience d'un bon cultivateur. C'eſt ſur cette connoiſſance qu'il doit régler tous ſes travaux, s'il veut réuſſir à corriger ou à détruire les principaux défauts de ſa terre.

CHAPITRE III.

De la Clôture des Terres.

LA pratique d'enclorre les terres a commencé depuis long-tems en Angleterre, & y eſt maintenant preſque générale. On a éprouvé que ce ſeul avantage ne manque guères de doubler la valeur du fonds; preſque partout en France on peut pareillement remarquer, qu'un terrain enclos eſt toujours loué le double, & ſouvent le quadruple, de celui à côté tout pareil qui eſt reſté ouvert.

On a d'abord enclos de murailles; mais la dépenſe de les bâtir & de les réparer étoit trop grande, outre qu'il n'étoit pas facile d'avoir de la pierre partout; & on a trouvé qu'un foſſé avec une bonne haie d'épines, étoit meilleur à tous égards. De ſorte qu'en Angleterre, ſi on a une ferme qui ne ſoit pas encore encloſe, on ne manque pas, à l'expiration du bail, de ſtipuler avec le fermier, qu'il l'enclorra en entier dans le courant du nouveau; & de plus, la diviſera en enclos ſéparés, proportionnés à l'étendue de la ferme; & le fermier eſt toujours amplement payé de ſa peine & de ſes frais, par l'augmentation conſidérable qui en réſulte dans ſes récoltes de grains & de fourrages.

En effet, les grains ou herbages en ſont

garantis de toute espèce de bestiaux qui pourroient y venir paitre, & faire en hiver, quand la terre est molle, plus de dégât encore avec leurs pieds; l'entrée en est pareillement fermée aux paysans, qui l'automne dépouillent les chaumes, au grand détriment de la terre, pour laquelle ils font un excellent engrais naturel, ainsi que l'a observé M. de Chatauvieux; & c'est un abus trop général en France.

Mais le plus grand avantage est l'abri & le couvert que procurent les haies. Elles échauffent & changent, pour ainsi dire, le climat; elles garantissent les grains, les herbages & les troupeaux des rigueurs de l'hiver, & des vents froids & destructeurs du printems; de sorte qu'il a été éprouvé que les récoltes en étoient toujours moins tardives & plus abondantes.

En même tems les fossés dessèchent & égouttent les terres des pluies de l'hiver, & les tiennent ainsi en état d'être labourées presqu'en tout tems.

Il seroit donc bien important de travailler à enclorre pareillement les terres en France, & on en verroit bientôt les excellens effets; un fossé de six pieds de large, & de trois à quatre de profondeur, muni d'une haie vive d'épine-blanche, est très-suffisant, excepté dans le voisinage des forêts où l'on auroit à se garantir des bêtes fauves.

On peut, en quelques Provinces du Royaume que ce soit, faire creuser un pareil fossé, & planter une haie vive à peu de frais.

Tous les dix-huit ou vingt pieds, on doit planter un arbre sur la même ligne que la haie, soit chêne, orme, hêtre, frêne, ou tout autre convenable au terrain ; ils servent à la fortifier, & fournissent dans la suite des bois utiles, indépendamment de l'abri qu'ils donnent aux bestiaux dans l'hiver & dans l'été. Ce pourroit même être des arbres fruitiers, comme des oliviers, amandiers, mûriers dans les Provinces du midi, & des pommiers & poiriers dans celles du nord.

Tant que la haie est jeune, il faut la sarcler exactement des mauvaises herbes, & à la seconde année il faut la couper près de terre ; elle formera dès la troisième ou quatrième un abri très-avantageux pour les terres, & à la cinquième ou sixième, elle les défendra de toute espèce de bétail. La taille de la haie & des arbres servira au chauffage du fermier, & le payera du soin de l'entretenir en bon état.

Comme les champs sont maintenant tous ouverts en la plupart des Provinces de France, il faudroit, si on entreprenoit de les enclorre, une grande quantité d'épines, & il seroit nécessaire en ce cas, de ne pas perdre de tems à en former partout des pépinières. On les peut faire de graines ou par les fibres des racines de vieilles épines. Si on les fait de graine, il faut la semer aussitôt qu'elle est recueillie de dessus l'arbre ; cela l'avance d'un an.

La

La ferme étant totalement enclose, il faut la diviser par de pareils fossés de six ou seulement de quatre pieds munis de haies, en un certain nombre de parties égales, & plus ou moins grandes, selon son étendue & la nature du terrain, comme depuis dix jusqu'à vingt-cinq, ou tout au plus trente arpens; & chacun de ces moindres enclos doit être disposé de façon qu'on puisse y avoir un accès libre de la ferme, laquelle, s'il se peut, doit être placée au centre.

La clôture de tous les champs est un point qu'on croit ne pouvoir trop recommander; bien des gens répugnent à cette dépense & contestent ses avantages: on a néanmoins fait voir qu'elle n'étoit pas exorbitante; le produit même des arbres, qui viendroient à plaisir sur la terre relevée du fossé, en pourroit dédommager, ainsi que du terrain mangé par l'ombre & les racines. Quant à son utilité, on en a tous les jours des exemples sous les yeux: on en cite un qu'on a suivi le printems de l'année 1758, dans l'enclos des Chartreux de Paris, sur une pièce de luzerne qui a été assez mal semée, & qui n'ayant été ni mieux soignée ni plus fumée que celles de la plaine voisine, leur ressembloit l'automne & tout l'hiver; mais vers le 15 de Mars le tems s'étant adouci, elle a commencé à pousser de telle sorte, que le premier Avril elle étoit haute de dix pouces, & auroit déja pû être coupée pour donner en vert aux bestiaux; tandis qu'aucune de celles de la plaine, & à la sortie même de la barriere, où elles sont à portée d'être mieux fumées, n'avoit pas plus de quatre à cinq pouces de hauteur. Le premier Mai la luzerne du clos avoit vingt à vingt-quatre pouces de hauteur, les meilleures de la plaine n'en avoient que douze à quinze, & les moins abritées dix à douze ; cette gradation pouvant s'observer sur toutes à proportion du couvert : enfin le vingt Mai elle étoit en boutons & bonne à couper en foin ; de sorte qu'elle pourroit donner sa seconde coupe vers la fin de Juin, tems où se fait la première dans la plaine.

On trouvera à peu près cette supériorité à tous les fourrages, grains, légumes & productions quelconques enclosées & abritées ; on la leur voit dans les jardins, potagers, vignes & vergers, & dans les parcs, où jusqu'aux landes & bruyères qui se rencontrent à l'abri, prennent un air plus riant.

CHAPITRE IV.

De l'Amélioration des Sables.

Dans un sol trop sablonneux, ou autrement dans les sables, l'air & la chaleur agissent avec trop de force, ce qui en consomme les sucs & en dissipe les sels. L'eau ne séjourne point assez dans le sable pour entretenir la sève des plantes. Le fumier qu'on y met est bientôt desséché, brûlé, dévoré, & comme anéanti par l'ardeur du soleil ; les parties grasses en sont emportées par l'eau, en sorte que le sol reste sans substance & les plantes sans nourriture. L'abondance des fumiers & la multiplicité des labours, ne feroient même que rendre cette espèce de sol plus brûlant & plus aride, puisqu'il seroit plus échauffé & plus souvent ouvert à l'action de l'air & de la chaleur ; à moins qu'on n'y eût mis des terres liantes & des fumiers gluans & bien consommés.

Un moyen assuré de fertiliser le sol trop sablonneux, c'est de lui donner de la substance & de la liaison ; toutes les terres grasses, compactes ou spongieuses, produiront cet effet, parce que ces terres mêlées & incorporées au sol trop sablonneux, lui portent une abondance de sels & de sucs gras dont il manquoit. Ces terres y modéreront l'action de l'air & de la chaleur ; le sol étant plus lié, retiendra & conservera plus d'humidité. On voit que par cette amélioration, on rétablit l'harmonie entre les élémens, c'est-à-dire leur concours ; ce qui doit convaincre qu'elle est infaillible dans la réussite.

Paroîtra-t-il encore étonnant que des terres, qui, employées séparément, sont stériles, deviennent par leur mélange, d'une fertilité admirable ? Qu'on n'en soit point surpris : les terres sont peu fertiles par deux défauts contraires ; les unes, parce qu'elles sont trop liées, trop compactes & trop froides ; les autres, parce qu'elles font trop maigres. Pour corriger ces défauts, il suffit de donner pour engrais aux terrains, une terre d'une nature contraire à ce terrain. Le fol trop fablonneux fera donc amélioré en y mêlant une quantité fuffifante d'argile, de glaife, de marne graffe, de craie ou tuf pourri ou diffous à la pluie & à l'air. En un mot, toute terre graffe & liante fera un engrais excellent pour les fables : malgré cela, il faut toujours ajouter le fumier ordinaire & les labours, à tous les amendemens qu'on donne aux terres de quelque nature qu'elles foient : le fumier & les labours aident à incorporer le mélange des terres l'une avec l'autre, & par-là produifent un meilleur effet qu'ils ne faifoient avant l'amendement.

Un cultivateur laborieux & entendu, ne néglige aucune amélioration qui ne paffe pas fes forces. S'il a de l'émulation, il trouvera communément fur fon propre fonds, de quoi améliorer, fans grande dépenfe, furtout les fols qui ne péchent que dans leur fuperficie. Il faut faire des effais ; l'expérience eft de tous les moyens humains, le plus propre à nous conduire à la méthode la plus certaine d'améliorer nos terres.

Si l'on n'a que des fables à cultiver, il faut redoubler d'efforts pour les améliorer ; en n'entreprenant de le faire que par morceau à morceau, peu-à-peu on en viendra à bout. La Providence, en prévoyant nos befoins, a fu y pourvoir : prefque partout elle a placé dans l'intérieur de la terre, de quoi fertiliser la surface. Ne voit-on pas par-tout, pour ainsi dire, que le sol trop sablonneux, où les sables couvrent à peu de distance de leur surface, une certaine épaisseur d'argile, ou d'autres terres liantes & grasses, qui font un engrais infaillible pour le sol trop sablonneux ?

On conseille d'ouvrir, d'endroit à autre, l'intérieur de la terre trop sablonneuse, & on y trouvera de ces terres grasses & liantes : si elles ne sont qu'à la profondeur d'où un homme puisse les extraire, les jetter sur le champ & les y répandre, on les fertilisera certainement; cette amélioration ne sera pas bien coûteuse. On aura l'attention d'ouvrir le champ en plusieurs endroits, & prendre ces terres dans ceux où elles seront plus près de la surface, & dont la voiture sera plus courte, parce qu'en agriculture, il est important de diminuer les opérations, si l'on veut multiplier les avantages.

Si on ne trouve point de terre grasse & liante dans la pièce de sable qu'on voudra améliorer, on fouillera dans celle qu'on aura plus proche; s'il y en a, il ne coûtera qu'un peu plus de voiture; mais si on n'en trouve point encore, on tâchera de découvrir de la marne à la proximité; au défaut de marne, on aura recours au tuf. A l'égard du tuf, on l'écrasera & on le divisera le plus qu'il sera possible, ensuite on le mettra pourrir avec de la litière, en y joignant les fumiers ordinaires, & on aura un engrais excellent pour les fables, & même pour toutes les autres terres; il ne faut pas se rebuter de ses premières recherches, ni de ses premières expériences: un cultivateur doit être industrieux, actif & laborieux, s'il veut réussir.

La terre neuve est ordinairement bonne partout, si on la mêle avec un sol de différente nature de la sienne; on fera donc des épreuves, puisqu'il n'en coûte qu'un peu de tems & de travail pour doubler ses récoltes.

Lorsqu'on aura répandu de l'argile, de la glaise, du tuf, ou quelqu'autre terre forte que ce soit sur le fonds, on ne doit pas se décourager si cet engrais ne répond pas d'abord à nos vues; ces substances sont si gluantes & si coriaces, qu'il faut quelquefois deux ans pour les incorporer au sol; mais le sol, à force d'être brisé & mêlé par la charrue, change de nature & devient fertile.

Si on ne veut rien risquer dans les expériences qu'on en fera, on peut les faire d'abord en petit dans deux ou trois endrois de ses terres, du même dégré de qualité & de même étendue; dans l'un on pourra mettre la valeur d'une charretée des terres dont on voudra se servir pour améliorer son terrain; dans l'autre en mettre la valeur de deux; & enfin dans un troisième endroit en mettre la valeur de trois charretées; par-là on verra quelle est la quantité de terre étrangère au sol qu'on devra y répandre pour l'améliorer suffisamment.

Il est certain qu'il vaut mieux répandre dès l'hiver des terres grasses, liantes & compactes, dont on veut améliorer un champ. Ces terres ne produisent un bon effet que quand elles sont bien divisées, mêlées & incorporées au sol. En les répandans dès l'hiver, l'air, les pluies & la gêlée aideront à les diviser ; ces terres une fois mêlées & incorporées au sol dont on parle, lui donneront de la consistance & le rendront plus susceptible de profiter de la graisse & des sels des fumiers, en les y arrêtant davantage. Le sable a besoin de ce secours, parce qu'admettant très-facilement l'eau entre ses pores, & ne la retenant pas assez, elle s'y absorbe & s'y perd entièrement, elle entraîne avec elle les substances nutritives que les fumiers portent aux plantes ; outre cela l'argile & les autres terres liantes, modérent par la fraîcheur naturelle la trop vive action de l'air & de la chaleur, qui altérent la végétation, & dévorent si souvent les plantes dans les sables.

Il y a des sables de différent dégré de qualité, qu'on peut distinguer par différens noms ; le sable presque pur, est celui qui n'a que très-peu d'autre terre mêlée avec lui ; c'est là celui qu'on nomme simplement sable : le sol où le sable domine beaucoup, & cependant qui a assez de terre pure mêlée avec lui pour donner des récoltes médiocres, se nomme sable gras : le sol où le sable ne domine pas tant que dans le précédent, qui cependant en a assez pour que la terre pure qu'il a ne prenne pas aux pieds, quoique le sol soit mouillé, est appellé terre légére. Ces différens sables demandent plus ou moins d'amendemens selon leur qualité.

Le raisonnement & le bon sens doivent guider le cultivateur dans l'usage & l'espèce des amendemens ; s'il n'adapte & ne proportionne ses engrais & ses labours à la nature de son terrain, il voit toujours ses espérances trahies. Un cultivateur intelligent choisit un tems humide pour labourer ses sables, dans lesquels il n'a pû mettre d'argile ou autres terres liantes. Ce sol labouré immédiatement après une petite pluie, ou du moins étant encore mouillé, reste un peu plus lié ; par-là il conserve plus d'humidité, & se trouve moins ouvert à la trop vive action de l'air & de la chaleur.

Il faut avoir l'attention de mettre dans les sables le fumier le plus consommé ; parce qu'étant plus gras & plus gluant, il s'attache davantage au sol & s'y conserve plus long-tems. C'est aussi le mieux de ne le voiturer que dans le tems qu'on veut semer, & surtout de n'en répandre que sur le terrain qu'on veut semer dans le jour ; parce que le fumier exposé au grand air, ou rôti au soleil, s'évapore & perd sa qualité. Il ne faut donc pas le voiturer, ni l'enterrer long-tems avant la semaille, puisque l'eau passant trop facilement entre les pores du sol sabonneux, entraîneroit avec elle les sels & la substance du fumier ; il s'y feroit une espèce de lessive qui emporteroit les sels & la graisse du sol.

La plupart des sables produisent beaucoup de chiendent, l'une des plus mauvaises herbes & des plus nuisibles aux bleds ; les labours, soit avec la charrue, soit avec la bêche, ne la détruisent pas. Il faudra donc, toutes les fois qu'on labourera des sables, avoir le soin d'ôter le chiendent avec la main si on veut s'en défaire ; pour cela on fera aller des enfans le long de chaque sillon, pour ramasser tous les brins de chiendent qu'ils verront à droit & à gauche ; ils le mettront sur le sillon par petits paquets que l'on rassemblera pour brûler ; parce que cette herbe ne périt pas pour être arrachée, & que le moindre petits bout qui en rentre en terre, reprend racine & se multiplie.

CHAPITRE V.

Des différentes Terres fortes.

POUR éviter la confusion des noms des différens sols, il convient de dire que la terre, dans sa surface, n'est que de deux espèces de parties ; de sable & de vraie terre, ou terre végétale : on vient de dire que c'est le dégré du mélange de la terre avec le sable, qui donne au sol sablonneux plus ou moins de qualité, selon la proportion du mélange. C'est aussi ce différent dégré de mélange qui fait diviser en trois cette espèce de sol ; l'un, qu'on appelle simplement sable ; l'autre, sable gras ; & le troisième, terre légére.

Il ne seroit pas possible d'en faire de même à l'égard des terres fortes : on ne pourroit pas les désigner chacune par un nom qui fixât le dégré du mélange du sable avec elles, quoique ce soit aussi ce dégré de mélange qui les rend de bonne qualité, ou du moins propres à le devenir: mais on ne s'attachera point à donner des noms propres aux terres fortes, cela seroit assez inutile.

Afin d'éviter les trop longs détails & la multitude des divisions qu'on pourroit faire des différens sols, on conviendra encore une fois pour toujours, qu'on appellera vraie terre, celle qui n'est point sable, c'est-à-dire celle dont les parties sont molles, liantes & grasses ; ou autrement, que ce sont toutes les parties molles, liantes & grasses de la terre qu'on appelle vraie terre, ou terre végétale. Que ce soit de l'argile, de la glaise, du tuf ou quelqu'autre espèce ; enfin qu'elle soit noire, grise, jaune, rougeâtre, ou blanche &c., & on s'en tiendra à ce dont on a convenu, & on appellera tout cela vraie terre.

Maintenant pour mieux fixer la connoissance de la nature des différens sols, & pour ne pas tomber dans l'embarras de leurs différens noms, on appellera en général terres fortes, toutes celles où la vraie terre domine sur le sable, & qui prennent beaucoup aux pieds étant mouillées, quoiqu'il y ait un peu plus ou un peu moins de sable mêlé au sol. On ne cessera pas pour cela de le nommer terre forte, pourvu qu'il soit liant & qu'il prenne beaucoup aux pieds quand il est mouillé.

Il seroit bien difficile de connoître les différens sols par les différens noms qu'on leur donne, puisqu'ils changent comme les Provinces; la meilleure manière est donc de les connoître par leurs différentes qualités : on suivra cette méthode & on appellera terres fortes :

1°. La terre franche, ou bonne terre, c'est-à-dire celle qui contient assez de substance (on veut dire des sels & de sucs gras) pour fournir à d'abondantes productions, & qui a assez de sable mêlé avec elle, pour la rendre facile à être mise en bon guéret, sans en avoir trop, ni la rendre trop légére ou trop ardente : ce dégré de mélange est bien rare.

2°. Les terres grasses & pésantes, c'est-à-dire celles qui sont trop liantes & trop compactes, qui cependant sont assez fertiles, lorsqu'elles sont travaillées dans un tems convenable, & que l'année n'est ni trop pluvieuse ni trop séche.

3°. On doit encore comprendre au nombre de terres fortes, les terres humides, c'est-à-dire celles qui sont trop plates, ou trop basses, qui sont gluantes, & qui restent trop froides par le long séjour de l'eau.

4°. Les terres séches ou brûlantes, c'est-à-dire celles qui sont plus propres à recevoir l'impression du soleil, & qui en sont très-susceptibles, comme le tuf, &c. qui cependant sont grasses & liantes quand elles sont mouillées, mais dont l'humidité se dissipe promptement.

5°. Il y a certains sols qu'on appelle maigres, parce qu'ils produisent peu ; on les met aussi au rang de terres fortes, puisque la terre pure y domine sur le sable, & qu'elle prend aux pieds lorsqu'elle est humide. De ces sols il y en a qui ont toutes les apparences de la bonne terre, sans cependant être bons ; ce sont des terres usées par leurs productions, parce qu'elles ont été négligées ; les sels & la graisse en sont épuisés, & parconséquent la substance. C'est sans doute, pour cette raison, que partout on les appelle terres maigres.

6°. Sur les hauteurs & dans les coteaux, on trouve des sols plus ou moins pierreux, dont la meilleure terre a été emportée par les eaux. On met encore celles-ci au nombre des terres fortes ; parce que ce qu'il y reste de terre avec les pierres, est de nature liante.

On croit qu'il y en a assez pour faire connoître la nature de toutes les terres qu'on verra ; cependant il faut s'attendre de trouver un peu de différence, même entre celles qui sont de la même espèce : il y a toujours un peu du plus ou du moins en ce qui les rend de telle ou de telle nature; par exemple, ce qu'on appelle terre franche ou bonne terre, n'a pas toujours le même dégré de bonne qualité; l'une aura un peu plus de substance; dans l'autre, le mélange du sable avec la bonne terre ne sera pas au juste dégré qui la rendroit parfaite. Ces petites différences ne changent point la nature de ces terres; on ne doit pas pour cela les distinguer de rang: ainsi l'une & l'autre ne sera pas moins réputée terre franche ou bonne terre.

Il en est de même des autres espèces; les terres grasses & pésantes, les terres humides, les terres séches ou brûlantes; enfin les terres maigres ou pierreuses, le sont toutes un peu moins, sans que cela change leur nature: le cultivateur doit cependant faire attention à la différence qu'il y a entre un sol & un autre de même espèce, afin de régler ses travaux, ses engrais & ses labours sur ce dégré de différence.

Si on a bien compris ou si on se souvient de ce qu'on a dit en développant le vrai principe de la fécondité de la terre, on doit voir, à la moindre attention, ce qu'il faut faire, & les amendemens qu'il faut donner aux différentes terres fortes, pour en corriger les défauts & les rendre plus fertiles; mais pour ne rien négliger de ce qui peut être utile, on parlera bientôt de l'amélioration de chaque espèce de terre forte en particulier.

CHAPITRE VI.

Des Terres grasses & pésantes, & des moyens de les améliorer.

LEs terres grasses & pésantes sont trop liantes & trop compactes ; cependant elles sont passablement fertiles, lorsqu'on a l'attention de leur donner les façons dans un tems serein, & que l'année n'est pas trop pluvieuse ni trop séche. Ces deux accidens ruinent souvent les récoltes des terres grasses & pésantes : il faut donc tâcher de les en préserver.

Ces terres récompensent toujours des travaux qu'on y fait & des amendemens qu'on leur donne. Les fonds gras & trop pésans, une fois améliorés, dédommagent au centuple le cultivateur laborieux & intelligent ; mais pour les rendre plus fertiles, outre la multiplicité des labours qu'ils demandent, il faut leur donner des engrais qui aident les labours à rechauffer le sol, à le diviser ou à le mettre en guéret ; parce que la tenacité & la froideur du sol gras & pésant, sont les défauts qu'il faut détruire. L'intelligence du cultivateur doit donc lui faire mettre en usage tout ce qui peut produire ces bons effets : lorsqu'on connoît les défauts de sa terre, il faut tourner tous ses soins à les corriger.

Les terres grasses & pésantes sont bonnes

de leur nature ; mais étant trop liantes & trop compactes, elles sont communément trop froides ; tout ce qui peut contribuer à réchauffer le sol & à le diviser, est donc nécessaire pour l'améliorer : il est certain que plus une terre est divisée & ameublie, c'est-à-dire que plus elle est en guéret, plus elle est susceptible de fertilité ; ainsi le premier amendement pour les terres grasses & trop liantes, est de les labourer plus que les autres terres, mais toujours par un beau tems & lorsqu'elles ne sont pas trop mouillées, parce qu'alors l'air & la chaleur pénétrent le sol avec plus d'activité & de force, le divisent mieux, & le mettent par conséquent en meilleur guéret.

La Providence fournit partout, au cultivateur laborieux, l'une ou l'autre des matières propres à ameublir sa terre grasse & trop gluante, propres à la réchauffer & à la ranimer. Si on peut avoir de la marne, la réussite en sera infaillible ; car il est incontestable que la marne est le plus certain & le plus durable de tous les amendemens ; à son défaut, le tuf broyé & pourri avec les litières dans vos cours, ou aux abords de la maison, & mêlé avec le fumier, y fera un très-bon effet. Si cette ressource manque encore, les chaintres ou gazons du tour des terres, bêchés & mis en tas pendant l'hiver, répandus & incorporés au sol dans l'été d'après, serviront beaucoup à l'améliorer ; la vase ou la boue des marés, des étangs, des ruisfeaux & des foſſés, étant deſſéchée & hivernée, devient un terreau très-propre à rompre ou diviſer un ſol gras & peſant, ſurtout ſi elle eſt mêlée de gravier & de ſable; elle eſt même ordinairement un excellent engrais partout où on le met.

Le ſable, le gravier même amélioreroient un ſol trop gluant, parce qu'ils lui donneroient un état d'ameubliſſement favorable à la germination de la ſemence, & au progrès de la plante dans ſa végétation; car plus la terre eſt en guéret, plus ſes molécules ou parties ſont diviſées; alors les racines des plantes ont plus de liberté de s'étendre & de ſe multiplier; par conſéquent de pomper plus de nourriture.

Les ſables & le gravier paſſent pour naturellement chauds; on doit donc en faire uſage quand on n'a pas autre choſe de meilleur pour réchauffer les ſols froids, gras & trop gluans. Ce mélange doit rompre le ſol, le tenir plus meuble, & ainſi l'échauffer, puiſqu'il l'ouvre à l'action de l'air & de la chaleur: il l'ouvre ainſi aux racines des plantes, & facilite l'écoulement des eaux: ce qui fait un double avantage.

Peut-être dira-t-on: puiſque la grande ſéchereſſe nuit beaucoup aux productions des terres graſſes & peſantes, il ne faut donc y rien mettre qui réchauffe le ſol, ni qui en facilite l'écoulement de l'eau en l'ameubliſſant. Mauvais raiſonnement;

l'expérience nous apprend que plus un sol est bien divisé & mis en bon guéret, plus il conserve long-tems un état de fraîcheur nécessaire, & n'en conserve que ce qu'il en faut ; au lieu que si on le laisse en masse, la sécheresse y forme une croute, le durcit & l'altére jusqu'au fond, & alors tout périt ou languit.

Il n'est pas croyable qu'il y ait une seule ferme, où on ne puisse se procurer un ou plusieurs des engrais dont on vient de parler; il n'y en a donc point qu'un cultivateur laborieux & entendu ne puisse améliorer : il faut du travail, il est vrai ; mais tout cultivateur doit savoir que les plus petits soins produisent des grands avantages en agriculture, & à plus forte raison les améliorations solides & durables, c'est-à-dire celles qui rapprochent le plus un sol des qualités de la bonne terre. Tel est le mélange des terres qu'on vient d'indiquer.

Une des plus utiles méthodes que l'agriculture ait adopté, c'est de la labourer en planches bombés ; la forme que nous donnons au faîte des maisons, sans avoir pensé pendant long-tems à la donner à nos champs, convient surtout aux terres argileuses, compactes, humides. Si cette méthode exactement suivie pour les habitations & les chemins, rend les uns plus sains & les autres plus commodes, admise dans l'agriculture, elle est un préservatif contre les disettes ; on donne par-là un écoulement aux eaux ; les champs en sont moins humides, & les plantes peuvent alors, non-seulement ne pas souffrir de l'hiver le plus âpre, mais même profiter de ses violences & de ses rigueurs.

CHAPITRE VII.

Des Terres humides ou aquatiques, & de la manière de les fertiliser.

ON appelle terres humides, celles qui sont trop plates & trop basses, de nature gluante & compacte, & qui restent trop froides par le long séjour de l'eau qui y croupit: il est impossible que les terres de cette nature, étant trop froides, soient bien fertiles; car le défaut de chaleur, est un effet inséparable d'une trop grande humidité. Ce défaut est un des principaux obstacles à la fécondité des terres.

En général toutes les plantes, & surtout les bleds, demandent un degré modéré d'humidité & de chaleur: il est vrai que la trop grande humidité est quelquefois l'effet du tems; mais plus souvent encore, elle est l'effet de la nature du sol ou de sa position: dans ces deux derniers cas, l'intelligence du cultivateur & son travail, peuvent remédier aux défauts de son terrain & le fertiliser.

Un sol peut être humide par différentes causes: 1°. Lorsque la surface est grasse & bonne, & que le sol intérieur étant de nature liante & compacte, laisse trop lentement filtrer l'eau entre ses pores; alors la surface en regorge & devient trop humide. Cette eau ne peut, pour ainsi dire, se dissiper que par l'action de l'air & du soleil; ce qui doit être si long, dans la terre liante & grasse, que souvent une seconde pluie survient avant que l'eau de la précédente soit évaporée. Il est donc certain que ces terres seront trop humides, & ainsi trop froides.

Le premier soin du cultivateur doit être, en ce cas, de faire de bons fossés, larges & profonds autour de ses terres pour en recevoir les eaux. Lorsque la clôture ou haie du champ n'a pas besoin de la terre qu'on tire de ses fossés, il faut la mêler, si elle est bonne, avec la terre de la chaintre de ce champ; les chaintres doivent être bêchées à profondeur de pêle, s'il y a moyen de le faire. Si la terre du fossé étoit trop pierreuse, il seroit inutile de la mettre dans le champ; mais si elle n'est que graveleuse ou sablonneuse, on fait bien, ou du moins on l'a dit, que les petits graviers & le sable peuvent amender un sol trop gluant & trop humide.

Lorsqu'on se trouvera dans le cas dont on parle, on fera de la terre qu'on tirera du fossé & de celle qu'on bêchera dans la chaintre, un gros sillon sur le bord du fossé : vous l'y laisserez passer l'hiver. Il faut ordinairement un an à ces terres pour se bien diviser & se mûrir ensemble ; on repandra cet engrais dans le champ en levant le guéret ; il faut avoir l'attention d'en mettre dans le milieu de la pièce plus qu'ailleurs, si elle est plate ; mais si elle a bien de la pente, c'est dans le haut qu'il en faudra mettre davantage ; parce que l'eau entraîne toujours avec elle la substance de la terre vers le bas. C'est à cause de cela, qu'un champ à côteau, doit toujours être plus fumé dans le haut que dans le bas, si l'on veut qu'il soit également bon partout.

Si le sol trop humide a assez de profondeur, c'est-à-dire, s'il est en-dessous de la même nature qu'à sa surface, ou du moins s'il est de nature à pouvoir devenir bon, il est nécessaire alors de plonger la charrue le plus qu'il est possible ; parce que le sillon étant plus élevé, la terre s'égoutte mieux & devient plus saine

Comme on la supposera trop disposée à retenir l'eau, il faut y faire des saignées, ou ce qu'on appelle communément, essevoirs, pour attirer l'eau & la conduire dans le fossé ; on sait bien que ces saignées sont de petites rigoles qu'on fait en coupant obliquement les sillons, afin de donner de l'écoulement à l'eau de chaque sillon ; cependant on tâchera que la pente en soit la plus douce qu'il est possible : on doit aussi diriger ses sillons un peu en pente ; mais on doit bien se garder de les mettre jamais du haut en bas ; l'eau entraîne toujours avec elle la meilleure terre & la graisse du champ, si on lui donne une pente trop rapide. Il faut donc que la pente des rigoles & des sillons, soit la plus douce qu'on peut, afin de ne pas détériorer le champ.

2°. Un fonds peut être trop humide, parce qu'il est dans une position trop horizontale, c'est-à-dire trop plate, ensorte qu'il ne paroît pas avoir de pente sensible; l'eau y séjourne trop alors, n'ayant point de pente pour son écoulement; la pièce reste donc trop humide, &c.

Les terres fortes qui ont une position horizontale, comme on le suppose ici, ont absolument besoin de larges & profonds fossés, des rigoles ou saignées pour en tirer l'eau; mais s'il arrivoit, ce qui est rare, qu'une pièce de terre fût plus basse dans son milieu que dans son contour, il n'y auroit alors que deux moyens de la dessécher; l'un en faisant un bassin ou grand trou dans l'endroit le plus bas, pour recevoir les eaux de la pièce, en ayant soin de tirer la boue de ce trou, toutes les fois qu'il seroit possible de le faire; l'autre moyen de dessécher cette terre, seroit de faire un petit fossé, à partir de l'endroit le plus bas du champ, & lui donner de la pente pour que l'eau y descendît, & allât dans le gros fossé de clôture, qui pour cet effet doit être bien profond; les rigoles ou réservoirs seront alors dirigés de façon à conduire l'eau des sillons, vers le bassin ou dans le petit fossé qu'on aura fait.

Au reste, les autres améliorations doivent être les mêmes que celles indiquées pour les terres dont est question au n°. premier ci-dessus.

Les fossés dont on vient de parler, font faire une réflexion, qu'on a lieu de faire en bien des endroits. Il falloit que nos peres fussent plus entendus que nous en agriculture, puisqu'on ne voit presque point de piéce de terre forte, ou sujette à trop d'humidité, qui ne soit entourée de bons fossés. Aujourd'hui tous ces fossés sont comblés, & il ne paroît pas que depuis un tems immémorial ils ayent été vuidés : on le dit à la honte des cultivateurs ; à peine en voit-on un assez laborieux pour entreprendre de les réparer : ignoreroient-ils que la trop grande humidité est un des grands obstacles à la fécondité de la terre ? est-ce qu'on ne pense pas que ces vieux fossés sont pleins de la graisse & des sels de la terre ? Ces vuidanges sont un des meilleurs engrais, lorsqu'on les a laissés un hiver en monceau s'égoutter & se mûrir ensemble.

Un bon cultivateur doit avoir soin que les fossés qui servent à égoutter ses terres, & ceux qui servent au passage des eaux des pluies ordinaires ou des orages, soient souvent nettoyés ; il doit aussi avoir l'attention de faciliter l'écoulement des eaux des ruisseaux & des fontaines qui se trouvent ou passent sur ses terres ; pour cela il faut en entretenir les lits nets & libres.

Les vestiges des vieilles marnières écroulées & celles qui existent encore, donnent lieu à la même réflexion qu'on vient de faire à l'occasion des fossés.

3°. On voit des terres presqu'à mi-côté, qui par leur situation en pente devroient être saines, & cependant sont trop humides. Cette humidité vient de l'intérieur du coteau, d'où il se fait une transpiration continuelle : il y a quelques endroits où cette transpiration est abondante : ce ne sont pas des sources vives ; mais c'est toujours une certaine quantité d'eau qui coule une grande partie de l'année, & qui humecte trop les terres qui sont au-dessous de ces écoulemens : cette humidité trop entretenue, nuit par son abondance, & rend le sol trop froid.

Si cette humidité se répand dans tous le bas d'une pièce de terre, il sera nécessaire de faire un fossé profond, en suivant le travers du coteau, c'est-à-dire, parallelement à la face du coteau. Ce fossé sera ouvert au-dessous où commence à paroître l'humidité, afin d'attirer l'eau de l'intérieur des terres, & de lui donner de l'écoulement par l'un des bouts du fossé : si cette humidité avoit quelques sorties visibles, comme il arrive quelquefois, alors il suffiroit de faire de bonnes rigoles qui attirassent cette eau & l'empêchassent de se répandre dans le sol.

Peut-être, dira-t-on, qu'il est bien désagréable de couper une belle pièce de terre en plusieurs morceaux : cela est vrai ; mais il est encore bien plus désagréable de ne pas tirer parti de sa meilleure terre, faute de la rendre saine. En général, la terre trop humide ne sauroit être trop coupée & desséchée.

4.º. Les terres trop plates & trop basses, recevant les eaux de tous côtés, sont souvent marécageuses, ou du moins presque toujours trop humides, trop froides, & par conséquent peu fertiles si on en fait des terres labourables ; la plupart de ces terres se trouveroient de bonne nature, si l'humidité n'y étoit qu'à un degré modéré. Pour les terres seulement humides & compactes, les rigoles & les fossés, de largeur & de profondeur ordinaire, suffisent ; mais pour celles dont il est ici question, & dont la position attire les eaux des environs, il faut des fossés plus larges & plus profonds, afin que l'eau trouve des réservoirs où se retirer : c'est le seul moyen de les fertiliser.

5º. On trouve jusqu'à des sables dont la situation, quoique plate, ne paroît pas trop basse, & qui cependant sont trop humides. Cela arrive lorsqu'il y a peu au-dessous de la superficie, un lit d'argile ou de glaise qui retient l'eau & en empêche l'écoulement : outre le tort que porte cette humidité croupie, elle entretient encore une multitude de mauvaises herbes qui étouffent & affament les plantes cultivées.

Cette espèce de sol a besoin de fossés

comme toutes les autres terres humides : premier moyen de les deffécher. Il y en a encore un autre dont on peut tirer un double avantage. On suppose ses sables trop humides, parce qu'un lit d'argile ou de glaise, qui est peu au-dessous de leur surface, retient l'eau : on n'ignore pas que l'argile, ou toute autre terre liante, est un engrais pour les sables. Un cultivateur actif & intelligent, ne doit donc pas hésiter d'ouvrir le sol dont on a parlé dans les endroits où l'eau séjourne davantage.

Il faut dans cette opération, avoir l'attention de jetter la terre de la surface tout d'un côté de l'ouverture ; ensuite le sable qu'on trouve jusqu'à l'argile, se met d'un autre côté ; alors on tire & on met à part l'argile jusques à ce que le lit en soit entièrement percé. Le lit d'argile, sous les sables, n'a ordinairement que depuis deux jusques à cinq ou six pieds de profondeur ; & sous lui on trouve du sable, ou autre terre qui laisse passer l'eau. Ce premier ouvrage fait, on remplit l'ouverture avec le sable qu'on a tiré, & d'autre qu'on prend à côté ; on remet ensuite celui qui y étoit. Ce trou fait un passage pour l'eau, qui pénétrant aisément dans les sables dont on doit le remplir, se perd de-là dans l'intérieur des terres. Cette opération faite en plusieurs endroits d'un champ, le desséchera certainement ; l'argile qu'on en aura tiré servira à amender le terrain en l'y répandant, comme on l'a dit en parlant de l'amélioration des fables.

Mais, dira peut-être quelqu'un, si le lit d'argile a tant d'épaisseur, qu'on ne le puisse percer, ce sera bien de l'ouvrage inutile. Point du tout : les trous qu'on aura remplis de sable, contiendront toujours une certaine quantité d'eau ; ce sera déja autant de moins dans la superficie du sol : les fossés qu'on fera autour de la pièce, acheveront de le dessécher suffisamment, pour que l'argile lui devienne un engrais favorable.

Les frais de ces ouvrages ne doivent pas effrayer. Si l'argile n'est qu'à la profondeur ordinaire, deux ou trois hommes peuvent bien dans une semaine, faire les trous, tirer l'argile, & la répandre dans l'espace d'un arpent, quoiqu'il faille plus d'argile dans les sables qu'on ne met ordinairement de marne dans les autres terres : on peut donc facilement en améliorer un certain canton tous les ans.

CHAPITRE VIII.

Des Terres sèches ou brûlantes, & des moyens pour en corriger le défaut.

ON appelle terres sèches ou brûlantes, celles qui sont plus propres à recevoir l'impression du soleil, & qui en sont plus susceptibles. Le tuf & le sol qu'on nomme aubue en bien des pays, &c. sont de cette nature. Dans ces espèces de sols, les plantes souffrent beaucoup de la sécheresse, l'eau si perd en très-peu de tems, & la chaleur les pénétre de toute son activité. On ne dit rien ici des sables, parce qu'on en a déja parlé.

Ce qu'on nomme aubue, est un sol qui tient de la nature du tuf, ou plutôt c'est un tuf détruit par la division de ses parties, & par le mélange de quelques autres terres. Ce sol porte ordinairement de bonnes récoltes de froment, surtout s'il est dans une position basse qui le tienne un peu frais, & encore lorsque l'année est tendre, c'est-à-dire, quand les pluies douces sont fréquentes.

Le sol dont on parle n'est autre chose que le tuf divisé à l'air, à la pluie, à la gelée, & broyé par la charrue : il y en a de différente qualité, qu'on ne croit différent que par leur degré de dureté, & par le degré du mélange des autres terres avec eux. Il y en a de pierreux ; ceux-ci sont encore plus brûlans que les autres, parce que les pierres, grosses ou petites, conservent pendant quelque tems la chaleur qu'elles reçoivent de l'impression du soleil, & la communiquent à la terre qui les environne. C'est sans doute pour cette raison que les pierres, les graviers & les sables passent pour naturellement chauds.

Le tuf & l'aubue ont une propriété ou qualité que n'ont point les autres espèces de fols : c'eſt qu'on peut, & même qu'on fait mieux de les enſemencer étant bien humides. Ce ſol étant de ſa nature très-propre à abſorber l'humidité, & très-ſuſceptible de l'impreſſion du ſoleil, devient aiſément trop ſec ; mais étant enſemencé bien mouillé, ſes pores ſe trouvent moins ouverts, l'humidité s'y maintient davantage, & alors les plantes y ſont plus nourries. Que ce ſoit cette raiſon là ou une autre, n'importe ; l'expérience prouve qu'on ne riſque rien d'enſemencer le tuf & l'aubue étant bien mouillés, & qu'on riſque beaucoup en enſemençant les autres terres en cet état.

Le tuf a l'avantage d'être propre à améliorer toutes les autres eſpèces de ſols, comme on l'a dit pluſieurs fois ; mais ſi on a différens endroits où il y en ait, on en choiſira le plus mol, il eſt toujours le meilleur ; car il faut que cette ſubſtance s'émiette & s'incorpore au ſol pour communiquer ſon activité & nourrir les plantes ; c'eſt pour cette raiſon qu'il faut expoſer le tuf à l'air, à la pluie & à la gelée, afin qu'il ſe diviſe & ſe pourriſſe avant que de le mettre dans les terres.

Le tuf donne de la ſubſtance au ſol ſablonneux ; il y abſorbe la trop grande humidité d'un ſol qui retient l'eau ; dans le ſol gluant & compacte, il a la propriété d'atténuer & de diviſer la terre, en ſe détruiſant lui-même & s'incorporant avec elle.

Si le tuf a l'avantage d'améliorer toutes les autres espèces de sols ; toutes les espèces de terre, excepté le sable, peuvent aussi servir d'amendement. Les tufs qu'on cultive s'améliorent comme les sables. Tout ce qui peut servir à y modérer la chaleur, & à y entretenir un certain état de fraîcheur, leur sera favorable. Les terres grasses & liantes, l'argile, le terreau des coursières, la terre des chaintres, le terreau des fossés, la boue des mares, des ruisseaux, & le fumier bien consumé y feront un effet merveilleux.

CHAPITRE IX.

Des Terres maigres & usées, & des moyens de les ranimer.

LEs terres maigres, ou qui produisent peu parce qu'elles sont usées, ne sont que trop communes ; la plupart des côteaux, & même des hauteurs, ont malheureusement ce défaut ; en un mot, on voit des terres maigres & usées dans toutes les positions & dans tous les pays. Elles ne sont distinguées que par un peu de plus ou de moins dans leur épuisement & dans leur mauvaise qualité ; mais pour donner une plus juste idée des sols qu'on appelle maigres, on les partage en différentes classes.

1°. La stérilité d'un terrain est assez souvent causée par la trop grande quantité de l'une ou de l'autre substance qui le composent, c'est-à-dire, qu'il y a trop de terre d'une même nature. Voilà un principe général; s'il n'est pas sûr, on ne sait pas pourquoi, puisqu'on voit toujours que ceux qui mélangent leurs terres avec d'autres d'une nature contraire, les améliorent infailliblement.

Il n'y a des regles générales en agriculture qui soient bonnes, que celles que l'expérience ne dément point : or, le mélange des terres de nature différente, a toujours produit de bons effets : on peut donc le regarder comme un moyen assuré d'amélioration pour tous les sols, & surtout pour celui dont on peut juger que la stérilité est causée par la trop grande quantité de l'une ou de l'autre des terres qui le composent.

On trouve des terres qu'on a lieu de croire de cette espèce; le sol y est tenace & difficile à diviser : cella ne peut venir que de ce qu'il y a trop de parties égales & de même nature. Que les années soient favorables par leur température, ou qu'elles ne le soient pas, on ne fait jamais dans ces sortes de terres, que des récoltes bien pauvres : enfin, le sol où on voit que les labours & les engrais ordinaires ne produisent point le même effet que dans d'autres, est un terrain qui n'a, pour ainsi dire, que des parties égales & formées de façon à s'unir aisément. Si on divise les parties de cette nature par de bons labours, la première les réunit, & le sol devient aussi tenace qu'auparavant : outre cela, ces terres sont vaines & sans force, parce qu'elles manquent de sels & de sucs propres à la végétation. C'est en cela qu'elles différent de celles qu'on a appellées terres grasses & pesantes ; ces terres grasses & pesantes n'ont besoin que de bons labours, faits surtout par un beau tems, afin de rompre le sol le plus qu'il est possible. Mais pour les sols maigres dont on parle, il leur faut les mêmes labours, & encore beaucoup de fumier, de la marne & autres engrais, ou des terres de nature différente, afin de diviser le sol & de le ranimer en lui fournissant les sels & les sucs dont il manque.

Si on se trouve dans le cas de ne pouvoir faire beaucoup de fumier, ou dans l'impossibilité de se procurer de la marne, ou autres engrais qui puissent diviser & ranimer le sol ; il faut alors avoir recours à une méthode qu'on pratique avec beaucoup davantage en beaucoup d'endroits.

La plupart des sols maigres poussent des genêts, des bruyères, des églans, des fougeres, des épines, &c. On coupe dès les premiers beaux jours du printems, toutes ces broussailles & plantes inutiles, qu'on laisse sécher. Cette première opération faite, on passe la charrue dans les deux côtés de chaque sillon, en prenant à-peu-près la part du sillon de chaque côté ; le gazon du haut reste entier ; on le pèle avec la bêche ou écobue, à un ou deux pouces d'épaisseur ; chaque pèlade se met la racine en haut ; lorsque ces gazons sont bien secs, on en fait des petits tas ou fourneaux, en leur mettant encore la racine en haut. Ces fourneaux se font d'espace en espace ; on les forme en rond, sur une largeur de deux ou trois pieds, & de hauteur à-peu-près égale ; on les éleve de sorte qu'ils finissent en pointe.

On met sous le milieu du tas du fourneau, un petit paquet, ou bourrée de broussailles qu'on a laissé sécher. On laisse dans le milieu du fourneau, depuis le bas jusqu'au haut, une espèce de petite cheminée qui communique l'air dans tout le fourneau, lorsque les gazons ne sont point trop serrés les uns contre les autres, c'est à quoi il faut prendre garde, afin que le feu puisse les pénétrer partout. Entre les gazons dont on forme les fourneaux, on peut encore même mettre des genêts, des bruyères, &c. Cela fait, on enveloppe tout le tas avec des gazons, qu'on dresse de façon qu'ils se joignent l'un l'autre ; ce qui fait une espèce de couverture qui renferme le fourneau depuis le bas jusqu'à l'ouverture du haut : par-là on ferme les issues des intervalles qui pourroient se trouver entre chaque gazon, & on empêche la fumée d'emporter la substance du fourneau : on empêche aussi le feu d'être trop violent.

Il ne faut mettre de matières combustibles dans les fourneaux, qu'à la quantité suffisante pour entretenir le feu à brûler les racines des gazons, & en calciner la terre; mais si les gazons portent beaucoup d'herbes, de bruyères, ou ce qu'on appelle chevelure, il est inutile d'y rien ajouter, ils brûleront toujours assez.

Si on n'a pas besoin ailleurs de ce qui restera des bruyères, genêts, églans, &c. du champ, il faudra les mettre par petits tas qu'on brûlera sur le terrain, en y mêlant de la terre. Il est toujours bon de brûler sur un champ toutes les plantes inutiles : cette méthode ne peut être qu'avantageuse, parce que la chaleur améliore le terrain par une espèce de calcination, & que les cendres sont aussi un excellent engrais.

Il faut tâcher de prendre un tems calme & serein pour mettre ses fourneaux en feu; lorsqu'ils y sont, il est nécessaire d'y veiller pour que le feu ne s'éteigne pas, & pour qu'il ne devienne pas non plus trop violent. Le feu le plus lent est le meilleur, pourvu qu'il pénétre les gazons, jusqu'au point que ceux qui sont à l'extérieur s'émiettent aisément. Si le feu devient plus violent qu'on le voudra, on lui donnera l'air, en mettant de la terre sur les endroits par où l'on verra trop sortir de fumée, ou en bouchant les ouvertures du fourneau du côté du vent; si au contraire le feu étoit trop lent, on percera la couverture du fourneau par le côté d'où le vent vient.

Quand les fourneaux seront brûlés, on

éteindra le feu, s'il ne s'éteint pas seul, en les faisant écrouler sur eux-mêmes ; on les laissera refroidir pendant quelques jours ; ensuite on en mêlera la terre & les cendres, avec un peu de la terre du dessous du fourneau, & on répandra le tout le plus également qu'on pourra, & on y donnera ensuite un labour léger, afin d'enterrer les cendres & de ne pas les laisser s'éventer, & afin de commencer à les mêler au sol : il ne restera plus que d'ajouter en leur saison, les autres façons & les fumiers ordinaires, si on n'en a pas trop besoin pour d'autres terres ; mais les derniers labours seront un peu plus profonds que le premier ; on pourra alors espérer de bonnes récoltes trois ou quatre années de suite ; après lesquelles on laissera le terrain se reposer & se regarnir de genêts, &c. & on pourra recommencer la même opération avec le même avantage. Cependant si le sol se trouve remis & assez bon pour être cultivé alternativement avec les autres terres, on les traitera de même.

Les bruyères ou landes qu'on écobue en plein, ou tout entières, se brûlent comme on vient de le dire, avec la différence cependant, qu'on fait les fourneaux plus gros & plus hauts que ceux dont on a parlé, parce qu'on pèle les gazons plus épais, afin d'avoir plus de cendres & plus de terre calcinée.

2°. Il y a tant de cultivateurs mal entendus ou négligens, qu'on voit beaucoup de terrains usés ou épuisés par les récoltes qu'ils on données : ces fonds ont encore l'apparence de bonnes terres, mais ils sont dénués des sels & des sucs nourrisseurs des plantes : de ces cultivateurs, les uns négligent les labours, & les différent le plus qu'ils peuvent pour conserver des pâturages ; d'autres ne font aucune attention à l'état où est leur terre, ni au tems qu'il fait quand ils la veulent labourer ; d'autres enfin ne se donnent aucun soin pour augmenter la quantité de leur fumier, ni pour lui conserver toute sa force & sa bonne qualité ; quelques-uns même ne pensent à leur engrais, que dans le tems qu'il faut les voiturer dans les champs. Est-il étonnant que tant de terres s'épuisent ? Ne l'est-il pas davantage qu'elles produisent encore ?

On peut ranimer les terres usées & leur rendre toute leur force, surtout avec le fumier & avec la marne, avec la vase ou boue, n'importe de quel endroit on la puisse tirer, des fossés, des marés, des chemins ou des ruisseaux ; elle sera toujours bonne lorsqu'elle aura mûri en tas ou en monceau jusqu'à ce qu'elle soit bien divisée : les terres neuves, les gazons des chaintres qu'on laisseroit mûrir ensemble pendant un hiver, y feroient un grand bien. A l'égard du labourage, des fumiers & des terreaux qu'on appelle coursières, on en parlera dans un autre tems.

3°. Il y a encore deux espèces de sols

maigres, le graveleux & le pierreux ; la plus grande partie des terres en coteau, est de cette nature. L'eau emporte toujours avec elle plus ou moins des parties de la terre, selon que la pente des sillons est plus ou moins rapide ; ce qui décharne tellement le sol, qu'il n'y reste que les pierres, le gravier & le sable ; ensorte que ces terrains, quoique bien entretenues par le labourage, réussissent toujours mal, parce que la partie qui doit fournir la nourriture aux plantes, s'y réduit à très-peu de chose.

Le sol trop pierreux est encore pire que le graveleux, puisque ce n'est qu'avec grande peine qu'on peut le labourer, & qu'il demande également une copieuse quantité d'amendemens. De plus, le trop grand nombre de pierres empêche qu'on ne puisse plonger la charrue, ce qui est cause que ce sol est toujours pauvre : il ne faut cependant pas tout-à-fait désespérer de cette espèce de terrain. Le sol intérieur n'est pas pour l'ordinaire aussi pierreux que la surface, qui n'est communément si décharnée, que parce que l'eau l'a appauvrie ; ainsi en ôtant tous les ans les plus grosses pierres du sillon, on faciliteroit l'effet de la charrue, & peu à peu elle plongeroit plus avant ; le sol intérieur ayant plus de terre que la surface, la surface en seroit engraissée : cette terre neuve se diviseroit peu à peu & s'ameubliroit par les labours ; elle seroit jointe au sol extérieur, qui par-là acquerroit plus de substance, & alors il fourniroit une nourriture plus abondante aux plantes : le fond seroit donc amélioré.

L'opération d'ôter les plus grosses pierres de dessus le sol, procureroit encore un autre avantage. Il est certain qu'une grande quantité de pierres, affaisse le sol & le rend plus compacte ; en les ôtant on le rendroit plus charnu & plus meublé ; outre cela ces pierres sont un obstacle à la circulation de l'humidité & des sucs de la terre, & elles empêchent les racines des plantes de s'étendre librement. Cette amélioration n'est pas si coûteuse qu'elle le paroît ; les femmes & les enfans sont assez forts pour mettre les pierres en différens petits tas le long des sillons, d'où on les enleve avec la charrete ou avec des brouettes. Pour ne pas se rebuter de ce travail, il ne faut en entreprendre qu'un petit canton, le suivre tous les ans jusqu'à perfection, & en recommencer un autre après.

A l'égard du sol graveleux, qu'on appelle gruette en bien des endroits, ou gravier, n'ayant point de pierres de volume ou grosseur qui puisse empêcher l'effet de la charrue, ni nuire considérablement ; d'ailleurs il seroit inutile, & même impossible de l'épierrer. Ce sol n'est peu fertile, que parce qu'il manque de substance ; il faut donc donner tous ses soins à lui en procurer, comme on vient de le dire au n°. 2 ci-dessus. Il y a encore un autre moyen plus facile & moins coûteux de l'améliorer, qui réuſſiroit en beaucoup d'endroits. Le ſol graveleux n'eſt appauvri que par les eaux qui en ont emporté la ſubſtance; mais l'eau n'ayant pu faire le même ravage dans l'intérieur d'une terre forte, le dedans du ſol, ou le ſol intérieur, doit avoir plus de ſucs que ſa ſurface : il eſt donc tout ſimple de ſe déterminer à plonger la charrue le plus qu'il eſt poſſible en labourant ce ſol; par-là on donnera de la ſubſtance & du corps à ſon ſillon.

Il eſt vrai que ce labourage profond, ne donnera qu'une terre qui paroîtra corriace & mauvaiſe, mais elle ſera neuve; l'air, le ſoleil & la pluie commenceront à la diviſer; un ou deux labours de plus, que dans les autres, acheveront de l'émietter & la mêleront au ſol, qui ſûrement en ſera amélioré.

On doit ſe ſouvenir de cette pièce de terre de pluſieurs arpens, qu'on avoit abandonnée, parce qu'elle ne produiſoit au plus que cent cinquante gerbes de bled lorſqu'on ne lui donnoit que les labours ordinaires, & qui n'en a jamais donné moins de ſept cens depuis qu'elle a été labourée à pleine charrue & par fond. Il y a peut-être bien des endroits où cette méthode ne réuſſiroit pas, parce qu'on trouve quelquefois immédiatement ſous le ſol, une terre vaine & ſans force; mais ſouvent auſſi on y en trouve qui eſt de bonne qualité, ou du moins très-propre à le devenir; l'on convient cependant qu'il y a bien des endroits où il y auroit plusieurs avantages à ne donner à sa terre qu'un labour léger. Dans les terres sablonneuses, dont le dessous est bien plus maigre que la surface, on risqueroit de se faire tort si on y donnoit un labour profond; il en seroit de même de certains sols qui ont bien peu de bonne terre, & dont l'eau se dissipe facilement. Ces terres n'ont pas besoin d'être relevées en gros sillons pour s'égoutter; en élevant le sillon & le grossissant de la terre du sol intérieur, qui est vaine & sans force, on appauvriroit la surface : dans l'un & l'autre cas, on fera donc mieux de s'en tenir à un labour léger. N'est-il pas naturel que plus le sillon a de profondeur & de volume, plus il exige de fumier ? Ainsi en ne donnant qu'un labour léger, la même quantité de fumier se trouvera dans un moindre volume de terre, elle sera donc plus engraissée; mais le plus grand avantage qu'on trouve pour les endroits où un léger labour peut suffire, c'est que deux bœufs peuvent labourer, & un seul homme peut les conduire & tenir la charrue ; au lieu que dans les terres fortes, où qui demandent un labour profond, il faut six ou huit bœufs & deux hommes.

Malgré tout ce qu'on vient de dire on conseille de faire des essais : car que risque-t-on en les faisant ? Si on ne veut rien hasarder, qu'on les fasse en petit dans tous les différens sols. Plusieurs des voisins riront peut-être d'abord des entreprises, parce que presque tous les cultivateurs sont si attachés à leurs usages, qu'on ne peut pas les leur faire changer, même pour des meilleurs. La plupart des laboureurs n'osent proscrire leurs méthodes, & la tradition est de tous les obstacles celui dont on triomphe le plus difficilement. Il ne faut donc pas s'en tenir aux préjugés, mais au contraire au bon sens, & faire des épreuves.

On doit être sûr que tous ses travaux réussiront si on les régle sur ce qu'on a dit du vrai principe de la fécondité de la terre, c'est-à-dire s'ils tendent à établir & à entretenir le concours proportionné des élémens. Ce principe est unique, mais universel : c'est le même qui agit dans tout le monde, & il est impossible qu'il y en ait un autre. On n'en a entretenu tant de fois, que parce que la connoissance du principe de la fécondité de la terre, est absolument nécessaire à un cultivateur qui veut agir avec connoissance de cause, & que c'est une grande sarisfaction pour lui de pouvoir se rendre raison, & d'être asluré de la réussite des différentes méthodes qu'il doit mettre en usage pour fertiliser sa terre & s'enrichir.

CHAPITRE X.

Du Labourage.

LE labourage & les engrais font la partie essentielle de l'agriculture. Le labourage est la principale science du cultivateur, sa grande émulation doit être pour ses labours; comme le soin de multiplier ses fumiers & ses autres engrais, & l'attention à leur conserver leur bonne qualité, doivent être son principal soin.

Rompre le terrain, le diviser, l'ameublir, ou le mettre en guéret, c'est ce qu'on appelle labourage; que cela se fasse avec la charrue ou à bras, c'est toujours des labours, ou si on veut, les préparations du terrain pour être ensémencé.

Il faut répéter beaucoup les labours: plus un terrain en reçoit, en mettant des intervalles convenables entre chacun, plus il devient propre à la végétation. Le labourage par lui-même ne fournit aucun suc, ni aucun sel au terrain; mais il sert à diviser la terre & à la mettre en état de laisser agir librement le principe de la fécondité; on veut dire que les labours multipliés développent les sucs & les sels que le sol contient; qu'ils exposent les parties de la terre, les unes après les autres, aux influences de l'air, au soleil qui les calcine pour ainsi dire, & aux pluies qui y déposent les sels qu'elles apportent : voilà l'effet des labours, qui, comme on voit, eſt eſſentiel pour la fécondité.

Un ſol médiocre peut devenir bon par la multiplicité des labours, & il n'y en a point qui n'en devienne meilleur, ſi ce n'eſt peut-être le ſol trop ſablonneux ; cependant il y faut aſſez des labours pour détruire les herbes qui altéreroient ce ſol de plus en plus ; il y faut encore aſſez de labours pour bien mêler le fond du ſillon avec la ſurface. On ne dit donc pas qu'il ſoit indifférent de négliger les ſables ; on ne veut épargner que du travail, qui ne ſerviroit peut-être à rien : on ſait bien que les ſables ont beſoin de labours pour recevoir les influences de l'air & des pluies, comme les autres terres ; mais il ne leur en faut pas tant qu'aux autres fortes & tenaces ; parce que les ſables n'ayant de ſubſtance que ce qu'ils en reçoivent des engrais, des influences de l'air & de la pluie, il ſeroit inutile d'y multiplier les labours comme dans les autres terres. Le labour trop répété ne feroit qu'occaſionner l'évaporation du peu de ſubſtance des ſables ; l'air & les pluies pénétrent aſſez aiſément les pores du ſol ſablonneux : il n'en eſt pas de même des terres fortes, elles ont beſoin d'être ouvertes & remuées plus ſouvent pour recevoir le bénéfice des pluies, de la roſée, de l'air & l'impreſſion du ſoleil.

Un ſol léger a un très-grand avantage ſur le ſol tenace, parce qu'il n'eſt ni ſi pénible, ni si dispendieux à labourer : on le travaille avec facilité en tout tems ; il acquiert même un peu de consistance si on le laboure étant humide : pour le sol tenace & gluant, il faut au contraire être attentifs & au tems qu'il fait, & à son état d'humidité quand on veut le labourer ; en sorte qu'il résulte souvent plus d'avantage pour le cultivateur d'un sol léger, que pour le cultivateur d'un terrain de meilleure espèce, mais qui demande un labourage plus répété, & qui est plus pénible. Il est certain qu'il faut proportionner le nombre des labours à la nature de la terre ; plus elle est gluante & tenace, plus elle demande d'être labourée.

Une terre bien divisée & ameublie par le labour reçoit & retient mieux les influences de l'air, qui la pénétre plus aisément. La rosée & les pluies apportent toujours avec elles des sels & des sucs nourriciers des plantes, & les déposent jusques dans l'intérieur des terres en bon guéret : il n'en est pas de même des sols corriaces & durs ; si on négligeoit de les labourer souvent, ce que l'air, la rosée & les pluies leur apportent de bon, resteroit sur la surface, alors l'eau en emporteroit une partie, & le soleil pourroit évaporer le reste.

Les terrains tenaces qui ne sont point assez labourés, restent en grosses mottes ; ces mottes laissent entr'elles des cavités ou des vuides qui rompent la communication d'une partie du sol à l'autre, & empêchent la libre circulation de l'air, de la chaleur

& de l'humidité. Outre cela, ces mottes renferment une certaine quantité de sels & de sucs, dont les plantes sont privées, & qui ne servent de rien, parce que les racines des plantes ne peuvent pénétrer jusqu'à eux. Enfin c'est pour toutes ces raisons, que trop peu de labours dans les terres fortes, ou des labours mal faits, deviennent presque inutiles.

L'expérience prouve qu'un ou deux labours de plus font un effet merveilleux, & qu'ils peuvent suppléer à la quantité de fumier; ce qui coûte beaucoup moins. Pourquoi donc ne pas la labourer davantage? mais surtout pourquoi ne pas labourer mieux? Car le labourage tel qu'on le fait communément, ne fait que casser le sol en grosses mottes, au lieu que si on labouroit davantage, chaque fois qu'on romproit la terre, les mottes seroient divisées en plus grand nombre, & ainsi de plus en plus, jusques à les émietter. Ce n'est que par là qu'un sol devient plus propre à la végétation, & plus en état de fournir abondamment la nourriture nécessaire aux plantes; on ne doit donc jamais épargner les labours: il n'y a que le premier qui soit difficile, & ce sont ceux qui le suivent qui font le meilleur effet; les labours qu'on fait après le premier, divisent la terre de plus en plus. On vient de voir qu'on ne peut trop la diviser, parce que les mottes ne sauroient être trop atténués ou émiettées; on vient d'en dire la raison, il seroit inutile de la répéter encore.

On doit donner dans les terres fortes & dans celles qui font fujettes aux herbes, quatre ou cinq labours pour le bled : quelque bon effet que puiffent faire, les labours & les fumiers fe prêtent un fecours réciproque. Les labours développent les fels & les fucs de la terre, & les fumiers lui en procurent des nouveaux ; à la vérité le labourage produiroit pendant quelque tems le même effet que les engrais, enforte que dans un fol gras, la multiplicité des labours pourroit, pendant plufieurs années, suppléer le fumier ; mais à la fin le fol fe trouveroit épuifé : les labours & les engrais font donc deux chofes néceffaires qu'on ne doit pas féparer.

L'effet du premier labour fe réduit à retourner le gazon & à faire périr l'herbe : le fecond commence à divifer le fol un peu plus, & à détruire encore les herbes qui ont repouffé : le troifième fait plus d'effet, il ameublit la terre de plus en plus, & eft moins pénible que les premiers, & ainfi des autres. Les labours qu'on ajoute à ceux-ci, deviennent de plus en plus efficaces & moins coûteux.

Ce n'eft point affez de favoir la néceffité du labourage & fes effets, il faut encore favoir le proportionner à la nature de fon terrain, & prendre un tems propre à le rendre plus utile à chaque fol.

En général, la manière de labourer qui divife davantage la terre, eft toujours la meilleure dans les fols humides & gluans ;

on doit s'appliquer à tenir la terre élevée & les sillons profonds, afin de donner de l'écoulement aux eaux. Il faut aussi avoir l'attention de n'y pas labourer lorsque la terre est trop molle : il est inconcevable combien le pied des bœufs, des chevaux & la charrue, font de tort au sol gluant qu'on laboure trop mouillé.

Si immédiatement après l'un de ses labours, il survient une grande pluie qui batte & affaisse la terre, c'est un labour qui devient presque inutile, & qu'il faut recommencer dès que la terre sera en état d'être travaillée.

Le plus grand nombre des cultivateurs n'oseroit plonger la charrue plus avant qu'il n'a coutume ; cependant dans la plupart des terres, il y auroit de l'avantage à le faire ; il n'y a que le sol qui n'a point de profondeur, & qui est suivi d'une couche de gravier ou de sable maigre, où on doit se garder de donner un labour profond. On le répéte, l'expérience est de tous les moyens le plus assuré pour connoître la meilleure méthode de traiter ses terres. Labourez à fond deux ou trois années de suite un canton d'une pièce de terre, & ne labourez le reste qu'à la profondeur ordinaire, on verra l'effet de cette épreuve. La première & la seconde récolte n'en seront peut-être pas meilleures ; mais dans la suite il y aura ordinairement de l'amélioration.

N'a-t-on jamais remarqué que dans presque tous les sols, les travaux qui obligent à remuer où fouiller la terre, la rendent meilleure ? On peut en juger par les petits endroits d'un champ où on aura arraché des arbres : le bled n'y est-il pas pendant plusieurs années plus fort qu'ailleurs ? Ce qui n'arrive que parce qu'il s'éleve des sels & des sucs nourriciers des plantes, de bien au-dessous de leurs racines, & cela à proportion qu'il y a une plus grande épaisseur de terre sous le sol extérieur. En ce cas ce doit être un bien de labourer plus avant, afin d'ouvrir davantage le sol extérieur, & de donner plus d'aisance à l'air & à la chaleur de pénétrer le sol intérieur pour attirer & élever une plus grande quantité de sucs.

Mais il y a des terres si bonnes & si fertiles, que le bled y verse toujours, parce qu'il vient si fort & si épais, que la paille ne peut mûrir assez pour se soutenir, la moindre pluie la couche & la renverse l'une sur l'autre. Le produit en est petit & de mauvaise qualité ; les plantes ont trop de nourriture & point assez d'air & de chaleur pour la digérer, ce qui empêche la maturité de la paille & du grain : il ne faut donc qu'un labour léger en ces trop bonnes terres, afin de ne donner de nourriture aux plantes que ce qu'il leur en faut pour devenir fécondes & mûrir au point nécessaire.

On doit lever ses guérets le plutôt possible, surtout si l'année précédente a été trop pluvieuse, ou si la terre étoit trop mouillée dans le tems qu'elle a été ensemencée la dernière fois, parce qu'alors les terres font battues, plus affaissées & plus dures que dans les autres années. On feroit donc bien de les lever dès le commencement du printems, afin d'avoir plus de commodité de leur donner quelques façons de plus qu'à l'ordinaire.

Après avoir lévé ses guérets on doit les défaiter plusieurs fois; mais surtout dès qu'on voit l'herbe bien levée; ne la jamais laisser grainer, & ainsi répéter les labours autant de fois que les herbes l'exigent : car la destruction des herbes est une des fins des labours dans les terres labourables : dans les vignes & dans tous les plans, l'attention à n'en jamais laisser grainer, est absolument nécessaire ; on tire un double avantage, puisque l'herbe enterrée par les labours devient un engrais en pourrissant, & si on la laissoit elle affameroit les plantes.

Quand un terrain produit toujours de mauvaises herbes, il faut le labourer d'hiver & donner de l'élévation au corps du sillon : les racines des herbes exposées à l'air ne résisteront point à la gelée. Ce labour d'hiver sera très-favorable aux semailles prochaines ; & si c'est de l'orge qu'on veut semer dans ce terrain, il se trouvera parfaitement préparé ; car l'orge fait beaucoup mieux dans les terres en bon guéret, & l'expérience prouve que rien n'ameublit mieux la terre que la gelée. Le bon guéret est encore plus nécessaire pour les chanvres,

vres, ensorte que la terre qu'on destine, ne sauroit trop être ameublie; il faut donc la lever dès avant l'hiver en Novembre ou Décembre au plus tard, & la défairer plusieurs fois en laissant des intervalles entre chaque labour.

La herse est un moyen très-efficace pour ameublir la terre, & en diviser les mottes: il est étonnant qu'un moyen si facile de mettre la terre en guéret, soit si négligée. Seroit-ce demander trop de travail que d'exiger de herser plusieurs fois ; il est pourtant certain que ce seroit un grand bien & qui couteroit peu, de passer la herse avant chaque labour qu'on donne après le guéret levé ; on briseroit les mottes, qu'on risque d'enterrer entières, si on ne le fait pas.

Enfin plus on aura d'expérience, plus on connoîtra combien il est nécessaire de bien faire ses labours, de les faire de bonne heure & de les répéter souvent ; on conviendra alors que celui qui ne donne que deux façons à ses terres, c'est-à-dire, que celui qui après avoir levé ses guérets trop tard n'y touche plus qu'à la semaille, défaire donc & seme en même tems ; on conviendra facilement qu'il se vole lui-même ; l'on conviendra encore, que celui qui ne donne que trois façons à ses terres, est aussi un négligent : mais on verra que le cultivateur qui donne quatre ou cinq labours, ou plus même, s'il en est besoin, s'enrichit de ses récoltes.

Il faut observer que la direction du labour & la façon des sillons, doivent varier selon la différente situation du terrain, & selon sa différente nature. Sur la pente d'un coteau, il ne faut pas labourer de haut en bas, mais diriger ses sillons en la pente la plus douce, afin que l'eau s'écoule plus lentement & qu'elle détériore moins le sol. On l'a déja dit, dans les terres froides, compactes ou trop liantes, plates & sujettes à retenir l'eau, il faut donner de l'élévation & peu de largeur au corps du sillon. Dans les sables, les terres légéres ou brûlantes, on fait mieux de faire des sillons larges & plats ; car lorsque les sillons sont élevés dans les sables, comme ils doivent l'être dans les terres fortes, les pluies & les vents découvrent la racine des bleds, & les premières chaleurs les brûlent, ensorte que la paille séche avant que le grain soit tout formé. Cette perte n'arriveroit pas si souvent, si les sillons étoient plats & larges dans les terres trop légéres ou brûlantes.

Les grains de printems, comme froment & seigle de mars, avoine, orge, bled noir &c. devroient être semés sur des sillons larges & plats dans tous les sols. Les grandes chaleurs & la sécheresse sont ordinairement la cause que ces espèces produisent peu ; si on les semoit sur sillons plats, le sol seroit moins susceptible de la chaleur, & il conserveroit un peu plus d'humidité ou de fraîcheur ; il est donc sûr que ces grains prospéreroient mieux, que de la façon dont on les seme communément. Qu'on examine le seigle ou l'orge sur les sables, on verra de plus belles tiges & de meilleurs épis sur le milieu du sillon, que sur ses côtés. Si on semoit à plat, toutes les tiges seroient comme sur le milieu d'un sillon, elles porteroient donc toutes des plus beaux épis; il est vrai que dans les années pluvieuses, les herbes y feroient peut-être du ravage; mais les années pluvieuses sont rares dans notre climat.

Si les terres sont situées de manière qu'on puisse commodément présenter au midi le bout des sillons, ce sera le mieux; parce qu'en cette direction, ils seront également échauffés du soleil par les deux côtés; il ne faut pourtant pas que cet avantage fasse donner trop ou trop peu de pente aux sillons; l'avantage qu'on en aura d'un côté, ne compenseroit pas la perte qu'on souffriroit de l'autre.

On tâchera surtout de labourer, avant l'hiver, les terres qu'on doit ensemencer l'année suivante, ce labour sera du plus grand avantage: il ne faut pas craindre de faire ce travail, quoique le terrain soit humide, parceque le gel & le dégel, qui régne dans cette saison, garantit de tout inconvénient.

CHAPITRE XI.

Des Semailles, & du choix des semences.

LA semaille des bleds est le fondement de notre espérance pour la bonté de la récolte prochaine ; il seroit inutile de se donner bien des peines & des soins pour préparer & disposer pour le mieux ses guérets, si on négligeoit la moindre des attentions qu'on doit avoir pour ensemencer les bleds comme il faut : afin de n'avoir rien à se reprocher, on doit faire attention à la saison à laquelle il convient mieux de semer, à l'état de sécheresse ou d'humidité de la terre quand on veut semer, à la bonne qualité de la semence qu'on doit employer, & enfin à la manière la plus favorable de semer.

De toutes les espèces de grains, excepté le bled noir, il y en a d'hiver & de printems, c'est-à-dire, qu'il y a du froment & du seigle du printems, comme il y a de l'orge & de l'avoine d'hiver ; ou, pour ne laisser aucune équivoque, on veut dire qu'il est du froment & du seigle, qu'on ne seme qu'à la fin de l'hiver comme les menus grains ; & aussi qu'il y a de l'orge & de l'avoine, qu'on seme avant l'hiver comme les gros bleds. Cette variété de semence est si utile, qu'on s'étonne comment on néglige d'en avoir toujours de toutes les espèces propres à son terrain.

Les terres fortes qui sont les vraies terres à froment, peuvent devenir & deviennent quelquefois trop séches ou trop mouillées. Pour être ensemencées dans un état & dans la saison convenable, on différe ses semailles dans la sécheresse, afin d'attendre un tems plus favorable, & quelquefois même on ne peut faire autrement; cependant la saison s'avance, & si le tems devient pluvieux, elle se passe sans qu'on puisse préparer suffisamment ses guérets: alors on est obligé de laisser une partie de son froment à semer. Outre cela quoiqu'on ait semé ses bleds dans une saison convenable & dans une terre bien disposée, il peut venir un hiver si rude & si dur que tout périsse en bien des endroits. Voilà des pertes possibles, dont on ne peut se dédommager, qu'en semant du froment ou du seigle de mars, de l'orge ou de l'avoine; mais il est certain qu'on sera plus dédommagé par le froment de mars que par tout autre grain : son grain & sa paille, quoique plus petits que celui d'hiver, seroient plus de profit que l'orge ou l'avoine.

Les terres à seigle en général, ne sont guères propres à l'orge ; aussi communément les met-on en retour en seigle, ce qui donne deux cottaisons à ensemencer en même tems : une en nouvel ensemencé, & l'autre en retour. Mais a-t-on toujours assez de tems pour faire bien, tant d'ouvrages, & dans une saison qui convienne ? En réservant une portion de sa terre pour le seigle de mars, on seroit plus en état de donner toutes les façons nécessaires à son premier ensemencé. On semeroit ensuite le reste à son loisir, en seigle de mars, qui ne diffère de bonté avec l'autre, qu'en ce qu'il a le grain un peu plus petit & la paille plus courte; mais qui vaut toujours mieux, que ce que produit un ensemencé mal fait & hors de saison.

L'orge d'hiver n'est pas si commun que les autres grains dessaisonnés : on peut le laisser, il n'a d'avantage sur l'autre, qu'en ce qu'il a le grain meilleur & plus nourri; mais il demande d'être semé dans le tems qu'on doit être occupé d'une semaille plus intéressante, la semaille des gros bleds.

L'avoine d'hiver est une espèce particulière, qu'on seme immédiatement après les gros bleds. C'est déja un avantage de n'être point obligé d'interrompre ses autres semailles pour celle-là : outre cela cette avoine est meilleure & plus pesante, donne plus de grains & plus de paille que l'autre, mais elle demande un terrain gras.

L'utilité de cette variété de grains de différente saison, c'est de prolonger le tems des semailles. Le seigle commun se seme dès le commencement de Septembre jusqu'à la mi-Octobre; le froment ordinaire, depuis le commencement d'Octobre jusqu'à la mi-Novembre; dans les pays froids, le seigle se seme depuis le 15 Août jusqu'à la mi-Septembre, & le froment depuis le commencement de Septembre jusqu'à la mi-Octobre. Voilà la saison la plus favorable pour chacun de ces grains ; mais il peut survenir des accidens qui empêchent de faire sa semaille en ce tems-là. Les pluies continuelles, le défaut de fumier obligent quelquefois de la différer, & insensiblement la bonne saison se trouve passée. On peut se dédommager de cette perte avec le seigle & le froment de mars, qu'on seme dès Janvier & Février, selon que le tems y est propre ; l'avoine du printems suit, & enfin on seme au mois de Mars l'orge commun qui ne demande pas d'être semé avant ce tems, parce qu'il est fort susceptible de la gelée : il ne faut pourtant pas non plus le semer trop tard ; car si la chaleur & la sécheresse prennent l'orge avant qu'il soit monté, il ne talle point, & ne pousse que la principale tige & souvent reste en équille, c'est-à-dire, que l'épi ne sort pas de la paille, ce qui cause une grande perte.

On vient de dire que le seigle se semoit dès le commencement de Septembre jusqu'à la mi-Octobre, c'est l'ordinaire & le mieux ; cependant en certains cantons, on en seme jusqu'à Noël, mais ces bleds si tardifs ne valent guères : il y a pourtant des terrains où il ne vaudroit rien du tout, si on le semoit de bonne heure. Ces terres portent une certaine herbe qui vient comme des petites touffes ; elle ne pousse que vers la Toussaint & après, il faut l'attendre avant de semer ses terres, sans quoi elle nuit au bled.

Les bleds de printems, comme froment & seigle de mars, orge & avoine doivent être semés plutot dans les terres chaudes, saines & sablonneuses, que dans les terres froides & humides.

La providence est bien attentive sur nous, elle a varié les espèces de semences comme les saisons, pour nous donner la facilité d'ensemencer toutes nos terres dans une saison, ou dans l'autre, si on veut : ensorte qu'on peut se dédommager dans un tems d'une perte que l'on n'a pu éviter dans l'autre.

La saison de la semaille étant venue, & la terre étant en bon état, c'est-à-dire, ni trop séche, ni trop humide, & en bon guéret, semez vos bleds sans perdre un seul jour : on ne sauroit jamais se dédommager de la perte du tems, principalement dans la saison de la récolte & de la semaille, où il faut saisir des momens qui une fois perdus ne peuvent plus se recouvrer.

Le cultivateur doit être attentif à ne semer, s'il est possible, dans les terres à froment qui sont grasses & liantes, que par un tems beau & fixe; car si le sol est trop mouillé, ou qu'il fasse un tems pluvieux, le pied des animaux enfonce une partie de la semence, qui trop enterrée ne leve point; outre cela on gâte la terre pour long-tems, puisqu'elle reste bien plus difficile à mettre en guéret pendant plusieurs années. De plus, si après avoir ensemencé par un tems pluvieux ou dans un sol trop humide, la pluie devient plus abondante, la terre se trouve si foulée & si resserrée, que la semence, quoique à une profondeur médiocre, ne peut percer la superficie ; alors il y a bien de la perte : cependant il ne faut pas semer le froment dans la terre trop séche. Cette espèce de grain se conserve moins long-tems que le seigle dans la terre séche ; ensorte que si la sécheresse continue après qu'il est semé, il pourrit : car quoique la terre paroisse bien séche, il circule toujours assez d'humidité pour faire fermenter, ou même germer le grain de froment ; mais cette humidité n'étant point assez abondante pour entretenir la végétation, le grain s'échauffe & pourrit. C'est une grande négligence de ne pas profiter du tems, où on trouve ses terres en état d'être ensemencées à propos.

La fécondité d'une plante dépend de sa plus ou moins forte végétation ; mais la bonne & vigoureuse végétation dépend premièrement de la bonne qualité de la semence, sa fécondité dépend donc d'un bon choix de cette semence : c'est toujours le plus beau grain, le mieux nourri, & le plus sain qu'on doit choisir pour semer.

Pour convaincre invinciblement & sans réplique, qu'il est nécessaire de prendre le plus beau grain pour semence, qu'on regarde la végétation des plantes dès son commencement, & qu'on la suive dans ses progrès : un grain de bled qu'on met en terre commence par se gonfler ; ce gonflement vient de l'humidité de la terre qui s'insinue dans le grain & le pénétre ; cette humidité continue de se mêler à toutes les parties farineuses que le grain contient. Le grain se gonflant de plus en plus, les fibres destinés à devenir les racines commencent à s'étendre ; celles qui doivent former la tige se développent en même tems peu à peu : la matière farineuse que contient le grain devient une espèce de lait, par l'humidité qui s'y est mêlée, & qui continue de s'y mêler : voilà le commencement de la végétation.

On doit aisément concevoir, que plus le grain de semence est sain, bien nourri & bien conditionné, plus est abondante la matière qui doit faire éclore & nourrir son germe & ses racines. Il est également sensible, que plus cette nourriture est abondante & de bonne qualité, plus le germe de la plante est robuste dès son origine, & propre à donner une belle tige ; mais les racines partageant la même nourriture, sont aussi fortes, vigoureuses & bien constituées : ensorte que la première nourriture que le grain fournit venant à s'épuiser, les racines se trouvent en état par leur bonne conformation, de pomper, ou plutôt de recevoir abondamment les sucs de la terre. Ces sucs continuent de nourrir la plante, qui étant bien proportionnée dès sa naissance est disposée à une vive & forte végétation. Si au contraire le grain de semence n'est pas bien nourri, la plante sera foible

& délicate dès son commencement ; la végétation n'en sera que languissante, & ainsi la plante peu féconde.

Si le grain de semence n'étoit pas sain, ce qu'il produiroit seroit sujet à la même maladie. C'est pour empêcher cela qu'avant de semer le froment, on le lave bien avec de l'eau de chaux vive ou avec de bonne lessive ; on doit savoir & tout le monde sait comment se fait cette opération. On doit observer encore autant qu'il est possible de préférer la semence du nouveau bled, elle est toujours plus sûre que celle du bled vieux.

On ne peut donc trop être attentif à se procurer la meilleure semence. Si on jette son bled au vent, il faut prendre la tête du monceau pour semer ; si on le nettoie avec le vent, il faut ensuite le cribler si bien, qu'il n'y reste aucune graine d'herbe, & qu'on ait pour semence, le plus beau & le meilleur de son grain.

Quelque bonne semence que l'on ait d'abord, l'expérience montre qu'il est très-utile de la changer de tems en tems ; c'est-à-dire, d'en prendre d'un autre terrain : on croit qu'elle vaut mieux d'un terrain plus maigre, que celui où on la veut mettre, ou du moins d'un terrain de nature différente de celui qu'on veut ensemencer.

C'est la qualité de la terre qui décide quelle espèce de semence on doit choisir. Le sol sablonneux & maigre est pour le seigle : on met du méteil dans les terres qui sont un peu meilleures que les précédentes, mais qui n'ont point assez de substance, ou qui sont trop froides pour le froment pur. Les terres franches, les terres fortes & grasses s'ensemencent en froment pur; à l'égard de la quantité de semence qu'il faut pour chaque terrain, c'est l'expérience qui l'apprend; cependant partout il est plus prudent de mettre un peu plus de semence, que d'en mettre moins qu'il ne faut.

Il y a des cantons dont le terrain est argilleux & froid, on n'y cueille que du bled noir ou du seigle; ces terres sont très-froides pour le froment commun, mais on pourroit s'y en procurer de bon, en y semant du froment de mars; il y a aussi des terres à froment si gluantes & si tenaces, que le froment ordinaire y produit peu, parce que le sol reprend sa première tenacité & sa dureté pendant les pluies de l'hiver, quoique les labours y ayent été bien faits : on feroit donc mieux d'attendre à les semer en froment de mars.

Il n'est pas possible de donner de régle qui fixe absolument la quantité de semence nécessaire à chaque terrain. Il faut avoir égard à la qualité de la terre, à l'état où elle est dans le tems qu'on seme, & à la saison à laquelle on seme. Dans les terres franches, grasses & saines, le bled talle, & chaque grain donne plusieurs tiges; il ne faut donc pas leur donner tant de semence qu'aux terres qui ne sont pas si bonnes ni si vigoureuses. Lorsqu'on est obligé de semer des terres trop molles, on met plus de semence qu'à l'ordinaire, parce que les bestiaux en enfoncent avec le pied une partie, à tant de profondeur, qu'elle ne leve point, & qu'il en pourrit aussi quelqu'autre partie.

Si la manière dont on seme enterre trop une partie de la semence, ou si on seme de façon qu'une partie ne soit que peu ou point couverte ; dans l'un & l'autre cas, il faut donner plus de semence : car celle qui est trop enterrée ne leve point, & celle qui ne l'est point assez, est exposée à être dévorée par les oiseaux, ou rongée par les insectes. Enfin si on seme dans une saison trop avancée, le grain de semence ne donnera que sa principale tige, alors il faut faire porter plus de semence au terrain.

La méthode de semer différe d'un canton à l'autre, & pour ainsi dire, d'une ferme à la ferme voisine. Les uns sement sillon à sillon, d'autres quatre & même six sillons à la fois. Ceux qui sement sillon à sillon, mettent un peu plus de tems ; mais on les croit plus sûrs de semer également, parce qu'ils voyent toute leur semence près d'eux ; ceux qui sement à l'essain, c'est-à-dire, qui sement plusieurs sillons ensemble du même jet de main, doivent être bien sûrs du mouvement de leur bras, pour pouvoir semer également, & ils ont à craindre les différens coups de vent.

On seme aussi sous la raie ; le guéret étant hersé, le laboureur commence un sillon ; le semeur suit & jette de la semence sur ce côté du sillon ; lorsque le laboureur est au bout de la pièce, il reprend l'autre côté du même sillon : le semeur le suit & seme comme il avoit fait du premier côté ; & ensuite le laboureur repasse par ce premier côté, & reprend une seconde raie, que l'aile de la charrue enleve sur le sillon, en enterrant la première semence ; le semeur rejette encore de la semence sur cette seconde raie : cela fait des deux côtés, le sillon est formé & semé, il ne reste plus qu'à le recurer pour couvrir la dernière semence. Cette méthode de semer emporte plus de tems, & malgré cela c'est la plus pratiquée : cela s'appelle semer sous la raie.

Dans les sables mouvans & dans les terres brûlantes, il faut donner de la profondeur à la semence ; cela est nécessaire dans les sables, non-seulement afin que les plantes trouvent de la fraîcheur, mais encore de peur que les pluies, les vents, dans les tems de hâle & de sécheresse, ne les déterrent & n'en exposent les racines au grand air & au soleil, ce qui les feroit périr. Il est nécessaire aussi d'enterrer la semence assez avant dans les terres brûlantes, afin que les plantes jouissent plus long-tems de la fraîcheur de la terre.

L'on a, comme on le voit, bien des méthodes de semer ; toutes ont des partisans, & chacun croit suivre la meilleure : on peut éprouver soi-même les différentes manières de semer, remarquer celle qui réussira le mieux en telle ou telle espèce de terrain, lorsque la terre étoit en certain degré de sécheresse ou d'humidité, ou que la saison étoit plus ou moins avancée dans les tems des semailles. Toutes ces observations sont nécessaires, pour que l'on aye une méthode certaine de semer les bleds de la façon la plus avantageuse, & pour que l'on soit sûr de la juste quantité de semence qu'il faut pour chaque terrain.

Il y a un moyen d'abréger ses observations, & d'épargner bien de la semence & bien du tems pour semer, & encore de semer ses bleds de la manière la plus avantageuse; ce moyen seroit de se procurer une de ces charrues qu'on nomme semoir. Il seroit à souhaiter qu'on pût l'adapter à toutes les situations du terrain, & à toutes les façons de former les sillons.

De la manière dont on seme ordinairement le bled, il est à craindre que la semence ne soit trop ou trop peu couverte : outre cela le pied des bestiaux en enfonce, ou du moins en foule si fort une grande partie, qu'elle ne leve point, ou qu'elle ne peut assez étendre ses racines. Avec un semoir on éviteroit toutes ces pertes ; on mettroit sa semence à la même profondeur, elle seroit également répandue, & suffisamment couverte partout : mais un des grands avantages du semoir, c'est que les bestiaux ne repassent point sur ce qui est semé. Avec cette machine, on peut donc épargner bien de la semence ; car il est sûr que le pied des bestiaux en perd une grande quantité, & qu'il y en a beaucoup qui ne leve point parce qu'elle est trop enterrée.

CHAPITRE XII.

Des Fumiers & autres engrais, comme Marne, Chaintres, Terreaux, &c.

L'On convient que le bon labourage contribue beaucoup à la fécondité de la terre ; mais le meilleur labourage seul, ne pourroit conserver long-tems un terrain dans un état assez vigoureux pour produire d'abondantes moissons. Le secours des fumiers est si nécessaire, que si on le néglige, on a le chagrin de trouver tous les ans de la diminution dans ses récoltes.

En général, sans le secours des fumiers, les terres labourables seroient bientôt épuisées par leurs productions ; il est donc essentiel au cultivateur qui désire de riches récoltes, de donner tous ses soins à augmenter la quantité de ses fumiers ; de veiller à les bien faire consommer ou mûrir, à leur conserver toute leur force, à choisir pour chaque terre celui qui y est plus propre, & enfin à les porter, & répandre sur ses terres dans un tems convenable. C'est pourquoi l'on a souvent dit que le labourage étoit la principale science du cultivateur, comme son principal soin devroit être pour ses fumiers & ses engrais.

On pourroit indistinctement appeller fumier ou engrais, tout ce qui sert à amender la terre ; mais il faut faire une distinction & appeller fumier, simplement dit, la fiente des animaux & des litières pourries sous eux dans les étables; & on appellera engrais, toutes les autres choses qui peuvent contribuer à entretenir la fertilité d'un sol, ou à la lui donner si elle est stérile, ou enfin à la lui rendre s'il est épuisé. Le fumier produit un effet plus prompt, mais les engrais mis en quantité suffisante, font une amélioration plus durable; les fumiers & les engrais méritent cependant également beaucoup des soins. On va commencer à s'entretenir des fumiers, & ensuite on parlera des différentes espèces d'engrais.

On sait, avec tout le monde, combien le fumier est nécessaire à la terre, & les bons effets qu'il y produit; mais quand on connoîtra comment il opére de si bons effets, on aura encore plus d'attention à en augmenter la quantité & la qualité. Le premier effet du fumier, c'est de procurer de la substance au sol, c'est-à-dire, de lui porter des sels & des sucs dont les plantes sont nourries: un autre effet, c'est d'aider à diviser la terre, ou à la mettre en guéret, & à la maintenir dans cet état d'ameublissement, par la fermentation qu'il opére dans les parties du sol.

La chaleur naturelle du fumier doit exciter un mouvement dans les sucs & dans l'humidité de la terre; par ce mouvement, ces sucs & cette humidité se mêlent ensemble; c'est ce mouvement qu'on appelle fermentation, & c'est dans le mélange que ce mouvement cause, que se préparent les sels & les sucs de la terre pour nourrir les plantes. On a assez souvent parlé du besoin que les plantes ont de ces sels & de ces sucs, & combien il étoit nécessaire que la terre fut préparée de façon que les racines des plantes pussent librement s'y étendre & s'y multiplier ; on l'a dit assez de fois, pour se convaincre de la nécessité indispensable des fumiers dans les terres labourables, puisqu'ils portent de la nourriture aux plantes, & qu'ils facilitent le progrès des racines & leur multiplication : sans ces avantages les plantes ne peuvent pas être fécondes.

Il y a si peu de terres qui ne demandent point du fumier, qu'on peut assurer que toutes en ont besoin. Dans les terres sablonneuses, légères ou maigres, il faut du fumier pour leur donner de la substance, & une certaine liaison propre à conserver une humidité nécessaire aux plantes : dans les terres grasses, compactes & gluantes, il faut aussi du fumier afin que la fermentation qu'il opère, aide à mettre & à tenir ces terres en guéret & les réchauffer ; car sans cette fermentation, causée & entretenue par la chaleur naturelle du fumier, les terres tenaces & gluantes seroient sujettes, même après beaucoup de labours, à reprendre leur première tenacité, à la première pluie un peu abondante, d'où il suivroit qu'elles resteroient froides.

Il est vrai que lorsqu'on prévoit n'avoir pas assez du fumier, pour engraisser suffisamment ses terres, on peut en suppléer une partie par les labours, qu'on est toujours maître de multiplier ; cependant on doit se souvenir qu'on doit partout ajouter le fumier à la multiplicité des labours ; enfin, puisque le fumier aide à diviser & à réchauffer les terres tenaces & gluantes, qu'il donne de la substance aux terrains trop maigres, & de la liaison à ceux qui sont trop légers ; il est donc nécessaire d'en mettre en toutes sortes de terres, pour les tenir dans un état de fertilité, quoiqu'elles ayent été ameublies par les labours.

La nécessité du fumier est telle, qu'il seroit mieux d'ensemencer moins de terrain, & le fumer davantage ; on suppose que l'on aye quinze arpens de terre à mettre en bled, & qu'on puisse prévoir qu'on n'aura du fumier que ce qu'il en faudra pour fumer suffisamment dix arpens ; il y aura alors plus d'avantage de n'entreprendre d'ensemencer que les dix arpens qu'on pourra suffisamment fumer.

En faisant sur ces dix arpens, (outre les labours ordinaires,) les journées de labours qu'on auroit été obligé de faire sur les cinq qu'on laissera, les dix arpens de bled auront un tiers de labours plus qu'ils n'auroient eu, si on en avoit semé quinze ; & étant suffisamment fumés, produiront certainement plus, que les quinze arpens qui auroient eu un tiers moins de fumier & un tiers moins de façon. Les cinq arpens qu'on n'aura point enfemencés donneront du pâturage, & outre cela la terre fera plus repofée, ce qui fait encore deux petits avantages ; mais un fermier qui prendroit l'habitude de laiſſer une partie de ſa terre en friche, fous prétexte qu'il n'auroit pas aſſez du fumier pour enfemencer en entier ſes cotaiſons ordinaires feroit blâmable, & il y a peu de propriétaires qui vouluſſent bien le ſouffrir ; parce qu'il y a un moyen de ſe mettre en état de les enfemencer toutes entières & de les fumer ſuffiſamment. Ce moyen eſt de travailler dès le commencement de l'année, & de veiller tous les jours à augmenter la quantité & la qualité de ſes fumiers & de ſes autres engrais.

Le premier ſoin d'un cultivateur fera donc de raſſembler beaucoup de litières, & de prendre garde d'en jamais manquer ; puiſque le meilleur fumier, c'eſt la fiente des animaux & les litières pourries fous eux : fi on a le ſoin de faire la litière aux beſtiaux & de leur en donner un peu de fraîche ; c'eſt une attention d'un moment, mais qui eſt bien intéreſſante, & qui procurera la ſanté du bétail : en ayant ſoin qu'il ne manque point de litière, on augmentera la quantité des fumiers. Ces deux choſes font bien de conſéquence pour un cultivateur.

On doit vuider les étables de leurs fumiers aſſez ſouvent pour qu'ils n'y croupiſſent pas ; ce qui pourroit nuire à la ſanté du bétail : on le doit aussi, afin de faire une plus grande quantité de fumier. Lorsqu'on verra les litières bien pénétrées d'humidité & des urines, & qu'elles commencent à se pourrir, il sera tems de les sortir des étables, parce qu'alors elles sont remplies des sels des fientes & des urines qui y sont retenues. Elles sont donc en état d'être transportées dans la fosse au fumier ; cela fait, on met de nouveau des litières dans les étables, on les y laisse jusques à ce qu'elles soient dans l'état des précédentes, & ainsi autant de fois qu'il en est besoin : le plus souvent est toujours le mieux.

Il y a un moyen d'augmenter considérablement la quantité de ses fumiers, & de les rendre de la qualité la plus favorable à chaque espèce de terrain : ce seroit de mettre dans les étables, sous les litières, des terres de nature contraire au sol, pour qui on destine ses fumiers, & encore de mettre un petit lit de ces terres sur la forme de fumier, à chaque fois qu'on a vuidé les étables.

Il y a des terres trop sablonneuses, d'autres trop brûlantes : celles-ci ont besoin qu'on y modére la chaleur & qu'on les rende plus fraîches ; les trop sablonneuses demandent qu'on leur donne de la liaison & de la substance ; il y a des terrains gluans, coriaces & froids qui ont besoin d'être divisés & réchauffés ; les fumiers qui sont plus propres à produire l'un ou l'autre de ces effets, sont donc meilleurs dans les terres qui les demandent.

On croit & l'expérience montre qu'il est vrai que les fumiers des différens animaux différent de qualité; le fumier des chevaux & des moutons est plus chaud que celui des bœufs & des vaches : le premier sera pour les terres froides & gluantes; le fumier des bœufs & des vaches, sera pour les terres brûlantes & pour celles qui sont trop légéres, parce qu'il est plus gluant que les autres, & que par cette qualité il conserve plus la fraîcheur.

Le fumier des moutons demande une attention, dont personne, pour ainsi dire, ne veut prendre la peine; c'est le meilleur de tous les fumiers, le plus chaud & le plus agissant; mais la plupart des cultivateurs n'en tirent pas le meilleur parti : tous en connoissent la bonne qualité, le reservent fort précieusement, mais faute d'attention, ils en tirent peu d'avantage. Ce fumier est si chaud & si-agissant, qu'il se consomme de lui-même & se détruit par sa grande fermentation, ensorte qu'il devient presque à rien, quand on le met seul dans une fosse particulière. Plusieurs fermiers croyent éviter cette perte, en ne vuidant que rarement & à la dernière extrêmité l'étable des moutons : soit ignorance, soit paresse, ils se trompent. Ce fumier se détruit peu à peu dans l'étable comme ailleurs; outre cela il peut nuire à la santé des moutons & à la qualité de leur laine. Quand même il se détruiroit moins dans l'étable que dans la fosse, on n'en feroit toujours qu'une petite quantité, en ne vuidant que rarement les étables : c'est cependant une grande perte, puisque c'est le meilleur des fumiers.

Il est aisé d'obvier à tous ces inconvéniens, & de multiplier le fumier de mouton, en lui conservant toute sa bonne qualité; pour cela lorsqu'on vuidera l'étable des moutons, mélangez ensemble, dans la fosse où on le mettra, autant de brouettes de terre avec autant de brouettes de fumier; cette terre deviendra de la même qualité, en fermentant avec lui, & elle en empêchera l'anéantissement ou l'évaporation. Cette économie est l'affaire d'une demi journée d'homme pour la voiture de la terre, toutes les fois qu'on cure les étables des moutons ; qu'est-ce que cela pour se procurer une copieuse quantité du plus précieux de tous les engrais, pour les chanvres, les bleds, &c ?

Les terres grasses, compactes & froides, ayant besoin pour être améliorées, d'être ameublies & réchauffées ; le fumier des chevaux, &c. étant plus propre à ces effets, doit donc leur être réservé ; mais les gazons des terres légéres, les terres sablonneuses ou celles qui sont propres à diviser le sol, & à absorber la trop grande humidité, comme le tuf & la marne, sont donc les terres qu'on doit mettre sous les litières des animaux dont les fumiers sont plus chauds, ou du moins ce sont ces terres qu'on doit mêler à leur fumier sur la forme, puisque ces terres peuvent aider au meilleur effet de ces fumiers.

Au contraire les terres trop légéres & les terres brûlantes, ayant besoin d'être rafraîchies & rendues plus liantes, demandent le fumier le plus gluant & le moins chaud. On vient de dire que c'est celui des bœufs & des vaches; il faut donc mettre sous les litières de ces animaux, ou mêler à leur fumier des terres liantes & grasses, qui d'elles mêmes sont propres à corriger le défaut des terres trop légéres, & de celles qui sont brûlantes.

On doit avoir l'attention de briser les gazons & toutes les mottes de terre qu'on veut mettre sous les litières des bestiaux, afin qu'ils puissent aisément marcher & se coucher dessus.

Peut-être, dira-t-on, qu'il est égal de mêler ces différentes terres, à chaque différent fumier, quand on le tire des étables & qu'on le transporte dans la fosse, comme on l'a dit du fumier des moutons. Cela est bon, l'on en est convaincu, mais l'avantage n'est point le même.

Les terres qu'on met sous les litières s'attachent les parties les plus déliées du fumier & reçoivent les urines des bestiaux : par-là rien n'est perdu de ce qui fait la bonté du fumier, & ces terres deviennent elles-mêmes un fumier excellent. On les leve à chaque fois qu'on vuide les écuries, & on y en remet d'autres. On devroit en faire de même sous les moutons, & si on ne le fait pas,

pas, on perdra une bonne partie du fumier ; on répareroit cette perte, autant qu'il est possible, si du moins on y mêloit autant de terre, en le mettant dans la fosse comme on l'a déja dit.

Si la ferme n'est composée que d'un terrain de même nature, il faut mettre sous les litières des bestiaux, des terres contraires à son sol & propres à l'améliorer. En ce cas on mettra la même terre sous les bœufs & sous les chevaux, &c., & on mêlera tous les fumiers ensemble : si au contraire on a une année, une cottaison de telle nature, & l'année suivante une cottaison d'une autre espèce, il sera nécessaire de prévoir dès le commencement de l'année, quelle espèce de fumier convient mieux à la terre qu'on devra ensemencer, afin de ne mêler aux fumiers que les terres qui y conviennent pour l'améliorer.

Il est rare qu'une ferme un peu considérable soit composée d'un même sol ; au contraire, il est assez ordinaire qu'on y voye des terrains de différente nature dans les fermes qui ont de l'étendue : il faut des bestiaux de toutes les espèces : on peut donc y faire des deux sortes de fumiers dont on vient de parler ; on conseille même d'avoir deux fosses pour les fumiers, l'une pour celui des bœufs & des vaches, l'autre pour les autres fumiers ; parce qu'alors on peut donner à ses terres les fumiers les plus convenables pour leur plus grande amélioration.

Soit qu'on aye deux fosses, soit que l'on

en aye qu'une pour mettre les fumiers, il faut avoir attention que le lieu où on le mettra soit concave ou un peu creusé, & placé en un endroit où le soleil ne donne dans le tems des grandes chaleurs, que le moins qu'il est possible ; il seroit même très-bon que le fumier fût placé de façon que l'ombre de quelques grands arbres portât dessus à midi, ou qu'il y eût quelques arbrisseaux bien feuillus plantés autour pour le garantir du soleil ; surtout que le lieu où l'on placera les fumiers, soit une terre glaiseuse & forte, & que l'humidité des fumiers ne puisse pénétrer ; car si le sol des environs de la maison où on sera obligé de placer la fosse, est sablonneux ou de tuf, les fumiers seront toujours secs & point assez consommés ou mûris.

Pour remédier à cela, il faut faire le fond de la fosse avec des pierres bien rangées & cimentées avec de la glaise ou argile, qu'on aura soin de bien battre avec des maillets, pour la mieux faire entrer entre les pierres ; ensuite on mettra une couche de la même terre, aussi bien battue, de l'épaisseur de cinq à six pouces; par ce moyen le sol de la fosse deviendra impénétrable : le fumier conservera alors tout son suc & toute son humidité.

Le fumier a besoin d'un certain degré d'humidité pour fermenter & se pourrir ; c'est pour cela que ce seroit un grand bien de conduire par un égout dans la fosse au fumier, les urines des écuries, ou du moins d'y faire aller l'eau de quelque petit bâtiment, pour y entretenir une médiocre humidité, surtout pendant les grandes chaleurs ; mais il faut bien prendre garde que l'humidité des écuries, & l'eau qu'on aura fait aller dans le fumier, ne se perdent en terre ou ne s'écoulent hors de la fosse, parce que le fumier en seroit lavé, & ainsi resteroit sans sel & sans force.

Pour entretenir la fermentation du fumier & le faire mieux consommer ou mûrir, on doit, toutes les fois qu'on en tire des étables, le bien étendre sur la forme & même marcher un peu dessus pour le mieux ranger : enfin il seroit à propos, pendant les grandes chaleurs, de le couvrir d'un lit d'un ou deux pouces de terreau des coursières, & même d'y jetter des rameaux feuillus pour empêcher le hâle de le trop dessécher, & le soleil de le brûler. Les cultivateurs qui ne négligent aucun soin utile, font arroser leur forme de fumier deux ou trois fois pendant l'été.

Voilà les moyens les plus simples & les plus faciles d'augmenter considérablement les fumiers & de les bien faire mûrir ou consommer, & de ne donner aux terres que ceux qui y conviennent le mieux. Tous ces soins ne suffisent cependant pas, quand on ne veut rien négliger, il faut encore transporter les fumiers & les répandre à propos dans chaque différent terrain. Dans les terres trop sablonneuses, on ne doit porter & répandre le fumier, qu'immédiatement avant la femaille ; dans les terres tenaces & trop liantes, on fait bien de le répandre en levant ou au fecond labour des guérets ; on a déja donné la raifon pourquoi on doit avoir cette attention ; on la répéte encore : les fables & les terres ardentes abforbent & dévorent les fumiers, l'eau les y lave trop facilement, & emporte ce qu'il y a de meilleur ; enforte qu'ils feroient prefque ufés, & les plantes en feroient privées, fi on les y mettoit long-tems avant la femaille. Il n'en eft pas de même des terres tenaces & liantes ; elles ont befoin d'être divifées & ameublies ; la fermentation que le fumier opére, contribue beaucoup à cet ameubliffement : on doit donc y mêler le fumier le plutôt qu'on peut ; de plus, en tranfportant de bonne heure les fumiers dans les terres fortes, on évite la difficulté des tranfports lorfque l'automne eft pluvieufe ; on évite encore le grand tort qu'on fait à fes guérets en y menant le harnois, lorfque les terres font trop molles.

L'on a vu pratiquer avec bien de la réuffite la méthode de fumer à deux fois les terres compactes, gluantes & froides ; pour cela on y met dès les premiers labours tout ce qu'on a de fumier, & à la femaille on y met encore celui qu'on a fait depuis. Ce fecond fumier ayant tout fon feu, opére une plus forte fermentation dans le fol, ce qui aide beaucoup à l'améliorer.

Enfin, fi on a des terres légeres & d'autres qui foient froides ou pefantes, à enfemencer dans la même année, on reservera le fumier le plus consommé pour les terres légeres, &c., & le fumier nouvellement tiré des étables, pour les terres froides, glaiseuses, &c.; mais en quelque saison que ce soit qu'on transporte les fumiers sur les terres, & de quelque nature qu'elles soient, il faut l'enterrer le plutôt possible, parce que le fumier éventé ou rôti au soleil, perd beaucoup de sa bonne qualité.

Il est presque impossible qu'on puisse nourrir assez des bestiaux dans une ferme, pour avoir des fumiers suffisans pour engraisser toutes les terres, si le domaine labourable de cette ferme est étendu; cependant il en faut pour entretenir & réparer la force de son terrain : il faut donc avoir recours au travail & à l'industrie pour suppléer, par des engrais naturels, à la quantité des fumiers nécessaires.

On ne doit pas se décourager; il ne faut point tant de recherches pour se procurer l'un ou l'autre, ou même plusieurs des engrais dont on veut parler. La Providence en a placé partout; ainsi il faut moins de science que de travail pour s'en procurer : le tems même qu'il faut employer ordinairement à en ramasser, est le tems où la plupart des cultivateurs s'imaginent n'avoir plus rien à faire, tant ils sont peu soigneux & peu entendus. On veut dire que c'est pendant l'hiver qu'on tire les marnes, qu'on bêche les chaintres, qu'on cure & répare les fossés, qu'on voiture des terres neuves propres à faire des coursieres dans les couts

& aux abords de la maison ; il n'y a que les mares qu'on nettoye en été quand elles sont à sec, mais dont il ne faut jamais perdre l'occasion.

La marne étant le premier & le plus naturel de tous les engrais, on est étonné qu'elle soit si négligée. Le marnage est de toutes les améliorations celle qui fertilise le mieux, pour plus long-tems, un terrain : on avoit sans doute bien connu l'utilité de la marne, puisque dans bien des endroits on voit encore de vieilles marnieres, ou les vestiges des puits d'où on la tiroit. Pourquoi donc a-t-on négligé cette amélioration, qui est la meilleure de toutes ? Il est vrai que dans les pays où on est obligé de percer des marnieres profondes, les premieres dépenses sont grandes ; mais l'abondance des récoltes sur les terres marnées récompense beaucoup au-delà des frais ; & quelque dépense qu'occasionne le marnage, il faut qu'elle soit bien grande si ce soin ne procure pas un plus grand profit.

La marne n'est bien coûteuse qu'à ceux qui la font tirer & voiturer à prix d'argent ; on peut faire tout cela avec ses domestiques & ses harnois, & ainsi sans autre dépense que celle du tems. Quand même il faudroit un ou deux hommes pour aider, il n'en coûteroit pas bien cher, puisque pendant l'hiver on trouve toujours quelqu'un embarrassé à quoi s'occuper, & à quel métier gagner sa vie : qu'on travaille donc chaque hiver à se procurer une certaine quantité de marne, pour marner tous les ans un nouveau canton de fes enfemencés, & tous les ans on verra augmenter fes récoltes.

On trouve des marnes de différentes efpèces; il y en a de graffe ou favonneufe à la main; il y en a de fablonneufe, friable & plus légere que l'autre; on trouve encore une efpèce de marne pierreufe, rude à la main, féche & dure comme ce qu'on appelle roc; cependant cette efpece de marne devient bonne, mais il faut la laiffer un ou deux hivers en monceau, & la répandre dès le commencement de l'hiver; alors elle fe divife peu-à-peu à l'air, à la pluie, à la gelée, & elle fait un très-bon effet.

On voit des marnes de bien des couleurs; il y en a de blanches, d'autres d'un blanc jaune, de grifes, d'autres d'un jaune d'argile; on en voit encore qui tiennent de toutes ces couleurs enfemble, & qui font comme jafpées, rougeâtres, tirant fur le bleu, &c. Ces marnes font toutes un très-bon effet dans les terres, mais partout la blanche paffe pour la meilleure.

On peut laiffer fa marne en monceau fur le bord du puits ou marniere pendant un an ou plus; on prétend qu'elle s'affaifonne & qu'elle en vaut mieux; mais cette méthode différeroit trop le profit; il faudroit en voiturer donc le plutôt qu'on pourroit fur le champ qu'on voudroit marner. On met la marne par petits tas à diftance égale fur les fillons, enfuite on la répand le plus également qu'il eft poffible. La gelée, la pluie & le soleil, font qu'elle s'émiette ; elle se mêle alors plus intimement à la terre qu'on laboure dès le printems. Cependant si c'est une marne bien facile à diviser ou sablonneuse, on peut différer jusqu'au printems, ou même jusqu'à l'été à la voiturer, surtout si c'est à une terre légere qu'on la destine ; mais si c'est un sol froid & gluant qu'on veut marner, on fait mieux de répandre la marne dès avant l'hiver, afin qu'elle ait le tems de s'émietter de plus en plus, & de commencer de bonne heure à s'incorporer au sol : on seme en retour la cottaison marnée, en y mettant le fumier ordinaire. Cette seconde récolte vaut ordinairement mieux que la premiere, parce que la marne ne fait pas un si bon effet la premiere année que dans la suite.

Les terres varient pour la quantité de marne qu'il leur en faut; il y en a où on en met jusqu'à cent charretées à l'arpent ; d'autres où il n'en faut que vingt, ainsi du plus ou moins : c'est dans les terres froides & humides qu'il en faut le plus. Lorsque les terres ont été marnées, elles se séchent plus facilement, ce qui les rend moins froides, & ainsi moins susceptibles de la gelée ; mais dans les terres légeres & chaudes, il faut moins de marne que dans les précédentes, parce qu'une trop grande quantité absorberoit toute l'humidité ; ce qui altéreroit les plantes.

Les fonds marnés sont fertiles pendant vingt ou trente ans & même davantage, mais à la fin ils s'usent ; dès qu'on voit diminuer la fertilité des terres marnées, il faut y remettre un peu de marne de tems en tems ; pour cela il fuffit d'en mêler un peu tous les ans avec les fumiers.

La marne, dit-on, de quelle couleur qu'elle foit, fermente, bouillonne, s'émiette & fe diffout d'elle-même dans le vinaigre & même dans l'eau, pétille lorfqu'on en jette fur des charbons ardens. Celle qui a ces deux qualités doit être la meilleure, puifque ces deux effets font des marques inconteftables qu'elle eft plus chargée de fels, & qu'elle eft plus facile à divifer ; cependant on en a vu qui n'avoient ni l'une ni l'autre de ces qualités, & qui amélioróient très-bien la terre.

Enfin plus la marne eft profonde, c'eft-à-dire, plus on la tire près de l'eau, plus elle a de qualité pour fertilifer les terres ftériles, ou qui commencent à le devenir : on ne doit donc pas regarder une petite dépenfe de plus pour fe procurer la meilleure. C'eft un engrais fi efficace, qu'on voit des bruyeres ftériles donner d'abondantes récoltes par le fecours des marnes, & fe foutenir long-tems dans leur fertilité, lorfqu'on a foin de les entretenir comme les autres terres, par les labours & par les fumiers ordinaires.

Un bon puits à marne dans une ferme, eft une fource précieufe qu'il faut conferver avec foin ; ainfi dès qu'on a ceffé de tirer de la marne, il eft néceffaire de bien fermer l'embouchure de la marniere pour empêcher l'eau & l'air d'y pénétrer, & de la faire écrouler. Il faut donc mettre sur l'ouverture de sa marniere cinq ou six morceaux de charpente, ou de grosses branches d'arbre de cinq ou six pieds de longueur à un pied de distance l'un de l'autre, pour soutenir des planches ou des perches qu'on croise dessus, en ayant l'attention de bien joindre ces traverses ; on couvre ensuite tout cela de bon gazon, sur lequel on fait un tas de terre de huit ou dix pieds de diamétre & haut à proportion ; par ce moyen les bestiaux ne sauroient se précipiter dans la marniere, & on la conserve.

S'il n'y a d'aucune espece de marne dans la dépendance de la ferme, il faut y suppléer par des terreaux ou coursieres, qu'on fera dans les cours & aux environs de la maison. Ces coursieres deviennent un très-bon engrais, & il est aisé d'en faire une grande quantité. On les fait avec le gazon, les vuidanges des mares & des fossés, le tuf, l'argile ou autres terres neuves. On étend d'abord un lit de chaume, de paille, de feuilles, de fougeres, de genêts ou de bruyeres, qu'on couvre de l'une ou de l'autre des terres qu'on vient de nommer, ou même, pour le mieux, de plusieurs mêlées ensemble. On jette ensuite les litieres dessus, comme on a fait dessous. Les bestiaux en allant & venant, broyent & mêlent tout cela l'un avec l'autre ; leur crottin & leur urine contribuent à l'améliorer. Lorsqu'on voit ces litieres & ces terres bien brisées & pourries, on releve sa courſiere étant humide, & on en fait un tas proche la forme du fumier, on en remet une autre en la place, & ainſi toute l'année.

Il faut avoir l'attention, en relevant les courſieres, de ne rien enlever du fond de la cour, ſurtout auprès des bâtimens; parce qu'on en déterreroit les fondemens, ce qui y cauſeroit du dommage dans la ſuite.

On doit laiſſer bien mûrir les terreaux des courſieres, principalement ceux que l'on fait avec la boue des mares & des foſſés, ou avec le gazon & la terre des chaintres; parce que ſans cela ils infecteroient d'herbes les terres labourables. En jettant un lit de ces terreaux ou courſieres ſur la forme du fumier à chaque fois qu'on en tire des étables, on met ſon fumier à l'abri du ſoleil & de l'évaporation. La chaleur du fumier fait germer les graines d'herbes que le terreau qui eſt deſſus renferme. Les parties du fumier qui ſe feroient évaporées, s'incorporent au terreau & il devient, pour ainſi dire, de la qualité du fumier; alors il ne produit plus que des bons effets.

Lorſque la forme de fumier commence à s'élever au-deſſus des terres qui l'environnent, il eſt très-utile d'en garnir le contour d'un gros ſillon du terreau des courſieres. Ce ſillon doit être appuyé à la forme, & on l'éleve toujours à la hauteur de la forme, pour la préſerver de la ſécherèſſe & en empêcher l'évaporation par les côtés.

Afin que le fumier fermente & se conforme, ou mûrisse mieux, on doit le tenir passablement humide ; mais il ne faut pas qu'il le devienne trop : car trop d'eau dans la fosse au fumier, le noie, le refroidit, empêche sa fermentation, & lui ôte ou diminue sa bonne qualité. Si une fosse au fumier est située de façon à recevoir beaucoup d'eau des bâtimens ou des cours, & qu'on ne puisse pas la placer ailleurs, il faut y ménager un écoulement pour la trop grande humidité, mais il ne faut pas laisser perdre l'eau de cet écoulement : on perdroit la plus grande partie de ce qu'il y a de bon dans le fumier. Pour éviter cette perte, on fait un trou ou petit réservoir au-dessous de la forme, où se rend le superflu d'eau des fumiers ; on y met pourrir des litieres mêlées de terre, qu'on met sur la forme dès que ce mélange commence à pourrir. Si un seul trou à la chute de la forme ne suffit pas pour contenir toute l'humidité qui coule du fumier, on en fait un second au-dessous du premier : on les tient toujours tous deux garnis des litieres & de terre, qu'on releve aussi souvent qu'il est nécessaire ; ces trous doivent être plus évasés que profonds, de peur qu'il n'y arrive quelqu'accident aux bestiaux.

Il faut se souvenir de faire attention à la nature de ses terres labourables, afin de choisir pour ses courfières, des terres propres à améliorer le sol. Si on a des cottaisons de nature différente, il sera nécessaire de prévoir dès le commencement de l'hiver, quelle terre est plus propre à améliorer la terre ensemencée de l'année suivante, afin de ne faire que des coursières qui soient plus propres à se procurer l'amélioration qu'on doit désirer à chaque différent sol.

Si la cottaison prochaine est un sol gras, mais froid & compacte, on fera les coursières qu'on destine avec des gazons de terre légere, avec le tuf ou avec de la terre neuve sablonneuse. Au contraire si le sol ensemencé doit se trouver dans un sol trop léger, sablonneux & brûlant, on fera ses coursières avec des terres grasses & liantes, de l'argile, ou du moins avec de la terre argileuse; mais si on a pour cottaison deux pièces, dont l'une soit forte & grasse, & l'autre brûlante & trop sablonneuse, il sera nécessaire de faire des coursières des deux sortes dont on vient de parler: il sera également à propos de mettre les fumiers les plus chauds dans une fosse particulière, pour y mêler ses coursières de terre légere, qui sont destinées pour les terres froides & gluantes: au contraire le fumier des bœufs & des vaches étant plus gluant & moins chaud, sera mis à part & mêlé aux coursières de terre grasse, liante & argileuse, qui est propre à donner de la substance & de la liaison au sol trop sablonneux.

Il est bon que l'on sache qu'il en est de l'argile comme de la marne, qu'il y en a qui a plus de qualité l'une que l'autre ; la plus rouge est communément la moindre, celle qui est d'un jaune brun est la meilleure ; mais de telle couleur qu'elle soit, c'est une marque de bonté, quand les petites mottes d'argile s'ouvrent d'elles-mêmes & se divisent à l'air, quelque tems après qu'elles y sont exposées.

Il y a encore un espèce d'engrais dont on peut tirer un grand avantage, & qui cependant est bien négligé : ce sont les chaintres.

On appelle chaintre, un espace de six ou huit pieds près la haie, tout autour d'une pièce de terre. La terre de ces chaintres doit être la meilleure de tout un champ, puisque les feuilles qui y tombent chaque année, des haies & des arbres qui y sont, s'y pourrissent & deviennent un engrais qui l'améliore. Les eaux en s'écoulant d'une pièce de terre labourable, entraînent avec elles les parties les plus déliées, ou les plus fines du sol, c'est-à-dire sa substance ; & la portent sur la chaintre, qui, couverte de gazon, retient cette substance & s'en forme ; les chaintres donnent beaucoup plus & de meilleure herbe que le reste du champ, ce qui y attire les bestiaux, dont le crottin & l'urine les améliorent encore beaucoup.

Il est palpable que la terre des chaintres doit être plus grasse & meilleure que le reste du champ : cette terre peut donc lui servir d'engrais & l'améliorer : on la bêche dès le commencement & pendant l'hiver,

& on la met en gros sillon le long de la haie. Ces terres ont besoin d'une année pour se mûrir ensemble & pourrir le gazon, & pour laisser germer les graines d'herbe qui y sont renfermées : on les voiture & répand ensuite dans le champ. Si la pièce de terre est en pente, il en faut mettre plus dans le haut qu'ailleurs; s'il y a quelques cavités ou endroits plus bas, c'est là qu'il faut aussi mettre davantage de la terre du champ afin d'applanir la pièce peu à peu.

Il est plus avantageux de mettre les chaintres en tas, ou gros sillons, le long des haies, & de les laisser ainsi se mûrir en monceau, que de les brûler comme font quelques-uns : en les brûlant, la récolte suivante seroit à la vérité très-abondante & très-belle, mais cette force ne dureroit pas; au lieu qu'en laissant mûrir les gazons à leur point, & les répandant dans le champ, c'est une amélioration durable.

Les uns blâment de laisser les chaintres, d'autres l'approuvent ; de part & d'autre il y a de bonnes raisons pour en appuyer le sentiment. Mais, sans entrer dans cette discussion, il est cependant vrai qu'il résulte deux grands avantages de relever les chaintres de tems en tems, quand on en laisse : d'abord on engraisse & on fortifie le sol ; outre cela en baissant le tour d'une pièce de terre qui est plate ou qui a peu de pente, ou facilite l'écoulement de l'eau qui rendroit le sol froid par son séjour, ce qui nuiroit beaucoup au bled, &c. car qui ne fait pas que la trop grande humidité des terres est un des principaux obstacles à leur fécondité ? Il est donc communément nécessaire de bêcher les chaintres & de les répandre dans le champ.

Voilà les principaux engrais naturels qu'on peut se procurer partout ; il n'y a point d'endroit où on ne puisse trouver de la marne ou tuf, des gazons, de l'argile, ou autre terre neuve. Enfin la paille, le chaume, les genêts, les feuilles, les fougères, les mauvaises herbes des marais, & les bruyères même pourries, broyées & mêlées en coursieres avec quelque terre qu'on voudra, feront toujours un très-bon engrais pour les sols de nature contraire à la terre dont on se sera servi pour ses coursières : il faut faire beaucoup d'engrais si on veut recueillir beaucoup.

Il y a encore bien d'autres espèces d'engrais ; mais dont on ne peut se procurer une certaine quantité qu'à grand frais, comme la chaux & les cendres ; & d'autres qu'on ne peut avoir qu'à la proximité des villes, comme la suie, la lessive, la charrée &c. Cependant comme il ne faut rien négliger, on ajoutera à ses travaux le peu qu'on pourra avoir de ces matières, ils en seront toujours d'autant meilleurs : on a déja dit qu'il n'y a point de petits soins en agriculture, ni de petites économies pour les cultivateurs.

Le plâtre en poudre est encore un engrais fort intéressant, & surtout pour les nouvelles prairies ; un quintal ou un quintal & demi suffit pour un terrain de 500 toises, semé par un tems sec non orageux ni pluvieux, en Mars ; néanmoins il faut l'employer avec discrétion & discernement, avoir l'attention de n'en remettre sur la même terre que plusieurs années après qu'on l'aura amplement fumée une fois avec du bon fumier.

On peut améliorer les terres avec de la *chaux vive* ; & comme cette pratique pourroit être avantageuse à ceux qui se trouveroient dans une Province où le bois & la pierre à chaux ne sont pas rares, il faut la détailler.

Nous ferons notre hypothèse sur un arpent de cent perches quarrées ; la perche ayant vingt-deux pieds de longueur.

Nous supposons qu'on a donné en Mars un premier labour à un pré qu'on veut ensemencer en grain. Peu de tems après, on porte la chaux sortant du four dans le champ, à raison de dix milliers pesant par arpent, & on la distribue de façon qu'il se trouve un tas de cent livres au milieu de chaque perche. Ainsi les tas seront à une perche de distance les uns des autres.

On releve ensuite la terre autour de chaque tas, pour y former une bordure d'un pied d'épaisseur : après quoi on couvre tout le tas en forme de dôme, & cette calotte est formée par un demi-pied d'épaisseur de terre.

La chaux fufe fous cette terre; elle s'éteint, & fe réduit en pouffière. Mais comme alors elle augmente de volume, la couverture de terre fe fend; il faut de tems en tems vifiter ces tas pour fermer les fentes avec de nouvelle terre; car fans cela la pluie s'introduifant par les fentes, elle réduiroit la chaux en une pâte qui fe mêleroit mal avec la terre, quand on viendroit à rompre les tas. Il ne faut pas battre le deffus des tas avec le dos de la pelle, afin que la chaux refte en poudre fort légére dans l'intérieur de ces tas.

Quand on juge que la chaux eft réduite en poudre fine dans l'intérieur du tas, on mêle bien avec des pelles cette poudre de chaux avec la terre qui la recouvre; & ayant ramaffé le tout pour en former un petit monceau, on le laiffe en cet état fix femaines ou deux mois; car alors les pluies ne lui font point de tort.

Vers le mois de Juin, on répand ce mélange de chaux & de terre fur tout le guéret: mais on ne le jette pas au hazard; on le prend au contraire par pellée, que l'on diftribue en petits tas dans toute l'étendue de chaque perche. On prétend que ces petites maffes excitent plus la végetation, que fi l'on répandoit ce mélange uniformément fur toute la fuperficie du champ; & on ne s'embarraffe pas qu'il fe trouve de petits intervalles entre chaque pellée. On laboure enfuite une fois, fi l'on fe propofe de femer du farrafin; & deux ou trois fois, fi l'on feme du froment.

Comme dans beaucoup de Pays la chaux est fort chere, il y a des Fermiers qui ne mettent que cinq milliers de chaux par arpent. Ils en forment, comme les autres, cent tas qu'ils traitent de même. Mais aussitôt qu'ils ont ainsi distribué leur chaux, ils répandent dans le même champ dix à douze charretées de bon fumier. On pratique communément cette seconde méthode pour amender les terres, qui quelques années auparavant, l'avoient déja été avec la chaux; car on prétend qu'on fait tort aux terres lorsqu'on les amende deux fois de suite avec de la chaux pure.

Communément la chaux produit une grande fertilité : néanmoins elle ne convient pas dans les terrains fort légers.

Mr. de la Morliere, de Bayonne, ayant fait répandre, dans l'espace de 600 toises quarrées, 60 livres de chaux éteinte dans l'eau & réduite en lait, le froment y est venu beaucoup plus beau que dans les terres voisines, qui avoient été bien fumées. Voilà une façon d'employer la chaux qui pourra être plus commode en certaines circonstances.

On peut encore mêler de la chaux avec le fumier. On feroit un bon engrais en mettant en tas une couche de gazons, puis une couche de chaux, ainsi alternativement au bout d'un an ou de 15 mois : si parmi ce gazon, il se trouve de la bruyere, de la fougere ou de l'ajonc, on en formera un fourneau auquel on mettra le feu. Dans les pays où le sel est marchand, on en feroit un excellent engrais, en le stratifiant avec de la terre, du fumier & de la chaux.

CHAPITRE XIII.

Des Bestiaux, & du soin qu'on doit en avoir.

UN cultivateur a non-seulement besoin de monde pour le seconder dans tous ses travaux, il lui faut aussi des bestiaux, tant pour le travail sur ses terres, que pour le profit qu'il peut en rétirer d'ailleurs. Le bétail est absolument nécessaire pour faire des fumiers, sans lesquels on ne fait jamais que des pauvres récoltes.

Avant que de prendre une ferme, il faut consulter ses facultés, & les comparer avec le nombre des bestiaux nécessaires, pour monter suffisamment cette ferme. Si on trouve n'en avoir pas le moyen, il ne faut plus penser à la prendre, puisqu'on ne seroit pas en état de la cultiver ni de la faire valoir comme il faut.

Comme le soin du bétail est aussi nécessaire & aussi lucratif que tous les autres soins dont on a déja parlé, il est à propos de s'en entretenir ; il n'est rien de plus important au cultivateur, que de proportionner le nombre & l'espèce des bestiaux qui conviennent à sa ferme, à ce qu'il peut y en entretenir ; mais il ne faut pas entreprendre imprudemment d'en acheter, ni d'en garder plus qu'on ne peut en nourrir : on s'exposeroit à une perte inévitable.

Il y a un très-grand avantage à élever le plus qu'on peut de bétail, tant pour le profit de la vente, à mesure qu'on en ôte, que par le gain de leur travail, & par le prix de ce qu'ils produisent. Ce qu'on gagne, par exemple, avec les harnois, par les labours ou par les voitures qu'on fait pour les autres ; le beurre & les veaux, les agneaux & la laine des brebis ; enfin la vente des cochons, &c. tout cela fait une des principales parties du revenu d'une ferme : tous ces profits viennent pourtant des bestiaux ; ainsi ils méritent, & l'intérêt demande que l'on en aie un soin continuel, & que l'on soit vigilant à améliorer & à tirer parti de toutes ces différentes sources de profit.

Cependant le profit des voitures, est celui auquel on doit le moins s'attacher ; parce que dans les charrois longs, on ruine ses bestiaux, on brise & use beaucoup les équipages, on néglige bien des ouvrages nécessaires sur sa ferme ; dans ces charrois on consomme ses fourrages hors de chez soi, & les bestiaux ne vivant plus à l'étable, ne font point des fumiers. Toutes ces pertes sont si fortes pour l'agriculture & pour le cultivateur, que le prix de ses voitures ne sauroit jamais l'en dédommager ; on peut faire des charrois, mais ne pas en entreprendre qui obligent de découcher,

& même n'en jamais faire dans le tems des femailles ou de la récolte.

Le foin des beftiaux eft celui dont on retire les fruits les plus prompts & les plus abondants; il eft vrai que ce foin demande bien de la vigilance dans tous fes détails. Le choix fait des beftiaux qui conviennent le mieux à une ferme, & du nombre de chaque efpèce que l'on doit préférer pour un plus grand profit; il faut tous les jours y avoir l'œil, & veiller à ce qu'ils foient bien foignés à tous égards, & bien nourris chacun felon fon efpèce: on doit faire attention.

1°. A ce que les beftiaux foient placés dans des étables bien difpofées, & rangées de façon qu'ils ne puiffent fe nuire, ni fe bleffer les uns les autres. En général tous les beftiaux veulent être féchement couchés, mis au large dans les étables, fraîchement en été & chaudement en hiver; il faut surtout les tenir propres fur la peau & dans les litieres, la propreté eft un point effentiel pour les animaux: on prévient bien des maladies & des accidens, lorfqu'on a foin de les frotter & de les étriller, du moins dans le tems qu'ils ne couchent pas dehors & qu'ils ont pris de la boue & de la pouffière: on leur fait le même bien en les délivrant des vermines auxquelles ils font fujets: outre qu'ils s'en portent mieux, ils en deviennent & plus forts & plus gras.

Puifque tous les beftiaux demandent pour leur fanté, d'être couchés féchement, il eft nécessaire pour que les étables soient bien disposées, qu'elles aient toutes un peu de pente, afin que l'humidité descende.

La place de l'écurie des chevaux doit avoir plus de pente que celle des autres animaux, parce que rien n'est plus nuisible au pied des chevaux qu'une écurie trop humide; mais il ne faut pas que les étables des bœufs & des vaches aient trop de pente, il est bon que l'humidité s'y entretienne un peu au-dessous de la couche de l'animal, afin que le fumier commence à s'y pourrir & se remplisse des sels des fientes & des urines.

Le cochon, le plus salle de tous les animaux, & le seul qui se vautre avec plaisir dans le bourbier, exige aussi de la propreté dans son toit, dans ses auges & dans son manger : on croit même qu'il peut devenir ladre par la mal-propreté, aussi bien que pour s'être échauffé. Il est intéressant de le préserver de cette maladie : il faut laver & frotter ses auges de tems en tems, vuider son toit de son fumier aussi souvent qu'il en a besoin.

2°. On doit avoir soin que les litieres des bestiaux, soient changées le plus souvent qu'il est possible, & qu'ils en aient de fraîche un peu tous les jours ; si les étables sont faites pour deux rangs de bestiaux, il doit rester le long & entre les deux rangs, un espace d'à-peu-près le tiers de la largeur de l'étable. Si elle n'est que pour un rang, il y faut aussi un espace du tiers de sa largeur, depuis le derriere des beftiaux, jufqu'au mur d'au-deffous. Dans l'une ou l'autre conftruction de ces étables ; l'efpace qui fe trouve entre les deux rangs des beftiaux, ou le long du mur de celle qui n'en a qu'un, doit fervir à y mettre la fiente des beftiaux, & les litieres mouillées de leur urine.

En faifant la litiere des beftiaux, on ne doit laiffer fous eux que ce qui eft fec, & y ajouter enfuite un peu de chaume, de paille &c. ; c'eft le meilleur moyen d'entretenir la fanté & la vigueur de fon bétail, lorfque les litieres mouillées & les fientes ont refté quelques jours enfemble à côté des beftiaux, on les fort des étables & on les range fur la forme comme on l'a dit en parlant des fumiers : c'eft un moyen d'en faire beaucoup & d'une bonne qualité. Ce foin eft fort intéreffant pour un cultivateur : car le profit le plus clair des beftiaux eft l'amandement qu'ils procurent aux terres.

Les litieres font la bafe des fumiers & les fumiers la bafe de la fécondité & de la bonté des récoltes ; on ne doit donc rien négliger pour en amaffer le plus qu'on pourra, afin de n'être jamais obligé de l'épargner aux beftiaux. On doit charier tous fes chaumes de bonne heure, parce qu'il s'en pert toujours beaucoup, à les laiffer trop long-tems fur le champ & couper des bruieres, des genêts des fougeres, de même que les feuilles & les mouffes des bois : jufqu'aux mauvaifes herbes des marais,

feront

feront très-bonnes fous le bétail ; mais on doit obferver de ne faire cet amas de litieres, que par un tems fec, & de n'en jamais mettre de mouillée fous les beftiaux.

L'efpace de l'étable où l'on dit qu'il faut jetter la fiente du bétail & les litieres mouillées d'urine, doit être plus bas que l'endroit où couchent les beftiaux, afin d'attirer l'humidité, & de pouvoir contenir une certaine quantité de fumier. C'eft principalement fous ce fumier qu'on pourra mettre des terres propres à améliorer le fol.

3°. Ce n'eft point affez d'avoir bien difpofé fes étables, ni d'avoir raffemblé une affez grande quantité de litieres, il faut encore abfolument fe mettre en état de bien nourrir tous fes beftiaux, fi on veut en tirer tout l'avantage poffible. Il eft certain que quatre vaches bien foignées & bien nourries à l'étable, feront plus de profit & plus de fumier, que huit qui font toujours affamées ; il en eft de même de toutes les efpeces de beftiaux : ainfi il eft indifpenfable de fe procurer une copieufe quantité de toutes fortes de fourrages.

On fuppofe que l'on ait de toutes les efpeces de fourrages, autant qu'il fera poffible d'en recueillir ; fuppofé même que l'on en ait plus qu'on ne croit pouvoir faire confommer, il ne faudra pas pour cela les abandonner à la difcrétion de fes domeftiques, ni manquer un feul jour de veiller fur la confommation qu'ils en feront faire : il y a à craindre deux extrémités également ruineuses ; parmi les domestiques, les uns aiment trop les bestiaux dont ils sont chargés, les autres les négligent : ceux qui les aiment, voudroient toujours les voir bien gras ; pour cela ils leur donnent beaucoup plus à manger qu'il ne faut, pour les tenir dans un état d'embonpoint & de vigueur propres au travail, ce qui entraîne une consommation coûteuse & cependant inutile : les domestiques qui négligent leurs bestiaux, ne causent pas un moindre dommage à leurs maîtres, que les précédens. Le bétail qui est mal soigné, qui est tantôt bien, tantôt mal nourri, s'affoiblit insensiblement & devient sujet à différentes maladies. Les domestiques ne seront-ils jamais bien persuadés, que c'est un vrai vol que d'occasionner du dommage, ou des consommations inutiles à leurs maîtres ?

C'est toujours dès le commencement de l'hiver, que le maître doit veiller sur la consommation de ses fourrages ; la négligence sur cet article, cause souvent bien des embarras & de grandes pertes. On voit des années dont l'hiver est rude & long ; quelquefois la terre est long-tems couverte de neiges ; d'autres fois le printems est froid & tardif : que faire de ses bestiaux, si on manque de fourrage avant que les pâturages puissent en fournir ? Quel tort ne fait-on pas à son bétail en lui retranchant la nourriture à l'approche des travaux ? il s'affoiblit & devient languissant de jour en jour : quel préjudice ne souffrent pas les petits qui sont prêts de naître, lorsque les meres sont toujours affamées ? La premiere pointe des herbes n'étant pas à certain dégré de maturité, ne nourrit point assez les meres, pour que les petits se remettent de ce qu'ils ont souffert. Les premieres herbes ne nourrissent point assez les bestiaux de travail, pour qu'ils puissent supporter la fatigue des premiers guérets, qu'il est pourtant avantageux de lever de bonne heure : il faut donc avoir soin de faire une si bonne provision de fourrages, & si bien veiller à leur conservation & à la consommation qu'il s'en fait, qu'on en ait assez pour attendre que les herbages aient atteint un dégré suffisant de maturité.

Quelque soigneux & exacts que paroissent les domestiques, il ne faut pas s'en rapporter à eux seuls pour le soin du bétail, & pour l'emploi de ses fourrages. Ces deux choses sont si intéressantes pour un fermier, qu'il doit ordinairement aller voir ses bestiaux à chaque fois qu'on leur donne à manger. Un fermier vigilant ne se couche point qu'il n'ait visité toutes ses étables, pour s'assurer que son bétail a été soigné, qu'il a eu de la litiere & à manger : quoique le soin des vaches soit du ressort de la fermiere, & que ce soit elle qui doive principalement veiller à ce qu'elles soient bien, cela ne doit pas dispenser le fermier d'y avoir l'œil. C'est toujours à lui à faire la visite du soir dans toutes ses étables, afin de voir s'il n'y a point quelqu'animal de malade; s'il n'y en a point quelqu'un qui se soit détaché, ou quelqu'autre embarrassé dans son licol ou autrement : par cette vigilance on prévient bien des accidens & bien des pertes.

Les fermes sont différemment distribuées en ce qui regarde les terres qui les composent; les unes ont beaucoup de pâturages gras, beaucoup de prairies fertiles, & peu de terres labourables, ensorte qu'on y fait toujours assez de fumier pour les ensémencer. Dans ces sortes de fermes, le principal profit vient du bétail : c'est donc à en élever & à en nourrir un grand nombre, que le fermier doit s'attacher. D'autres fermes ont des terres labourables, à-peu-près en proportion avec les pâturages & les prairies, & toutes ces parties y sont de bonne nature & fertiles; le colon y fait de bonnes récoltes, ayant toujours assez de fumier pour ses terres, & assez de fourrages pour l'hiver. Dans les fermes de ces deux espèces, on peut laisser ses bestiaux en champ aussi long-tems qu'on veut sans se faire tort.

Mais il y a des métairies qui ont beaucoup plus des terres labourables à proportion, que de prairies & de pâturages; & ce qui n'est que trop commun, c'est que la plupart des terres labourables y sont maigres : dans ces fermes il n'y a jamais assez de fumier pour engraisser suffisamment les terres. C'est donc à augmenter ses fumiers que le colon doit donner ses soins ; il faut pour cela qu'il tienne ses bestiaux à l'étable le plus qu'il est possible, surtout dans le tems de l'abondance des herbes : car il y a bien de la perte dans les fermes dont on parle, à laisser trop long-tems ses bestiaux dans l'herbage : ils y consomment inutilement beaucoup d'herbe & y laissent leur fumier. On dira que ce fumier engraisse l'héritage, l'on en convient ; mais dans les fermes en question, ce n'est pas là où le fumier seroit plus utile : il ne faudra donc laisser les bestiaux dans la pâture, que le tems de s'y remplir ; ensuite les rentrer à l'étable sur de bonnes litieres : ils s'y vuideront ; on augmentera considérablement ses fumiers ; de-là les récoltes augmenteroit à proportion.

Lorsque les bestiaux seront réduits aux fourrages secs, il ne faudra en donner aux chevaux qu'avec mesure ; car l'on doit savoir qu'il faut plus d'attention sur la quantité de fourrage pour l'ordinaire d'un cheval, que pour les autres animaux. Le cheval est gourmand, & il mangeroit toujours si on lui en donnoit ; ce seroit une dépense inutile, & qui lui seroit nuisible ; pour les bœufs & les vaches, il n'y a point de régle pour leur ordinaire, parce qu'ils ne prennent jamais gueres de nourriture plus qu'il ne leur en faut ; on pourroit même, sans danger, leur en donner jusqu'à ce qu'ils en laissassent : cependant ce seroit une consommation inutile, & il eſt mieux de leur donner leur portion à pluſieurs fois. Lorſqu'ils ont eu aſſez de fourrage, il leur faut donner le tems de ruminer, c'eſt-à-dire, de remâcher tranquillement ce qu'ils ont mangé. On doit tenir les bœufs & les vaches un peu éloignées les uns des autres, de peur qu'ils ne ſe bleſſent avec leurs cornes, ou que l'un ne mange le fourrage de l'autre.

Celui qui conduit les bœufs ou les chevaux, doit les aimer, être doux & patient, afin de les ménager dans le travail ; il ne doit jamais les frapper par colere, ni leur faire faire de trop grands efforts dans le labourage ni dans les voitures, de peur de les eſtropier ou de les rendre malades : à la bonne heure qu'il s'en faſſe craindre, mais de la voix ſeulement.

Il faut recommander à la vachere de ne point mettre les vaches aux champs avant la frime fondue ; car la frime qu'elles mangent en pâturant, eſt capable de faire avorter celles qui ſont pleines ; il en eſt de même des cavales, qu'il ne faut pas même faire boire quand elles ont chaud, de peur auſſi de les faire avorter. La vachere doit avoir ſoin d'empêcher que ſes vaches, ſurtout celles qui ſont pleines, ne ſautent des haies & des foſſés, & ſi elle eſt obligée de leur faire repaſſer une haie ou un foſſé pour les raſſembler, qu'elle ſe garde bien de les preſſer.

4°. Un des meilleurs & plus aſſurés produits des fermes, c'eſt de lever le plus qu'on peut de jeunes bêtes, afin d'être en état d'en vendre tous les ans : c'est toujours les petits des meilleures & des plus belles de chaque espèce qu'il faut garder. On prend pour nourrir, les genisses des meilleures vaches à lait, & les taureaux, des plus grosses ; c'est le moyen d'avoir toujours des vaches de bon produit, & des bœufs de bon service.

Les veaux qu'on veut nourrir, doivent teter le plus long-tems qu'on peut ; plus ils tetent, plus ils deviennent grands & forts. L'avidité de profiter du lait de la vache, fait souvent sévrer le veau de trop bonne heure ; il faut que les veaux qu'on veut nourrir soient nés au moins depuis Février, jusqu'en Mai au plutard, afin qu'ils puissent profiter des herbages de l'été, & devenir assez forts pour bien passer l'hiver. Les veaux demandent bien du soin la premiere année ; il faut les changer souvent de litiere & les bien nourrir ; il est nécessaire de les tenir bien chaudement, parce qu'ils sont fort sensibles au froid ; mais le premier hiver passé, les autres ne sont plus à craindre.

Veut-on conserver & même perfectionner les meilleures espèces de vaches, il faut avoir un taureau d'une belle taille, qui ait au moins deux ans ; & ne faire emplir les genisses que quand elles en auront du moins autant. Les genisses qu'on fait porter trop-tôt, ne deviennent jamais grandes, & on en tire peu de profit : il en est de même de tous les autres animaux.

CHAPITRE XIV.

Des Prairies artificielles.

L'OBJET essentiel du cultivateur est de se mettre en état de faire tous les ans des amandemens en suffisante quantité, pour qu'ils puissent être renouvellés, lorsque leurs effets commenceront à diminuer; d'engraisser ses terres les unes par les autres, & de proportionner les bestiaux qu'il doit nourrir à ses terres labourables, & à la nourriture qu'il peut leur fournir, de sorte que si on n'a pas assez de prés naturels, on doit en faire d'artificiels; & par-là il sera en état de faire monter à sa plus haute valeur sa possession, puisque la véritable science de l'agriculture ne consiste qu'à bien connoître & à bien déterminer ces deux proportions : dans les terrains les plus secs & les plus stériles, la proportion des prairies doit être un quart du total des terres, parce qu'elle peut seule fournir à la nourriture des bestiaux, lesquels doivent être d'autant plus nombreux, que les terres plus stériles exigent des engrais plus forts & plus considérables.

Dans les terres bonnes ou médiocres, les engrais doivent diminuer à proportion; ainsi comme sur un arpent ou une seterée, qui est à-peu-près la même chose, de terre bonne ou médiocre, il ne faut qu'environ moitié de l'engrais qu'on doit donner à un arpent, ou setérée de terre séche ou stérile, il ne faudra alors que la moitié des pâturages.

En un mot, dans tout pays, tout canton, bon ou mauvais, ce sont toujours les mêmes principes, les mêmes régles, & l'application en est facile à tout laboureur qui a le sens commun ; tout se réduit à des engrais proportionnés au besoin des terres, à des bestiaux proportionnés à la quantité des engrais, & à des prairies proportionnées à la quantité des bestiaux.

Du Trefle.

Lorsque l'on veut semer du trefle, on donne un bon labour à la terre, après quoi on hersera plusieurs fois avec une herse à larges dents, pour bien rassembler toutes les mauvaises herbes, les racines & ordures en monceau, qu'on brûlera, & on en dispersera les cendres.

Si la terre est forte, on doit semer du trefle, qu'on pourra tirer de Flandre où il est excellent.

Il faut communément quinze livres de graine par arpent; mais si la terre étoit très-bonne, dix à douze livres pourroient suffire. On mettra cette graine dans de l'eau, & on la remuera bien ; on ôtera tout ce qui pourra surnager, & on la semera à la fin d'Août ou au commencement de Septembre, par un tems calme, avec grande attention de la répandre également. On herfera enfuite avec une herfe à dents ferrées, jufqu'à ce que la terre foit bien unie; elle levera ainfi fort bien, & couvrira la terre avant l'hiver.

Dès qu'il gêlera, & que la terre fera affez ferme pour porter les voitures, on y menera du fumier de deux ans, mêlé, comme on l'a dit, de terre légere, douze à quinze tombereaux par arpent, lefquels on étendra foigneufement fur toute la furface. On aura pareillement grand foin qu'aucuns beftiaux n'y entrent, furtout quand la terre eft molle.

Si le champ eft à l'abri d'une haie, il donnera de l'herbe de très-bonne heure au printems, & on pourra la couper dès le commencement de Mai, ou même plutôt; mais il faudra prendre garde à n'en pas trop donner d'abord aux beftiaux; car ils en font fi avides, qu'ils fe feroient beaucoup de mal. Si l'été eft humide, on en aura encore deux bonnes coupes; & la feconde année le trefle fera prefque auffi fort que la premiere.

Il eſt excellent pour les chevaux, les bœufs & les vaches; mais il faut le leur apporter dans l'écurie; car fi on le leur laiſſoit paître, ils en gâteroient & fouleroient beaucoup plus qu'ils n'en mangeroient. Un autre ufage très-avantageux qu'on en peut faire, eft d'en nourrir les cochons. Par exemple, fi on achete des truies pleines, qu'on en mette deux par arpent dans le trefle à la fin d'Avril, & qu'elles paissent sur toute la piece en liberté; chaque truie mettra bas en Mai cinq à six ou huit petits, lesquels profiteront promptement, par la quantité de lait que donneront leurs meres, étant nourries dans une pâture si abondante; ils commenceront bientôt à en manger eux-mêmes avec avidité : enfin au commencement d'Octobre, ils seront assez gras pour être vendus douze ou quinze francs piece, & leurs meres seront plus grasses, & de plus grande valeur que quand on les aura achetées.

Ainsi si chaque truie a cinq cochons, à douze livres piece, ce sera cent vingt livres par arpent qu'on retirera d'une année d'herbe sans aucuns frais. Si quelques-uns fouillent la terre, ce qui arrive rarement quand ils paissent le trefle, on les en empêche au moyen d'un anneau qu'on leur passe dans le nez.

De la Luzerne.

Il faut à la luzerne une terre douce & fertile, qui ait beaucoup de fonds & qui soit un peu humide; cette plante redoute les pluies froides; aussi ne réussit-elle bien que dans la partie méridionale de ce royaume, où le même champ est quelquefois fauché cinq à six fois dans une année, ce qui fournit une récolte prodigieuse d'un fourrage admirablement bon pour le bétail : il ne faut point semer la luzerne en automne, mais au printems, de bonne heure, afin que les jeunes plantes ayent pu prendre de la force avant les chaleurs de l'été, & même la semer avec l'avoine, car l'ombre des autres grains, quand ils sont devenus grands, étouffent la luzerne, en observant de préparer la terre comme pour le trefle.

Un auteur Anglois dit, que si vers la fin d'Août ou au commencement de Septembre, on la semoit seule, & un peu plus dru qu'on ne fait, elle leveroit beaucoup plus; & si en hiver on y répandoit du fumier, comme on l'a dit pour le trefle, elle couvriroit la terre au printems, étouffant toutes les autres herbes, & on en auroit une bonne récolte l'été suivant; elle sera encore meilleure & plus hâtive si elle est à l'abri d'une haie, & elle sera de plus en plus forte à la seconde & troisieme année.

On la laisse en France subsister dix & jusqu'à quinze ans sur le même terrain; mais en Angleterre on a éprouvé qu'elle dépérit au bout de quelques années à mesure que la terre s'endurcit, & que les mauvaises herbes & le gazon se multiplient; ainsi dès qu'on s'apperçoit qu'elle diminue, il faut la labourer en automne, & donner un second labour croisé au printems pour y semer de l'orge.

Par cette culture, un arpent de luzerne à vingt pieds par perche, suffit à nourrir deux chevaux, ou trois bœufs, ou trois vaches, ou douze à quinze moutons toute l'année, l'été au verd & l'hiver au sec, en y joignant des pailles, dont le reste sert à leur litiere ; & en Angleterre on compte qu'il en nourrit davantage.

C'est autant que trois à quatre arpens des meilleurs prés naturels ; & par conséquent on gagneroit à mettre la plupart de ceux-ci en labour ; on y feroit trois bonnes récoltes de grains, après quoi on les mettroit successivement en prairies artificielles, qui rendroient beaucoup plus de fourrages : il est vrai que cela ne se pourroit faire que pour les prés qui ne sont pas exposés à être inondés.

Du Sainfoin.

Si les terres sont légeres & trop maigres pour porter abondamment de la luzerne & encore moins du trefle, il faut y semer de sainfoin, avoir soin de le semer seul, dru, afin de bien remplir la terre & qu'il ne reste point de places pour les mauvaises herbes : on le semera dans la même saison que le trefle ; l'hiver on y mettra du fumier afin de fortifier la terre & échauffer les jeunes plantes.

Le sainfoin est par tout pays éprouvé excellent pour toute espece de bétail, à l'exception des cochons, pour lesquels le trefle est beaucoup meilleur ; mais il donne surtout une grande quantité de lait aux vaches & de la meilleure qualité ; de sorte qu'il est singulièrement propre pour élever des bestiaux & former une laiterie. Un arpent nourrit abondamment trois vaches, depuis le premier Mai jusqu'au premier Novembre, & souvent davantage; jamais néanmoins il n'en nourrit autant que le trefle ou la luzerne; mais ceux-ci exigent la meilleure terre & la plus forte, tandis que l'autre se plait dans les légeres, & avec un peu d'industrie, vient bien dans les plus mauvaises.

C'est donc très-sagement que l'Auteur des prairies artificielles le conseille pour la Champagne; mais on iroit bien plus loin que lui, & il paroît avoir le bien public trop à cœur, pour ne pas trouver bon qu'on s'explique librement sur ce sujet.

On s'est assuré, après l'examen exact qu'on a fait des terres de cette Province, que les plus mauvaises sont capables de donner de bonnes récoltes de sainfoin, moyenant une culture convenable; & on est persuadé qu'on y trouveroit presque par-tout des engrais propres à les améliorer d'une maniere beaucoup plus courte & plus avantageuse que celle qu'il propose.

Le plus grand inconvénient qu'on ait trouvé dans ces vastes plaines, c'est le manque de bois pour bâtir, & la rareté de l'eau pour les bestiaux. A l'égard de celle-ci, on suppose qu'on pourroit par-tout y faire des puits, & même à leur défaut, on pourroit y pratiquer des mares & des citernes, comme on fait en Flandre, en Hollande & en plusieurs lieux où on ne sauroit avoir d'eau autrement.

Le sainfoin dure plus long-tems que le

trefle, & améliore beaucoup les terres ; cependant il commence ordinairement à dépérir vers la cinquieme ou sixieme année ; & il faut, dès qu'on s'en apperçoit, le labourer l'automne, donner un second labour au printems, & y semer de l'orge ; après l'orge, du froment, ensuite des navets, & enfin des pois ou de l'orge. On aura ainsi quatre bonnes récoltes en ces trois années ; & l'automne on recomcencera en sainfoin comme auparavant.

Il est néanmoins nécessaire d'observer que dans la plupart des endroits on seme le trefle, la luzerne & le sainfoin avec le mars, & qu'il réussit très-bien ; la méthode de semer en automne manquera toujours dans les terres froides, & qui sont sujettes à gonfler & à se déchausser par les grandes gelées ; on pourroit essayer de les semer à la fin d'Août.

Il sera pareillement fort avantageux pour cette terre, d'y mener du fumier tous les deux ans durant les six années de sainfoin ; on n'en manquera pas, vu la quantité de bestiaux qu'on pourra nourrir, & les récoltes de toutes especes en seront meilleures. Bientôt on pourra en faire deux de froment consécutives, & peut-être la terre s'améliorera-t-elle enfin au point de pouvoir porter de la luzerne, ou même du trefle ; car il a été souvent éprouvé que la seule culture bien faite, améliore tellement la terre, sans le secours même d'aucun fumier ni engrais, qu'elle en change en quelque maniere la nature.

CHAPITRE XV.

Tems de faucher les Fourrages.

Quand on a parlé de faucher les prés artificiels au commencement de Mai, on a entendu de ceux qui étoient déstinés à la nourriture des beftiaux en verd ; & ceux-là peuvent même l'être plutôt, felon que le printems eft plus beau & l'herbe plus avancée ; mais quand à ceux qu'on fait en foin, la regle générale pour l'avoir de meilleure qualité, eft de faucher le trefle & le fainfoin quand ils font parfaitement fleuris, & la luzerne quand les boutons font formés, mais avant qu'aucun foit épanoui, parce que la tige s'endurcit plus que celle des autres ; le foin fait alors avec l'attention convenable, confervera un œil vert & une faveur toute différente pour les beftiaux, on perdra quelque peu du poid de la premiere coupe ; mais les fuivantes en feront beaucoup plus abondantes & de meilleure qualité.

En France les fourrages de toute efpece fe coupent trop tard, de forte qu'ils font la plupart fans couleur, fans faveur & fans vertu ; c'eft furtout un grand inconvénient pour les chevaux fins de trait & de monture, qui, s'ils étoient nourris de meilleur foin, auroient tout autrement de feu & de vigueur ; & cela réduit d'ailleurs le regain à presque rien en quantité & qualité, les racines des plantes épuisées par la fleur & souvent par la graine, ne pouvant fournir de nourriture suffisante, même à une seconde coupe.

Il est bon d'avertir que le fourrage de toute espece que peut produire une ferme, doit être entièrement employé à y nourrir & entretenir des bestiaux, & que jamais un bon fermier ne doit vendre ni foin ni paille, ni autre fourrage, à moins que ce ne soit dans le voisinage des grandes villes, où il seroit à portée de le vendre fort cher, & d'en acheter du fumier à bon marché; c'est une excellente observation de M. le Roi, art. *Ferme* de l'Encyclopédie. Il parle avec tant de force dans les mêmes vues qu'on s'appuyera ici de son sentiment.

„ On ne sauroit trop le répéter, dit cet
„ Auteur, l'agriculture ne peut avoir des
„ succès étendus, & généralement intéres-
„ sans, que par la multiplication des bes-
„ tiaux. Ce qu'ils rendent à la terre par
„ l'engrais, est infiniment au-dessus de ce
„ qu'elle leur fournit pour leur substance.

„ On a actuellement sous les yeux une
„ ferme dont les terre sont bonnes, sans
„ être du premier ordre; elle étoit, il y a
„ quatre ans, entre les mains d'un fermier
„ qui la labouroit assez bien, mais qui la
„ fumoit très-mal, parce qu'il vendoit ses
„ pailles & nourrissoit peu de bétail. Ces ter-
„ res ne rapportoient que trois ou quatre sep-
„ tiers de bled par arpent dans les meil-

„ leures années ; il s'est ruiné, & on l'a
„ contraint de remettre sa ferme à un cul-
„ tivateur plus industrieux. Tout a changé
„ de face ; la dépense n'a pas été épargnée ;
„ les terres, encore mieux labourées qu'elles
„ n'étoient, ont été de plus couvertes de
„ troupeaux & de fumier ; en deux ans,
„ elles ont été améliorées au point de rap-
„ porter dix septiers de bled par arpent,
„ & d'en faire espérer plus encore par la
„ suite. Ce succès sera répété toutes les fois
„ qu'il sera tenté : en multipliant les trou-
„ peaux, on doublera presque les récoltes en
„ tout genre. Puisse cette utile persuasion frap-
„ per également les fermiers & les proprié-
„ taires. Si elle devenoit active & générale ;
„ si elle étoit encouragée, on verroit bien-
„ tôt l'agriculture faire des progrès rapi-
„ des ; on lui devroit l'abondance avec
„ tous ses effets : on verroit la matiere du
„ commerce augmentée ; le paysan plus ro-
„ buste & plus courageux ; la population
„ rétablie ; les impots payés sans peine ; l'E-
„ tat plus riche, & le peuple plus heu-
„ reux ,,.

CHAPITRE XVI.

Méthode de cultiver les Terres par Quart.

IL faut partager ses terres labourables en quarts, c'est-à-dire, en mettre un quart en bled, un quart en mars, un quart en guéret, & l'autre quart reste en jachere.

Le trefle qu'on seme avec le mars, donne de l'herbe sur la fin de l'automne dès la premiere année. Quoiqu'il paroisse bon aussitot après la récolte de mars, il ne faut pourtant pas y mettre sitôt les bestiaux ; il y auroit à craindre que le bétail n'en arrachât une partie : car le trefle ayant toujours été renfermé dans le mars, il n'a pu pousser assez pour être bien enraciné ; mais dès que le mars est récolté, le trefle pousse avec beaucoup de force & s'enracine ; de sorte que sur la fin de l'automne, il n'y a plus de danger à le faire manger. Cette jachere devient une espece de prairie si verte & si bien fournie, qu'on pourroit y faucher dans le printems d'après. Cet herbage donne beaucoup cette seconde année, & se trouve encore en toute sa bonté au printems de la troisieme : c'est alors de tous les herbages celui qu'on fait manger le premier, parce que c'est là qu'il faudra lever le guéret. Cette premiere herbe étant mangée, on attend à lever le guéret, que le trefle ait repoussé, afin d'en enterrer le plus qu'on peut ; ce trefle en terre, pourrit & devient un engrais pour le sol.

La méthode d'ensemencer les terres par quart, seroit si avantageuse, qu'on devroit la suivre dans toutes les fermes qui ont assez d'étendue ; suivant cette méthode, chaque quart se repose alternativement deux années consécutives. La terre a besoin de repos pour se refaire de l'épuisement qu'elle souffre par deux récoltes qu'elle donne de suite l'une en bled, l'autre en mars : pendant les deux années de repos, le sol reçoit les influences de l'air, le bénéfice de la rosée, des pluies, de la neige, &c. il en reçoit le double de ce qu'il en recevroit, s'il ne reposoit qu'une année.

Il ne faut pas craindre que le trefle épuise le sol ; il a ses racines perpendiculaires & les plonge fort avant ; ainsi il tire sa nourriture du fond du sol, & il en laisse la superficie comme en friche, pour les racines du bled qu'on seme après lui. En levant le guéret, les racines du trefle sont brisées dans l'intérieur du sol par le labour ; elles s'y pourrissent & font une espece d'engrais. De plus, ces racines ayant plongé fort avant dans le sol, elles l'ont ouvert ; l'eau, l'air & la chaleur y pénétrent donc plus facilement ; tout cela contribue à améliorer le sol & à le ranimer.

Outre ces avantages, la méthode d'ensemencer ses terres en quart, en a une autre qui doit la faire préférer par-tout où elle est praticable. Les autres méthodes d'ensemencer, sont de mettre moitié de sa terre en bled, & on laisse l'autre moitié en jachere, & ainsi alternativement, ou de mettre un tiers de sa terre en bled, un tiers en mars, & l'autre tiers reste en friche ou jachere, & ainsi d'année en année.

La méthode d'ensemencer en quart, doit l'emporter sur les deux dernieres, dans les fermes qui ont assez d'étendue ; son avantage consiste principalement en ce que la plupart des terres ne sont fertiles, qu'en proportion des labours & des fumiers qu'on leur donne ; or, en ensemençant par quart & donnant sur ce quart toutes les journées de labourage que l'on auroit été obligé de donner sur une moitié ou sur un tiers de sa terre, les labours se trouveront multipliés & aussi la terre améliorée à proportion. Il en est de même des fumiers ; ce qu'on en auroit mis sur moitié ou sur un tiers, se trouvant dans un quart, la terre sera plus engraissée ; ce qui doit mettre une grande différence dans la bonté de la récolte ; ensorte que ce quart ayant été plus labouré & plus fumé, produira ordinairement plus qu'un tiers ou une moitié, cultivés suivant l'une des deux autres méthodes. Il y a encore un autre avantage assuré en suivant la méthode d'ensemencer par quart ; c'est le produit d'un plus grand nombre de bestiaux que le cultivateur peut nourrir, ayant plus d'herbage : enfin en suivant cette méthode, on fait une plus grande quantité de fumier, ce qui est très-essentiel.

L'on doit être bien convaincu que c'est moins l'étendue des terres qu'on met en grain, que l'espece de culture qu'on leur donne, qui décide de la quantité qu'on en recueille.

CHAPITRE XVII.

De la maniere de perfectionner autant qu'il est possible & de conserver les Races des Bêtes à Laines.

LEs Gouvernemens les plus sages, les Nations les plus policées, ont toujours regardé comme un objet important, de perfectionner les races & l'éducation des brebis, vu qu'il en résulte de grands avantages pour le public, pour les particuliers, & généralement pour tous les individus de la société civile. Ce n'est pas assez de trouver dans la chair de ses animaux une nourriture agréable, saine & substantielle, on peut encore profiter de toutes leurs autres parties ; la laine surtout dont les brebis sont revêtues, fournit la matiere aux manufactures les plus nécessaires dans tout corps politique : avant que cette laine brute soit convertie en étoffes, par combien de bras ne passe-t-elle pas ? que de machines, que de métiers ne faut-il pas pour la mettre en œuvre ? Quel nombre infini d'arts n'a-t-elle pas donné lieu d'inventer ? Quelle foule de citoyens de toute espece n'enrichit-elle pas ou ne fait-elle pas subsister ? Elle est donc pour les Etats une source de richesses vraies, solides, renaissantes ; elle sert à tous plus ou moins & contribue au bien-être, aux commodités, à l'aisance, à la fortune de tous les membres qui composent la société.

Les variétés, le plus ou moins de rapports, les qualités opposées ou analogues qui représentent entr'eux ces animaux, proviennent uniquement de la maniere de les élever & de les gouverner depuis qu'on en a fait des animaux domestiques, & qu'ils ne sauroient vivre sans les attentions & les soins des hommes.

Que le mouton soit un des animaux domestiques le plus utile, on ne sauroit en disconvenir, puisqu'il fournit une excellente nourriture & qu'il donne de quoi faire les vêtemens; on détaillera donc les moyens de travailler avec succès à la conservation & à la propagation d'un animal qui devient toujours utile à mesure qu'on lui donnera plus de soin.

Les peuples, dont les troupeaux faisoient la richesse, étoient convaincus de cette importante vérité, & c'est pourquoi ils ne prirent d'autres voies pour les perfectionner, que de perfectionner leur éducation. Eclairés sur leur intérêt, ils mettoient en œuvre la laine de leur brebis, ils la filoient, ils en faisoient des vêtemens, ils en tiroient les plus grands avantages, en l'employant de diverses manieres pour fournir également aux hommes l'utile & l'agréable. Mais pour l'emporter sur les autres nations qui faisoient le même commerce, ils chercherent & trouverent successivement des nouveaux moyens de perfectionner leurs troupeaux;

ils eurent d'abord soin de se procurer des beliers de la meilleure espece, & avant que les races pussent dégénérer & s'abatardir, ils ne manquoient pas de se pourvoir d'autres beliers qu'ils tiroient souvent à grands frais des pays lointains, pour en avoir de plus beaux, de plus robustes, dont la taille fût plus haute & la laine plus fine. L'expérience & l'application rendirent peu à peu ces peuples très-habiles dans l'art de gouverner les troupeaux. On apprend d'Hérodote & de Denys d'Halicarnasse, que les bergers d'Egypte alloient dans le Pont, la Galatie & les autres contrées de l'Asie ou de l'Afrique, acheter des beliers & des brebis d'une meilleure race que les leurs, pour avoir toujours des magnifiques troupeaux; aussi les Egyptiens faisoient-ils un grand commerce de leurs laines avec les Romains; & dans des siécles bien antérieurs, ils fournissoient cette marchandise aux villes maritimes les plus célébres: c'étoit de l'Egypte que Tyr & Sidon tiroient les laines qu'ils employoient dans leurs manufactures.

On sait que dans des tems bien postérieurs à ceux dont on vient de parler, un habile Monarque d'Espagne, ayant fait venir de la côte de Barbarie des beliers & des brebis, vint à bout d'avoir des troupeaux de bêtes à laine, qui l'emportoient pour la beauté, sur ceux qu'on élevoit dans ses états avant cette époque, quoique ceux-ci fussent déja très-beaux & de très-bonnes races,

races. Les Anglois firent, sous le regne d'Elisabeth, une semblable tentative & eurent un pareil succès ; ils perfectionnerent les races de leurs bêtes à laine, en transportant dans leur Isle un grand nombre de brebis & de beliers d'Espagne. Les Suédois même, après avoir d'abord échoué, ont enfin réussi dans leur projet ; les beliers & les brebis d'Espagne & d'Angleterre, transportés dans leur climat glacé, leur ont donné des races infiniment supérieures à celles qu'ils avoient auparavant.

Les François ne profiterent pas, ou ne surent pas profiter des sages réglemens qu'Henri IV fit dresser sur les instructions de Sully, pour accroître le nombre des troupeaux de bêtes à laine & en améliorer l'espece. Sous Louis XIV, Colbert, passionné pour les manufactures, s'occupa uniquement de leurs progrès, & négligea un objet bien plus important, l'agriculture. Les premieres furent élevées à grands frais, & la seconde tomba : en laissant ainsi le premier des arts, sans appui, sans encouragement, sans protection, Colbert fut la cause immédiate de la décadence de cet art par excellence. Cette mauvaise politique fit qu'on laissa le tronc pour saisir un foible rameau, & qu'on abandonna le principal pour s'attacher à l'accessoire. La terre mal cultivée ne produisit que des récoltes médiocres ; tout languit alors, & le nombre des troupeaux diminua considérablement. De-là vint que pour fournir aux manufactures qui mettoient en œuvre la laine, il fallut avoir recours à l'étranger; car les laines du Languedoc, du Dauphiné, du Rouſſillon, du Berry, du Cottentin, de Bourgogne & de Normandie, ne furent plus, à beaucoup près, ſuffiſantes pour le grand commerce de draps qui ſe faiſoit au-dehors & au-dedans du royaume.

Il étoit évident que dans un pays qui manquoit de laine, les manufactures de draps ne pourroient pas ſe ſoutenir long-tems; on le vit enfin ſous la regence du Duc d'Orléans, & pour empêcher l'édifice de crouler, on tâcha d'en réparer les fondemens. Le Miniſtere réveilla les agronomes, trop long-tems retenus dans l'inaction, & les engagea à mettre au jour des inſtructions & des mémoires ſur les moyens de perfectionner les races des bêtes à laine; enforte qu'on pût entrer en concurrence avec les Anglois, pour une branche de commerce qui rapportoit annuellement à l'Angleterre environ quatre-vingt millions de livres de France. Ces meſures étoient ſages, mais elles furent priſes trop tard. Dès l'année 1685, le Parlement de Londres avoit fait un bill pour défendre, ſous les peines les plus rigoureuſes, d'exporter de leur Iſle ni laine, ni brebis, ni belier.

Dans cet état des choſes, les François ne pouvant pas avoir recours à l'Angleterre, allerent affronter les défenſes & les prohibitions (car il y en avoit partout), en Flandre, en Suede & en Eſpagne; ils réuſfirent, & amenerent de ces différens pays, des brebis & des beliers. C'est une maxime reçue en France, que chaque Nation doit se rendre, autant qu'il est possible, indépendante des autres Nations, dans tout ce qui a rapport aux besoins de la vie civile, politique & morale. Quand un pareil principe est non-seulement adopté, mais en vigueur dans un Etat, un noble courage s'empare de tous les esprits, & les obstacles n'arrêtent personne, lorsqu'il s'agit d'une entreprise qui tend au bien de la Nation.

Il n'est point de peuple, si quelque cause particuliere ne l'aveugle pas sur ses vrais intérêts, qui ne regarde comme un objet de la plus grande importance, d'avoir de beaux & de nombreux troupeaux, qui fournissent en grande quantité de bonnes & de très-belles laines. Les nombreux troupeaux supposent les prairies, soit naturelles, soit artificielles, en grand nombre & en bon état. On pousse l'induction plus loin, & on dit que dans un pays où des prairies aussi riantes que bien entretenues se présentent à l'œil de toutes parts, on peut en inférer à coup sûr, que l'agriculture, source de toutes les richesses, s'y trouve à ce degré de force & de prospérité, où elle est vraiment la mere de l'abondance, la cause immédiate d'une population qui va toujours croissant, du bien-être des peuples, de l'état florissant des Empires, & de la puissance des Souverains. Les manufactures ne se soutiennent constamment & ne prospérent, que par la prospérité de l'agriculture : c'est en effet celle-ci qui donne à celle-là les matieres brutes, & qui nourrit l'artisan, le fabriquant, le manufacturier, dont les bras tomberoient sans force à l'aspect du travail, si elle retiroit ou suspendoit ses libéralités journalieres, ses secours vivifians. C'est l'agriculture qui donne surtout un mouvement rapide & continu aux manufactures de draps & d'autres étoffes de laines, qui forment une branche de commerce la plus nécessaire, la plus étendue & la plus avantageuse. L'argent circule dans toutes les parties d'un Etat par le trafic intérieur qui s'y fait de ces marchandises, dont l'usage est universel; & par la vente qu'on fait à l'étranger de ces mêmes marchandises, l'Etat acquiert de nouvelles richesses, & la masse des especes grossissant toujours, le commerce devient plus animé. Les sommes considérables que les Anglois retirent annuellement de leur commerce de draps, ne doivent-elles pas piquer d'émulation les autres peuples, & les engager à suivre leur marche en commençant, comme ces Insulaires, par perfectionner les races de leurs brebis, & les gouverner avec tant de soin, que la laine de ce bétail puisse le disputer, pour la beauté, à toutes les laines étrangeres.

Notre Nation n'a pas besoin de mettre à contribution l'Angleterre, l'Espagne, la Suede, ou d'autres Etats, pour lui fournir des beliers & des brebis d'une belle espece; on a des races de ces animaux, dont les individus suffiront, quand on voudra bien s'en donner la peine, pour améliorer toutes les autres.

Le caractere doux & benin de la brebis, semble inviter l'homme à l'aider, à tâcher de la délivrer des maladies qui la font languir & la tourmentent; mais si on est insensible à ce motif, on ne doit pas l'être à ses intérêts. Sans aller supputer tous les avantages que ce bétail procure à la société, on se contente de rappeller qu'il contribue à la fertilité des campagnes, & que ses dépouilles sont l'aliment des manufactures les plus multipliées, les plus connues, les plus néceffaires. Comme ce sont là des articles que divers Auteurs ont traités avec beaucoup d'étendue, on n'a garde de s'y appéfantir, & l'on en vient à d'autres instructions non moins utiles.

De la construction des Etables & Bergeries.

Tout climat peut convenir aux brebis; l'Espagne, l'Angleterre & la Suede, en sont une preuve sans réplique, attendu que dans ces différens pays, l'un chaud, l'autre tempéré & le troisieme froid, on éleve d'excellentes races de brebis qui se le disputent les unes aux autres par la bonté de leur laine.

Il faut donc en premier lieu, pour conferver les troupeaux, construire des étables où l'on puisse les renfermer & les mettre à l'abri des injures des différentes saisons : il est bon de prévenir qu'on a tort de ne pas y regarder d'assez près quand il s'agit de faire des étables ; ce n'est rien moins qu'indifférent de les construire dans tel ou tel lieu, d'une telle ou telle maniere. Il faut d'abord choisir bien le local, & suivre dans la construction une sage méthode.

On ne sauroit trop recommander (& on reviendra souvent à cet objet) de n'épargner aucun soin pour défendre les brebis de l'humidité. C'est un fléau pour elles que d'en souffrir, & il ne faut pas chercher ailleurs la cause de la plupart des maladies auxquelles on les voit sujettes ; mais la position la plus dangereuse pour ces animaux, est celle où la chaleur des exhalaisons qui s'élevent de leur corps, attire l'humidité de la terre ; de-là leur viennent l'hydropisie, la gale, le clavau & d'autres affections morbifiques. Il est donc nécessaire de fuir les lieux bas & humides ; les pires de tous sont les terrains argileux imprégnés d'humidité, ainsi que les terrains compactes, & de couleur noire & rousse. Le local préférable à tous les autres, seroit le penchant d'une montagne, d'où les eaux pourroient s'écouler facilement, ou bien une coline de sable blanc qui absorbât l'humidité, & qui, défendue contre le grand froid, fût à l'abri des vents du nord. Pour éviter encore mieux ces derniers inconvéniens, il n'est besoin que de bien placer & de bien distribuer les portes & les fenêtres des étables.

Si l'on ne trouvoit pas un local tel qu'on vient de le dire, il faudra que sur le terrain où l'étable doit être construite, on jette des décombres & du sable blanc, & qu'on l'éleve ainsi d'une coudée au moins ou de trois pieds. En battant bien ce sable & ces décombres, on opposera aux exhalaisons de la terre, un rempart qu'elles ne pourront pas pénétrer : le terrain étant choisi & préparé, il faut commencer l'ouvrage.

Des personnes qui ont fait une étude particuliere des diverses parties de l'économie rurale, prétendent qu'on doit construire les étables en forme de voûte, parce qu'on y a moins à craindre les incendies, & que d'ailleurs, ajoutent-ils, cette maniere de les construire, ne contribue pas peu à la conservation du bétail. Cette opinion, quelque fondée qu'elle paroisse, n'est pas bonne. Comme les bergeries sont pour l'ordinaire dans des lieux isolés ou éloignés des villes, on ne voit pas qu'il soit bien difficile de les garantir des incendies; outre cela, les voûtes des étables sont le plus souvent très-basses, attendu la dépense que bien peu de gens veulent faire pour les rendre fort élevées : or, les étables dont la voûte est basse, &, pour ainsi dire, écrasée, nuisent aux troupeaux, par la raison toute simple, que les exhalaisons ne pouvant s'évaporer, demeurent concentrées & retombent fur les animaux. Cet inconvénient a des fuites d'autant plus funeftes, que les brebis ayant coutume de fe tenir fort près les unes des autres, les vapeurs qui n'ont pas d'iffue, jointes à la fituation habituelle de ces animaux, occafionnent une chaleur exceffive qui les fait fuer prefque continuellement, les affoiblit, les énerve & les rend incapables de réfifter au froid & de fouffrir l'humidité; auffi, qu'à l'approche du printems on tire les brebis de ces étables pour les mener paître, elles fe trouvent fans force, elles fe traînent, & ce n'eft pas fans peine qu'elles peuvent fe foutenir. Leurs pores ouverts & dilatés par une grande chaleur continue, les rendent extrêmement fufceptibles de toutes les impreffions de la rofée, de la pluie, des vents & des autres viciffitudes de l'atmofphere; leur fang fe gêle, les humeurs fe condanfent & fe figent; de-là une infinité de maladies. Les perfonnes ignorantes ou mal inftruites, s'imaginent, en voyant leurs troupeaux dans un fi pitoyable état, que ce font là des accidens qu'on ne peut ni prévoir, ni prévenir : mais elles fe trompent; tout cela n'arrive que par leur incurie, leur mal-adreffe, & leur peu de vigilance & de précaution.

Rien ne convient mieux à la brebis qu'une chaleur modérée & toujours égale, telle qu'on l'a dans les beaux jours d'automne. Un des meilleurs moyens pour leur procurer cette douce chaleur, c'eft de les renfermer dans des étables vastes & spacieuses; la longueur de la bergerie est à volonté, mais il faut donner un pied & demi de largeur par bête, considéré dans l'atitude où elle mange au râtelier : avec cette proportion, les bêtes peuvent se coucher & manger sans se nuire.

Il faut élever ses murs en moellon bien enduits & revêtus de chaux, & assez unis pour qu'ils ne puissent porter aucun préjudice à la laine qui pourroit autrement s'y accrocher.

Les murs une fois bien construits, il s'agit d'en venir au toit; cet objet n'est pas indifférent. On voudroit qu'on le fit de bonne paille; il coûteroit moins, & les troupeaux s'en trouveroient mieux. La neige & la pluie pénétrent trop aisément les tuiles & les briques; l'humidité qui en résulte, se communique aux fourrages & les gâte; le sol du fenil, les bois, les planches, toutes les parties de l'étable en souffrent. Un bon toit de paille peut durer jusqu'à douze ans & même plus; si la paille est unie ou entrelacée avec des roseaux, il durera vingt ans, & il ira jusqu'à trente ou quarante ans, si dans sa construction il n'entre que des roseaux, sans aucun mélange de paille. Quand on fera le toit, les matériaux ne seront pas entièrement perdus; on s'en servira pour faire la litiere aux troupeaux, & c'est le meilleur usage qu'on puisse en faire. Sur ce toit, ou immédiatement au-dessous, on doit pratiquer une ouverture de trois pieds de haut pour y faire passer les fourrages qu'on conserve dans le fenil. Quand cette opération est faite, on veut dire quand on aura introduit le foin, on aura soin de bien boucher la fenêtre en question, pour que l'humidité ne puisse pas pénétrer dans l'étable. Si cette fenêtre n'étoit pas fermée de façon à ne laisser aucun passage aux vents, à la pluie, à la neige, toutes les autres peines qu'on auroit prises deviendroient inutiles ; l'humidité s'ensuivroit dans l'étable, elle s'y introduiroit, elle augmenteroit au grand préjudice des troupeaux.

Après le toit, il faut en venir au fenil. On doit le faire immédiatement au-dessous du toit ; mais comme de la maniere de le construire, dépendent la conservation des animaux & la propreté de leur laine, ce travail exige qu'on prenne de sages mesures, & qu'on y procéde avec la plus grande exactitude. Si le plancher du grenier à foin étoit formé de planches qui ne fussent pas jointes parfaitement les unes aux autres, les exhalaisons fétides qui s'élevent du bas de l'étable, passeroient à travers les fentes, & les autres ouvertures donneroient un mauvais goût au fourrage & le feroient moisir. Outre les vapeurs, une foule d'insectes pénétreroient dans le grenier & se logeroient dans le foin ; ce qui en altéreroit infiniment la qualité. Un autre inconvénient qui proviendroit des planches mal unies entr'elles, c'est que du grenier, il tomberoit continuellement sur les moutons, de la poussiere, des morceaux de bois, des fétus, qui de la laine iroient jusqu'à la peau des animaux, & leur occasionneroient des sensations désagréables. Les morceaux de bois s'embarasseroient dans la laine, la couperoient & en feroient perdre une partie; du moins est-il sûr qu'on ne pourroit la nettoyer qu'avec bien de la peine, & qu'elle perdroit beaucoup de son prix. On obviera à tous ces inconvéniens, si on enduit le plancher de chaux, ou si on met de l'étoupe dans l'entre-deux des planches; si enfin on bouche toutes les fentes avec de la poix, précisément de la même maniere qu'on le pratique dans la construction des barques.

Quand au plancher inférieur où habitent les troupeaux, il doit être élevé vers le milieu, & aller en pente des deux côtés, de sorte qu'il forme un d'os-d'âne; de cette façon les urines & autres ordures s'écoulent facilement & ne séjournent pas. Il feroit avantageux de les ramasser toutes dans un même endroit, pour en fumer ensuite les champs, car c'est ici un très-bon engrais. Il en est qui ont coutume de répandre, sur le plancher, de la terre jusqu'à un pied d'hauteur; cette terre qui reçoit l'urine & les excrémens des animaux, est bientôt imprégnée de sels; on la retire alors pour en fumer les terres maigres & séches. On avoue qu'on ne peut presque pas se déterminer à donner une approbation à une pareille méthode. L'expérience démontre que rien n'est plus utile aux bêtes à laine, que de tenir propre & sec le plancher où elles séjournent ; or, comme la chose devient impossible en adoptant la méthode précédente, il me paroît évident qu'on doit renoncer à celle-ci, & qu'elle est mauvaise. On voudroit donc que toutes les ordures s'écoulassent hors de l'étable ; alors rien n'empêchera qu'on y jette de la terre qui s'imprégnera de sucs nutritifs, & servira d'engrais comme on le souhaitoit. Ainsi on ne sera pas privé de l'avantage qu'on vouloit se procurer, & il n'y aura ni risque ni incommodité à craindre pour les troupeaux.

Tous les points qu'on a traités jusqu'à présent sont importans sans doute ; mais ce qui est encore plus essentiel, c'est de rafraîchir l'air des étables, de le purifier, de le renouveller. Pour y réussir, des personnes intelligentes font un soupirail en forme de cheminée, qui s'éleve jusqu'au-dessus & au travers du toit : elles construisent ce soupirail de telle façon, qu'il puisse remplir la double fin qu'ils se proposent, & c'est de faire évaporer les exhalaisons humides & la chaleur superflue de l'étable, tandis qu'en même tems il s'y introduit un air pur & frais. D'autres font des trous à la partie supérieure des murailles; ces trous, de quatre pouces de hauteur & de largeur, sont éloignés de trois pieds les uns des autres ; le mauvais air sort par les ouvertures, & par ces mêmes ouvertures le bon air entre continuellement ; ainsi par cette circulation perpétuelle, les animaux respirent un air pur & se portent à merveille. Telle est l'opinion de ceux qui suivent cette derniere méthode ; mais leur opinion paroît peut-être mieux fondée qu'elle ne l'est réellement.

Les moutons & les brebis ont besoin d'une chaleur douce & tempérée, qui soit toujours au même degré ; les exhalaisons ne pourront jamais s'élever jusqu'à la hauteur de ces ouvertures. Deux raisons qui montrent que la méthode précédente n'est point propre à produire l'effet qu'on suppose : c'est d'abord un fait certain, que ces trous, quand ils seroient encore plus multipliés, ne peuvent, placés à cette hauteur, procurer le renouvellement d'air qu'on demande, attendu que les exhalaisons les plus crasses, les plus pesantes, les plus chargées de matieres infectes, & par conséquent les plus nuisibles, restent nécessairement en bas, & y corrompent l'air, qui ne sauroit être renouvellé par le moyen des ouvertures en question ; on ne doit donc pas espérer jamais que ces petits trous soient suffisans pour entretenir au-dedans de l'étable une chaleur modérée & toujours égale. On ajoute que les gros vents qui regnent en France, feroient entrer la pluie, la neige, la poussiere par ces trous, & rendroient l'étable humide & mal saine.

Abandonnant toutes ces méthodes, on

se tiendra uniquement à faire des fenêtres de deux pieds & demi, où on mettra des vitres & des volets, pour pouvoir les ouvrir ou fermer à volonté, selon que le besoin des troupeaux l'exigera. On voudroit qu'il y eût quatre ou six de ces fenêtres à chaque mur de l'étable, en les distribuant néanmoins de telle manière, qu'il se trouvât de la proportion entre le nombre, l'arrangement des fenêtres & la longueur des murailles. Voilà le meilleur moyen de tenir la chaleur des étables dans un juste équilibre, de faire évaporer les exhalaisons, quelles qu'elles soient, de rafraîchir l'air & de le renouveller. On pourra ouvrir ces fenêtres du côté que l'on voudra, mais le mieux sera, pour l'ordinaire, d'ouvrir celles qui seront opposées au côté d'où viendra le vent, & de prendre pour cela autant qu'il sera possible, le tems où le berger aura conduit le troupeau au pâturage, ou l'aura mené boire, ou enfin il l'aura fait sortir pour respirer un peu le bon air dans les belles journées de la saison. Quand le troupeau ne sera plus dans l'étable, il n'est pas besoin de dire qu'on pourra laisser ouvertes toutes les fenêtres; l'air en sera plutôt rénouvellé, & il n'y aura pas le moindre inconvénient à craindre. Ceux qui font des trous au haut de l'étable ont la peine & le risque de monter sur une échelle pour les aller ouvrir, & n'introduisent pas peut-être la moitié de la quantité d'air nécessaire. Par la méthode qu'on indique, outre les avantages dont on a déja parlé, on a celui de donner beaucoup de jour aux étables. L'obscurité déplaît infiniment aux moutons & les attriste, mais la clarté leur plaît, les réjouit & contribue plus qu'on ne pense à les maintenir en bon état & en santé.

Pour ne rien omettre de ce qui concerne les différentes parties de l'étable, il reste à donner encore quelqu'avis sur les mangeoires. Bien des personnes sont en usage de les placer au milieu de l'étable, afin que le bétail puisse facilement en approcher de tous les côtés. Il vaudroit mieux, ce me semble, les construire tout le long des murailles, pourvû qu'on ait la précaution de les garantir de l'humidité qui nuiroit au fourrage. Il ne faudroit donc pas mettre les mangeoires immédiatement contre le mur qui est toujours un peu humide, mais on aura soin de laisser entre-deux la distance de trois pouces. Les mangeoires ainsi placées; le bétail, si elles sont basses & d'un facile accès, y mangera fort à l'aise : il ne se heurtera & ne se pressera pas, comme il le fait quand il n'y a qu'une mangeoire & qu'elle est au milieu. Aux angles de l'étable, & par conséquent aux extrêmités des mangeoires, on placera des grands tuyaux, qui du grenier à foin viendront aboutir jusqu'aux mangeoires mêmes. Chacun de ces tuyaux sera bien fermé par le haut, & l'on ne l'ouvrira que lorsqu'il faudra y faire passer du fourrage pour le troupeau : si les tuyaux étoient toujours ouverts, il tomberoit de la poussiere & de la paille sur les brebis, ce qu'il est bon d'empêcher.

Du Croissement des Races.

M. Cartier dans ses ouvrages atteste qu'on trouve en France les mêmes natures des bêtes à laine que dans les royaumes étrangers, qu'il n'y a rien de plus délicat & de plus exquis que la chair du mouton de Gange en Languedoc, de Presalé en Normandie, de la Camargue, de la craux d'Arles en Provence, en y ajoutant les montagnes du haut Dauphiné, qui dans quelque canton, comme dans le Roussillon, dans les Diocèses de Beziers & de Narbonne, les toisons sont supérieures à celles d'Asie, d'Afrique, du Levant & des côtes de Barbarie ; on peut donc sans avoir recours aux races étrangères, s'en pourvoir en France.

On ne peut trop recommander aux propriétaires des troupeaux, non-seulement de bien choisir les beliers & les brebis, mais de ne les faire conduire que dans les bons pâturages, & de leur donner pendant l'hiver des fourrages de la meilleure qualité. Cette branche de l'économie rurale peut leur devenir très-fructueuse, s'ils lui donnent des soins ; on peut même leur assurer qu'alors elle leur rapportera plus qu'ils n'auroient lieu de l'attendre. Mais s'ils continuent à l'abandonner, pour ainsi dire, au hasard, qu'ils ne soient pas étonnés de la voir devenir toujours moins féconde, & enfin tout-à-fait stérile & infructueuse. Oui, c'est l'incurie, l'ignorance & le défaut de soins qui ont avili & dégradé les troupeaux : les races même d'Espagne ne tarderoient pas à s'abâtardir, si les habitans de ce royaume s'occupoient aussi peu du gouvernement des troupeaux que nous. L'industrie & l'activité peuvent améliorer tout, perfectionner tout ; mais par une conduite contraire les meilleures choses se gâtent, se corrompent, se perdent. Qu'on jette les yeux sur tous les peuples de l'univers, on verra que ceux d'entr'eux qui réussissent le plus dans leurs entreprises utiles, se donnent aussi le plus de peines pour y réussir. Il faut acheter, comme ils nous en donnent l'exemple, le succès, par le travail, l'application & l'intelligence. Pour substituer des races excellentes aux mauvaises races que l'on a, il faut prendre des moyens efficaces pour en venir à bout, en se procurant d'abord, comme on l'a dit, des beliers de bonne race : mais pour qu'on ne se meprenne pas sur un objet si important, on va donner quelqu'idée du caractère & des qualités des bêtes à laine ; après quoi on tracera des régles & on désignera des marques, d'après lesquelles il sera presqu'impossible de ne pas distinguer les animaux de bonne race de ceux qui ne le sont pas, & d'être trompé dans le choix de ceux qu'on achetera.

Les brebis font d'un naturel excessivement bon ; mais quoique d'un côté elles soient stupides & sans énergie, de l'autre elles ont l'imagination très-vive & très-forte. La preuve évidente est l'étonnement dont elles sont frappées dès qu'il se présente à leurs yeux quelque objet qu'elles n'ont pas coutume de voir. Peureuses à l'excès, le moindre bruit les épouvante ; le feu surtout, les éclairs, le bruit de la foudre leur occasionnent des terreurs qui les rendent immobiles, les abattent, les laissent sans force & nuisent beaucoup à leur santé. Comme la nature les a privées de toute défense, elles s'abandonnent entierement à la volonté de leur berger & le suivent sans résistance partout où il les mene. Elles aiment beaucoup la clarté, la compagnie, les lieux exposés au soleil, agréables & rians, mais par une raison contraire, elles ont naturellement de l'aversion pour les endroits tristes, sombres, humides, & marécageux. Avides de sel, elles se trouvent à merveille quand on leur en donne avec modération. Il n'est point d'animal qui, si on en excepte le chameau & le dromadaire, puisse plus long-tems que les brebis se passer de boire : un soleil brûlant, toute autre chaleur excessive, un froid piquant ou sensible, la rosée, un air humide leur occasionnent une foule de maladies ; l'hydropisie est celle qui les attaque le plus souvent parce qu'elles ont naturellement une trop grande abondance d'humidité radicale.

On jugera peut-être que la connoissance du caractere intérieur de ces animaux, peut suffire pour s'adonner avec succès au gouvernement des troupeaux ; mais l'importance de l'objet demande qu'on descende dans des plus grands détails & qu'on n'ignore pas les signes extérieurs auxquels on reconnoît les meilleurs beliers & les bonnes brebis.

Un belier qu'on destine à perfectionner de mauvaises races, doit être jeune & d'une taille fort longue. Voici les autres qualités qui lui sont nécessaires, si on veut qu'il réussisse à coup sûr dans l'objet que l'on se propose : il doit avoir la jambe grosse, le dos large, le cou gros & épais, l'œil vif & un peu rouge, le front large & rond, une grosse queue & bien fournie de laine, le né court, la langue lisse sans bouton, sans verrue & sans aucune inégalité : il faut qu'il n'ait pas l'haleine forte & puante, qu'il se tienne ferme sur ses pieds, qu'il se porte bien & qu'il regarde de travers les autres beliers, paroissant toujours prêt à se mesurer avec eux : il faut avoir aussi l'attention que sa laine, surtout celle de derriere, soit blanche, longue, molle & flexible, bien touffue & fine, & qu'enfin l'animal n'ait point de tache sur la peau : à toutes ces marques on distinguera un bon belier & on ne pourra s'y tromper.

Quand à la brebis, on la choisira volontiers, si elle a le corps long, si ses jambes sont courtes & ramassées : les jambes trop hautes & longues annoncent que l'animal est foible. Il faut de plus que la brebis ait le cou long & un peu élevé, l'œil vif & d'une couleur qui approche du rouge, les flancs ronds & replets, l'épine du dos large & forte, la queue grosse, bien garnie de laine; que cette laine égale en finesse & en qualité celle des beliers, quoique l'une ne soit pas si abondante que l'autre ; qu'elle ait enfin la taille large, la peau belle, nette & d'une bonne couleur, qu'elle marche lestement & qu'elle montre de la vivacité.

Des agronomes ont prétendu avoir poussé leurs observations plus loin, & qu'on peut reconnoître aux cornes des beliers, s'ils sont forts ou foibles, s'ils sont d'une bonne ou mauvaise race, &c. On voudroit bien qu'ils prouvassent que leurs observations ne tombent pas à faux, & que les conséquences qu'ils tirent vinssent d'un principe sûr & vrai. On en a fait diverses expériences, & on a examiné de fort prés, si l'on peut avec fondement conclure qu'un belier est bon ou mauvais à l'aspect seul de ses cornes; on a trouvé que de la configuration de celles-ci, il n'en résulte rien qui annonce ou désigne les qualités de l'animal; on fera donc bien de s'en tenir aux signes qu'on a détaillés. Ils sont tous certains & ne peuvent induire en erreur : en les regardant comme une régle dont il ne faut pas s'écarter, on fera infailliblement un bon choix de beliers & de brebis.

M. Cartier dit que c'est aujourd'hui un sentiment commun, qu'il est de l'intérêt des bergers & des propriétaires, de renouveller & anéantir les especes qui ont des cornes ; parce que ces sortes d'excroissance ne servent de rien aux bêtes à laine & leur nuisent beaucoup.

Après qu'on aura fait un bon choix de brebis & de beliers, il s'agit d'en faire multiplier l'espece. Ce point est trop essentiel pour ne pas le traiter avec une certaine étendue : c'est en le négligeant que les races s'abâtardissent. En suivant ces instructions, on peut être assuré que les troupeaux, loin de se dégrader, deviendront toujours plus beaux.

Les brebis d'un an peuvent porter ; mais on se gardera bien de jouir de cette fécondité prématurée. Trop foibles alors, elles ne donneroient que des agneaux plus foibles encore. On attend donc qu'elles aient au moins dix-huit mois ; à cette époque elles sont assez fortes, & il n'y a pas de risque à les faire couvrir. Si l'on vouloit différer jusqu'à ce qu'elles eussent trois ans, elles seroient dans toutes leurs forces & l'on se procureroit des agneaux de la plus grande beauté. Il en est qui prétendent que si l'on vouloit avoir des agneaux d'une grosseur extraordinaire, il faudroit que les brebis ne commençassent à porter qu'à l'âge de cinq ans. Comme on ne voudroit pas laisser couvrir de brebis qui sont trop jeunes, dans l'incertitude que la race iroit en détériorant; de même on n'attendra pas trop tard, afin de ne se pas priver de nouvelles générations de bêtes à laine, qui vaudront toujours mieux que les précédentes; d'autant plus qu'il est certain, que les épreuves de dix-huit mois donnent de très-belles productions. Quand elles auront passé l'âge de sept ou huit ans, on peut les envoyer à la boucherie, parce qu'alors elles sont épuisées & ne donnent que des agneaux foibles & chétifs. Si on avoit des brebis d'une race étrangere & précieuse ; si l'on ne pouvoit d'ailleurs s'en procurer de la même espece qu'avec une extrême difficulté : dans ce cas on auroit soin de les nourrir avec du son & de l'avoine jusqu'à l'âge de onze ans, & pour que les agneaux qui en proviendroient fussent au moins passables, on ne laissera approcher des meres que d'excellens beliers. Après cette époque elles ne sont plus d'aucune utilité ; il faut s'en défaire, ou elles ne tarderont pas à mourir de vieillesse & d'épuisement.

Il n'est pas difficile de connoître l'âge de ces animaux : quand on trouve à leur mâchoire inférieure huit dents de laits, pointues comme celles d'un chien, on peut dire qu'ils ont près d'un an. Dans chacune des années suivantes ils perdent deux de ces dents de lait, & il leur en vient deux nouvelles de la même forme que les autres de ce bétail ; on voit par cette progression, qu'à la cinquieme année révolue ils ont perdu toutes leurs dents de lait, & que celles-ci ont été remplacées par d'autres : il est donc aisé de connoître leur âge jusqu'à la cinquieme année ; mais passé ce terme, on n'a plus sur cet objet de régle certaine ; tout se réduit alors à des conjectures qu'on tire de ce que leurs secondes dents sont plus ou moins usées.

La brebis ne met bas pour l'ordinaire, qu'après vingt ou vingt-deux semaines. Tous les agneaux qui viennent plutôt ou plutard doivent être rejetés, & l'on ne doit pas s'en servir pour perpétuer les races. Le tems où l'on fera couvrir les brebis, doit varier selon qu'on se propose d'avoir des agneaux en automne ou en hiver. Ceux qui ne s'embarrassent que d'avoir des agneaux qu'ils puissent vendre assez cher, doivent faire habiter les beliers avec les brebis au mois d'Avril ou de Mai. Quand à ceux qui n'ont d'autre objet que de perfectionner les races, ils devront différer jusqu'à la mi-Octobre ; les agneaux naîtront alors au mois de Mars, tems auquel ils seront mieux nourris parce que les meres auront de lait meilleur & en plus grande quantité, & où ils trouveront eux-mêmes dans les prairies des herbes nouvelles & tendres qu'ils pourront brouter. S'ils venoient au mois de Janvier, il faudroit les nourrir dans les étables ; il en couteroit plus, ils croîtroient moins vîte & ne seroient jamais si beaux.

Si l'on ne doit rien oublier pour rendre toujours plus fortes & plus robustes, les brebis dont on a fait choix pour multiplier les races, on doit donner encore plus d'attention à ce que les beliers soient excellens & parfaits autant qu'ils peuvent l'être ; car si les meres donnent la nourriture aux petits, les petits tirent du pere leur complexion, leur caractere, leurs qualités naturelles, en un mot, leur constitution. Plus le belier sera beau, plus les agneaux réussiront : il est donc nécessaire de bien nourrir les beliers & de les gouverner avec beaucoup d'intelligence. On doit les tenir toujours éloignés des brebis jusqu'au tems où l'on veut les faire accoupler ; sans cette précaution les beliers s'affoibliroient de bonne heure, & ne donneroient que des agneaux chétifs. On ne peut approuver la méthode de certains bergers qui menant paître les beliers avec les brebis, mettent aux premiers un morceau de linge entre les jambes pour qu'ils ne puissent pas approcher des femelles avant le tems marqué. Ces animaux souffrent alors, ils ne mangent pas, ils languissent & leurs forces diminuent d'un jour à l'autre. Pour éviter cet inconvenient, il n'est besoin que de mener les beliers avec les moutons d'une part, & les brebis toutes ensemble de l'autre, enforte que celles-ci ne se trouvent jamais avec ceux-là. Quand on a des troupeaux considérables, & qu'on sait les gouverner ; on a toujours un berger pour les brebis & les agneaux, & un autre berger pour les beliers & les moutons. Il seroit à souhaiter

souhaiter que les communautés entretinssent chacune un vieux pâtre expérimenté pour avoir soin de tous les beliers du village; ce seroit une petite dépense pour les habitans, dont ils seroient bien dédommagés par les grands avantages qu'ils en retireroient ; leurs beliers s'en trouveroient beaucoup mieux & contribueroient infiniment plus à la beauté des troupeaux. Ces animaux demandent d'être bien nourris. On conseilleroit à l'agriculteur qui veut avoir de superbes agneaux, de donner de l'avoine aux beliers au moins une quinzaine de jours avant qu'ils habitassent avec les brebis.

Il n'est pas douteux qu'un belier qu'on aura bien soigné & bien nourri toute l'année, ne suffise pour vingt brebis, quoique bien des gens soient dans l'usage de ne lui en donner que douze ou quinze ; mais l'expérience, qui doit décider de tout, & qui est le meilleur guide qu'on puisse consulter, montre qu'on pourroit destiner à chaque belier un plus grand nombre de brebis que celui auquel on s'est restreint, pour être encore plus assuré du succès. En effet, dans les troupeaux où l'on ne tient que des beliers du meilleur choix & de la première qualité, il y a toujours trente femelles pour chaque mâle. Un Auteur connu & estimé, (M. Chomel,) pousse encore plus loin le nombre des brebis qu'on peut accorder à un belier ; il s'appuye sur un fait rapporté dans son Dictionnaire Œconomique, & qu'on trouve aussi dans le Gentilhomme Cultivateur (tom. 13. liv. 13. ch. 70. pag. 430. de l'édition de Paris *in*-12.) Voici le fait dont il s'agit : quand les Anglois eurent tiré de l'Espagne & transporté dans leurs Isles des beliers & des brebis de la meilleure espece, les commissaires préposés à cette importante affaire conclurent & réglerent qu'on distribueroit à chaque village ou paroisse deux brebis & un belier de l'espece étrangere, & que le belier couvriroit, outre les deux brebis d'Espagne, cinquante brebis du pays. Le succès fut admirable, & prouva évidemment que le réglement avoit été sage. On n'a donc pas tort de conseiller d'avoir vingt brebis pour chaque belier ; & si on ne dit pas de donner à chaque mâle un plus grand nombre de femelles, c'est dans la supposition que le premier ne soit pas des plus forts & des plus vigoureux. D'ailleurs une autre raison qui engage à prescrire qu'il y ait dans les troupeaux vingt brebis pour un belier, quoique l'usage ordinaire soit de n'avoir que douze ou quinze fois plus de femelles que de mâles, c'est qu'on a très-peu de beliers étrangers, & qu'il est très-difficile de s'en procurer. Si l'on vouloit suivre à la lettre les instructions qu'on vient de donner, on auroit bientôt d'autres races de brebis : en continuant ces mêmes soins pendant plusieurs années, on seroit étonné de la beauté des laines, & l'on pourroit entrer, pour cette branche de commerce en concurrence avec les autres nations.

Cependant comme on pourroit s'imaginer que pour être plus affuré que les brebis deviennent pleines, il eft néceffaire qu'il y ait plus de beliers qu'on en a prefcrits, on peut affurer que l'expérience en eft le garant, & qu'on n'a nulle raifon de craindre que les brebis ne portent pas. Que fi la chofe arrive quelquefois, il ne faut s'en prendre qu'au mauvais choix des beliers, ou au défaut de quelques précautions abfolument néceffaires. Quant au choix des beliers, on n'y trouvera certainement pas à rédire fi l'on s'en tient aux régles qu'on a données rélativement à cet objet. Pour les précautions qu'on peut avoir omifes, faute de les favoir, on va en parler en peu de mots. Lorfqu'un belier paroît lent, pareffeux, & qu'il paroît avoir perdu toute fa premiere vivacité, on lui fera manger de la graine de chanvre; à la brebis qui auroit les mêmes défauts, on donnera une galette faite avec de la graine de lin, dont on couvrira la furface avec du fel. Le berger attentif ne doit pas manquer à ce point; il n'aura prefque pas à craindre alors de voir ftérile aucune de fes brebis. On ne ceffera de recommander encore aux bergers & aux propriétaires des troupeaux, de ne pas laiffer pêle-mêle les beliers & les brebis; il en réfulte de grands inconvéniens; les beliers fort vigoureux attaquent ceux qui le font moins, les bleffent & les empêchent d'approcher des femelles. C'est donc une excellente méthode de tenir les mâles séparés l'un de l'autre, en associant à chacun en particulier le nombre des brebis qu'on lui destine. Ce conseil qu'on donne a été mis en pratique & il a toujours bien réussi : il est vrai qu'une pareille séparation gêne & donne de l'embarras ; mais tout cela est compensé par des grands avantages : d'ailleurs ce n'est que l'affaire de quatre semaines ou de six tout au plus.

La manière de tondre les brebis n'est pas la même partout : les uns commencent l'opération par le cou de l'animal, les autres par le ventre ou par les pieds ; mais on pense que le mieux est de commencer par le ventre & d'en venir de suite aux pieds, de là aux cuisses, & enfin au dos. Il seroit inutile de recommander de mettre à part la laine fine & de ne pas la mêler avec la commune ; le berger le moins instruit ne l'ignore pas. Si en tondant les brebis on en blessoit quelqu'une avec les ciseaux, ensorte que la plaie fût ensanglantée, il faut prendre tout de suite de la graisse de bouc, qu'on mêlera avec de la poix, & on frottera avec cet onguent la partie malade ; cela suffira pour guérir la plaie, & dans peu de tems l'animal ne s'en ressentira pas. Il est bon toutefois de prévenir les bergers, qu'ils doivent prendre toutes les précautions possibles pour ne pas donner des coups de ciseaux à faux ; si les plaies qu'ils font à ces animaux ne sont pas dangéreuses, elles les font certainement souffrir beaucoup : un peu d'attention & de vigilance leur épargnera ces sensations douloureuses.

Il faut choisir non-seulement de beaux jours pour faire la tonte; mais si l'on fait bien, l'on attendra que le tems soit fixé au beau; parce qu'il n'y a rien de plus meurtrier pour les troupeaux que le froid qui vient les saisir après qu'ils sont dépouillés de leur laine. Quand la tonte est faite, il faut se souvenir de ne pas mener paître les troupeaux loin de la bergerie ; par-là on sera à portée de les mettre à couvert dès que le tems l'exigera, & de les garantir des impressions d'un air trop vif ou trop froid, du vent & des ardeurs du soleil, qui pourroient leur occasionner diverses maladies, & même la rage. Le premier jour qui suit immédiatement la tonte, on doit tenir les brebis vingt-quatre heures consécutives dans un étable bien chaude, afin de leur procurer une sueur douce & modérée, qui ne contribuera pas peu à la finesse & à la réproduction de la nouvelle laine. Les vingt-quatre heures expirées, on conduira le troupeau dans quelque prairie aussi belle qu'étendue ; on l'y laissera paître à l'ombre dans les heures les plus chaudes du jour, afin que sans se réfroidir, il puisse respirer un air frais.

Quant aux agneaux, on les tond, sans

les laver, sur la fin du mois de Juin, & quatorze jours après qu'on a tondu leurs meres, ce qui s'obferve régulièrement par les perfonnes intelligentes. Deux bonnes raifons engagent de mettre cet intervalle entre la tonte des brebis & des agneaux ; la premiere eft que l'on a moins à craindre que des infectes petits & affez reffemblans à des poux ou à des punaifes, ne quittent les meres pour s'attacher aux petits & les tourmentent ; la feconde fe préfente naturellement, & c'eft que vers la fin de Juin il fait ordinairement plus chaud qu'au commencement de ce même mois ; les agneaux font par conféquent moins expofés alors à fouffrir du froid, auquel ils font plus fenfibles que les brebis. On parlera plus au long des moyens qu'on peut utilement employer pour défendre les troupeaux contre ces infectes, qui les fatiguent & les inquiétent. On termine cet article en avertiffant qu'après la tonte, les agneaux demandent d'être traités avec beaucoup de foins, de ménagemens ; on peut même ajouter, avec beaucoup de délicateffe.

Après avoir fait la tonte de la manière qu'on vient de le dire, on féparera foigneufement la laine fine de la laine commune ; il vaudroit pourtant mieux avoir fait cette féparation dans le tems même qu'on tond les brebis ; on eft alors moins expofé à mêler l'une avec l'autre. La laine du cou & celle du dos font les plus belles ; celle des flancs eft médiocre ; la plus commune est celle du ventre & des jambes. On ne craint pas de répéter qu'il faut nécessairement mettre chacune à part les laines de différentes qualités; sans cette précaution l'on se priveroit d'avoir des laines assorties, & l'on y perdroit beaucoup. On doit prendre garde aussi de mêler la laine d'été avec la laine d'hiver, & l'une & l'autre avec celles des agneaux: pour ce qui concerne les laines des brebis & des moutons, on peut les mêler ensemble, parce qu'elles sont à-peu-près de la même qualité.

Après avoir assorti la laine, on aura soin de la bien nettoyer & de la bien laver, en suivant de point en point les instructions qu'on va donner. On la mettra d'abord sur des bâtons soutenus par de petites fourches, afin que l'air & la chaleur du soleil séchent la boue & les autres ordures dont elle est chargée, & on l'étendra ensuite sur des planches ou des tables longues & larges, & percées de petits trous dans toute leur longueur. Après cela on prendra en main un instrument, qui n'est autre chose qu'un morceau de bois, long d'une coudée, de l'épaisseur d'un pouce, de la largeur de la main & armé d'un manche fort court; avec ce battoir on donnera sur la laine, qu'on aura soin de tourner & retourner souvent; on ne cessera enfin de frapper qu'après avoir réduit en poussiere toutes les ordures attachées à la laine, & les avoir fait passer par les trous des planches ou des petites tables.

Après avoir purgé sa laine, si on peut s'exprimer ainsi, de tout corps étranger, ce qui reste à faire c'est de la bien laver, & voici comment on s'y doit prendre : il faut avoir une cuve, dont on remplira le tiers, ou même la moitié, avec de l'urine, & le reste avec de l'eau ; mettre la laine dans un crible ou une corbeille d'osier, enfoncer la corbeille dans la cuve & laver la laine le mieux qu'il sera possible ; on retirera ensuite la corbeille, & l'on lavera de nouveau, mais assez légerement, la laine avec de l'eau bien propre ; si l'on pouvoit s'en procurer de quelque ruisseau clair & rapide, ce seroit le mieux. Ces lavages finis, on pressera bien la laine pour en exprimer l'eau, après quoi on l'étendra sur des perches soutenues par des bâtons fourchus, afin qu'elle s'y séche parfaitement. On pourroit aussi l'étendre sur des tables ou sur des lits de paille ; mais dans ce cas-là, il faudroit avoir l'attention de la retourner souvent & de tous les côtés, afin qu'elle se séchât également partout, sans quoi le dessous de la laine resteroit humide, & il y viendroit des tâches jaunes ou noirâtres qu'il seroit très-difficile d'ôter. Il vaut donc mieux s'en tenir aux perches, qu'on aura soin de placer de la manière qu'on a indiquée ; elles occupent moins d'espace, on a moins de peine ; & comme la laine s'y trouve plus exposée à l'air & au soleil, elle s'y séche mieux, devient plus blanche & plus belle à l'œil. Qu'on prenne garde néanmoins de ne pas la laisser ainsi exposée trop long-tems, parce que le soleil, en attirant toutes ses parties oléagineuses, la dessécheroit trop, & l'on ne trouveroit plus son compte à la vendre au poids. Quand la laine est ainsi préparée, on peut la vendre tout de suite, sinon l'on attendra qu'elle se vende mieux, & on la mettra dans des coffres bien secs. Comme il est à craindre que les insectes ne s'attachent à la laine, ou que la poussiere ne la pénétre ; pour prévenir ces inconvéniens, on tiendra les coffres dans un endroit frais & bien couvert.

Du fourrage le plus propre à la nourriture des brebis, soit en été, soit en hiver, & comment on doit gouverner ce bétail pour le perfectionner toujours plus, & le faire multiplier.

C'est au printems qu'on fait sortir les troupeaux de la bergerie, & qu'on les mene constamment aux pâturages. Il n'est pas possible de fixer le jour ou le moment qu'on doit saisir pour commencer à les faire paître dans la campagne ; cela dépend de la douceur de la saison : il faut qu'il ne tombe plus de neige, que le froid soit passé, que le soleil réchauffe l'air, que l'herbe tendre commence à poindre, & qu'elle pousse même des feuilles & des fleurs. Le berger attentif observera le tems favorable, & dès qu'il le verra arriver, il profitera des bienfaits de la nature, jusqu'à ce que la rigueur d'une saison plus ingrate, force la terre à suspendre le cours de sa bienfaisance ; il est certain que plus on tiendra les troupeaux dans les pâturages, moins on fera de dépenses pour les fourrages dont on nourrit les troupeaux dans les étables.

Ni la premiere semaine depuis que le tems sera mis au beau, ni la fin de l'hiver, ne sont pas propres à faire paître les troupeaux ; la premiere semaine, parce que les rejettons des herbes & des plantes sont encore trop tendres & se séchent tout de suite ; la fin de l'hiver ne vaut pas mieux, parce que le tems est encore trop inconstant, & qu'il survient infailliblement des journées froides & humides, qui sont très-funestes aux brebis. Il est bien mieux de les tenir alors dans les étables, puisqu'elles ne souffriront pas du froid ou de l'humidité. Une raison de plus pour ne pas les exposer, c'est qu'au printems elles exigent plus de soins que dans une autre saison de l'année ; elles viennent de mettre bas, elles sont encore foibles ; d'ailleurs les agneaux, trop tendres & trop jeunes, demandent beaucoup de ménagemens. Une régle générale non-seulement pour les brebis, mais pour toute autre espèce de bétail, c'est de ne le jamais tirer de l'écurie pour les mener paître, avant que le soleil ait dissipé ou séché les rosées de la nuit, & de les ramener à l'étable avant qu'elles tombent : il est bien vrai que l'herbe couverte de rosée rend la chair du mouton plus délicate & plus savoureuse, qu'il mange cette herbe avec avidité & qu'il en devient plus gras; mais ce bon effet n'est qu'apparent, vû que la graisse de l'animal se change en un acide aqueux, qui attaque les visceres & occasionne des morts subites parmi les troupeaux qu'on laisse ainsi paître dans des pâturages ou la rosée n'est pas encore dissipée. A mesure que le soleil séche cette rosée & que le froid commence à se faire sentir, le berger expérimenté, se régle sur cela pour choisir le vrai tems & le moment favorable où il doit conduire le troupeau au pâturage, ou le ramener à la bergerie. En automne, quand les plantes & les herbes sont couvertes de toiles d'araignées, il faut absolument, avant que le bétail commence à brouter, que les bergers passent & repassent dans tous les endroits où le troupeau doit paître; sans cette précaution, les toiles d'araignées resteroient, & les animaux qui les avaleroient avec l'herbe, s'en trouveroient mal, & contracteroient infailliblement des maladies dangéreuses.

En été, lorsqu'il n'y a point de rosée & que l'excessive chaleur du soleil est tempérée par quelque vent doux & frais, on peut conduire de bonne heure les troupeaux aux pâturages, & les y laisser toute la journée; mais on ne sauroit éviter avec assez de soin le trop grand chaud, attendu qu'il nuit encore plus que le froid au bétail, surtout aux agneaux & aux brebis à laine fine. Comme la laine de ces animaux est extrêmement touffue, ils se ressentent plus aisément & plus vivement des chaleurs, qui vont jusqu'à leur causer des échauffemens de sang, de grandes douleurs de tête, & à les jetter même dans des maladies de langueur, la pulmonie & la consomption. Qu'on les mette donc à couvert pendant les heures chaudes de la journée, ou qu'on les laisse reposer à l'ombre de quelques arbres touffus, qui puissent même leur servir d'abri contre la grêle, la pluie ou quelqu'autre mauvais tems.

Les pâturages ne sont rien moins qu'indifférens pour les troupeaux. Si on leur en donne de mauvais ou qu'ils soient mal situés, c'en sera peut-être assez pour faire périr le bétail dans peu de tems. Les prés bas & humides sont excellens, après la seconde fauchaison, pour les moutons, les beliers & les brebis qu'on veut envoyer à la boucherie l'hiver suivant. L'expérience montre qu'ils s'y engraissent très-bien & très-vite; à cela près, on ne doit jamais faire paître les troupeaux dans des endroits marécageux, & dans des fonds argileux & gras, où les herbes sont hautes & où l'on trouve de la mousse, du chardon, du melilot, des pins aquatiques, de la cigue, & d'autres semblables plantes remplies d'un suc âcre & caustique. Ces lieux bas & humides valent encore d'autant moins, que les araignées, les sauterelles & mille autres espèces d'insectes y fourmillent; on doit écarter aussi les troupeaux des terres fertiles en ronces & en épines, où les ifs & les pins croiffent en quantité. Ce qui leur convient le mieux, ce font les lieux élevés, les collines couvertes d'herbe courte & fine, surtout quand on y trouve des bois, ou du moins des touffes d'arbres d'intervalle en intervalle. On peut les conduire dans les champs lorfque la récolte en eft faite, pourvu toutefois que le fol n'en foit ni trop gras ni trop humide. Un avertiffement qu'on ne doit jamais oublier, c'eft qu'ils foient toujours nourris à-peu-près également, c'eft-à-dire, qu'on ne doit pas les laiffer aujourd'hui fe gorger de nourriture, & fouffrir de la faim le jour d'après. Il s'enfuit de-là que les prairies abondantes en herbes, valent mieux pour cet objet que celles qui n'en produifent que médiocrement; & encore faudra-t-il, à l'égard de celles-ci, ufer d'une telle économie, que le troupeau y trouve toujours fa fuffifance de nourriture; on s'explique, on ne fouffrira pas qu'il erre çà & là & felon fa fantaifie, mais on le fera paître tout enfemble un jour dans un morceau de terrain, & le lendemain dans un autre : en changeant ainfi régulierement d'endroit, on donnera le tems à l'herbe qui vient d'être mangée, de renaitre, de repouffer & de croître; par cette marche, fagement réglée & toujours uniforme, le troupeau aura conftamment une nourriture faine & fraîche. De plus, en fuivant cette méthode, il eft évident qu'une bien moindre étendue de terrain fuffira pour nourrir le bétail. Il est difficile de faire comprendre jusqu'à quel point les herbes souffrent, quand elles ont été foulées par le bétail, & avec quelle peine celui-ci s'arrête dans les endroits où il a déja pâturé ; si l'on ne l'y force, il s'enfuit, & dès qu'il est maître, il quitte la partie le plutôt qu'il peut.

Avec un peu d'intelligence, de soin & d'industrie, on viendra aisément à bout, par divers moyens, d'améliorer les prairies. Il me paroît nécessaire, avant tout, de brûler pendant l'hiver, avec l'attention convenable, non-seulement les seps de vigne sauvage, les réjettons des arbres, les buissons & les broussailles de toute espece, mais encore l'herbe grosse & épaisse. Ensuite au printems, après avoir donné un labour avec la charrue, si la situation du lieu ne le permet pas avec la bêche, on semera des herbes plus saines, & dont les brebis soient plus friandes, comme la melisse, la rue capraire, la barbe-de-bouc, la bétonique, la pimprenelle de la petite espece, s'entend celle qui est connue par les botanistes sous le nom de *pimpinella seu sanguis orba minor vulgaris* ; celle de la grande espece est trop dure & ne vaut rien pour les brebis, & tant d'autres plantes qu'il seroit trop long & inutile de désigner. On doit toujours attendre pour faire paître le troupeau, que l'herbe ait poussé hors de terre ; si elle ne faisoit que de poindre, le bétail l'arracheroit avec ses racines, du moins l'inconvénient est à craindre sur les alpes & sur les collines dépourvues d'arbres. On feroit très-bien de planter d'une maniere réguliere des arbres, surtout de ceux dont les feuilles peuvent servir de nourriture aux troupeaux ; la nature du climat doit principalement être consultée pour déterminer le choix. Il seroit aussi très-avantageux de planter dans les lieux convenables, des hêtres doux ; en été leurs larges feuilles donneroient de l'ombre aux troupeaux, & de plus elles romproient l'impétuosité des vents froids qui s'élevent quelquefois au printems & plus souvent en automne. Toutes ces excellentes opérations ne seroient pas aussi difficiles qu'elles le paroissent au premier coup-d'œil ; on ne parle pas ici d'une charge immense qui doive tomber entièrement sur un particulier ; il s'agit uniquement ici des possessions des communautés. Les communautés pourroient donc se déterminer, pour leur propre intérêt bien entendu, à sacrifier avec plaisir quelques journées à des plantations ou à des améliorations si utiles ; dans le cas même qu'elles ne vouluffent pas le faire toutes en même-tems, elles pourroient diviser le travail en diverses parties, & dans peu d'années elles viendroient aisément à bout de l'exécution la plus complette, & l'on auroit alors des troupeaux sains, beaux & bien plus nombreux. Quel plaisir, après s'être enrichis de leurs dépouilles, de les voir se multiplier toujours plus, &

préparer de nouvelles & de plus abondantes richesses. Les alpes & les pâturages inutiles, rapporteroient plus par cette heureuse métamorphose, que la conquête ou l'acquisition d'une Province entiere. Un canton dont tout le terrain est mis à profit, ne vaut-il pas cent fois mieux qu'une vaste étendue de terres qu'on ne cultive pas, ou qu'on cultive mal & qu'on laisse tomber en friches ? Cette question porte avec elle une évidence qu'on ne sent pas assez, du moins dans la pratique. On cherche toujours à faire des nouvelle acquisitions, & l'on ne songe presque pas à mettre dans leur valeur les domaines qu'on posséde.

Il n'est point d'animal qui puisse exister long-tems sans boire, parce que sans boire la digestion de la nourriture & la séparation du chyle ne se font pas. Les brebis ne sont pas exemptes de la regle générale, & si elles ont besoin de manger, il faut aussi qu'elles boivent. Le préjugé s'est non-seulement répandu, mais enraciné, on ne sait comment, que le boire leur nuisoit ; de-là vient que certains bergers les laissent souffrir de la soif ; ce qui leur cause des inflammations, les rend pulmoniques & les fait périr. Ce n'est pas que le corps de ces animaux ne soit naturellement pourvu de beaucoup d'humeurs ; mais cela ne suffit pas pour les priver de toute boisson. Les personnes qui ont étudié la nature avec soin, pourront démontrer, par une foule de raisons physiques, la vérité qu'on soutient; l'on n'a besoin d'autre guide que l'expérience, & c'est d'après elle que l'on a pris la sage méthode de ne jamais laisser manquer les troupeaux, ni de quoi manger, ni de quoi boire. Les bergers examineront attentivement les besoins du bétail pour y pourvoir dès l'instant, s'il est possible. La nature les leur indiquera sans qu'ils se tourmentent beaucoup pour les déviner; en conduisant les brebis à l'eau, celles qui ont soif courront vite pour se désaltérer, tandis que les autres ne se presseront pas & resteront derriere. On pourra sans rien craindre pendant l'été, les mener boire chaque jour. Si l'herbe des pâturages étoit fraîche & pleine de sucs; si d'ailleurs la saison étoit si fort humide, que l'animal bût, pour ainsi dire, en même-tems qu'il mange, il est clair qu'on pourroit différer un peu plus de les abreuver. On doit toujours bien prendre garde à deux points essentiels, c'est-à-dire, à la qualité de l'eau & à l'heure où l'on fera boire le bétail. Les eaux troubles, boueuses, puantes, lui sont funestes, & beaucoup plus encore celles qui sont imprégnées de particules minérales; on distinguera facilement celle-ci par les plantes jaunâtres ou blanchâtres qui croîtront sur leurs bords. Une eau belle & transparente qui coule sur un lit de sable blanc est la meilleure, & celle par conséquent qu'on doit préférer à toutes les autres; c'est dans une eau de cette nature que les troupeaux doivent s'abreuver habituellement, autant qu'il pourra se faire, vu que le changement d'eau peut nuire à leur santé, & donner à leur laine une variété de couleurs qui en diminueroit le prix : quant à l'heure où l'on peut les faire boire, ce n'est ni de bon matin, ni tout-à-fait vers le soir, & jamais au milieu du jour & dans les heures chaudes; l'eau échauffée attaque le foie & les poulmons des brebis.

De quatorze en quatorze jours, surtout dans les tems humides & pluvieux, on fera lécher, à chaque brebis, autant de sel qu'on pourra en prendre avec trois doigts, & on mettra ce sel dans la mangeoire; ou si elles étoient aux pâturages, on le mettra sur des pierres lisses. C'est principalement à l'approche de l'hiver qu'on leur donnera ainsi du sel, en observant de ne pas les laisser boire de tout le jour où elles en auroit pris, parce qu'elles le feroient avec trop de rapidité & trop de préjudice pour leur santé; de plus on manqueroit par-là le but qu'on se propose, & qui est de faire absorber par le sel, les humeurs surabondantes du bétail. Les agneaux même qui ont pâturé depuis quelques semaines, doivent aussi avoir une petite portion de sel; mais il faut le faire avec discrétion, la trop grande quantité leur nuiroit; s'ils ne vouloient pas le manger, il suffira de leur en frotter un peu la bouche; à peine l'auront-ils goûté, qu'ils l'avaleront gloutonnement.

On a déja dit, que dans les tems humides & pluvieux, on doit tenir le troupeau à couvert, & qu'on feroit très-bien, dans de pareilles journées, de ne pas le tirer de la bergerie ; on ajoute feulement que c'eſt une excellente méthode, quand les brebis ſont renfermées à cauſe des pluies, de parfumer l'étable, en y brûlant, dans un même vaſe, du genievre, des ongles d'animaux, & des morceaux de laine ; mais quand les brebis commenceront à touſſer, il faut ouvrir tout de ſuite quelques trous ou une fenêtre, afin que la fumée paſſe au-dehors, & ſi on ne donnoit pas une iſſue aſſez prompte, le bétail en ſeroit incommodé.

Parmi les avantages que les brebis procurent en été, on compte celui de les conduire & de les faire ſéjourner dans les champs qu'on veut enſemencer. On les enferme dans un petit eſpace de terrain avec des pieux & des perches, ou des bâtons attachés à ces pieux : quand elles ont paſſé quelques nuits dans cet endroit, on fait la même opération pour le morceau de terrain qui ſuit, & ainſi de proche en proche le champ ſert d'aſyle & de retraite au bétail. Le but qu'on ſe propoſe, eſt de fumer ces champs par les excrémens & l'urine du troupeau ; on le fait aller ainſi d'un champ à l'autre, & l'on s'applaudit de l'avoir fait : d'autres conſtruiſent des eſpeces de cages de bois, capables de contenir chacune depuis dix juſqu'à vingt bêtes ; ils fixent ces cages sur des roues, & les font transporter d'un endroit à l'autre, ou par les bergers ou par des chevaux; cette derniere méthode paroît préférable, parce que les beliers & les brebis se trouvent dans ces cages à couvert de la pluie & des mauvais tems qui pourroient venir; mais l'on n'approuve ni l'une ni l'autre de ces méthodes, & l'on pense qu'on doit renoncer à cet avantage apparent. Que si l'on objecte que cet avantage est réel, on répondra qu'il est acheté à trop haut prix; il est évident que les animaux en se couchant sur la terre toute nue, ne peuvent pas faire autrement que d'en attirer l'humidité; or cette humidité, comme on l'a souvent répété, leur porte le plus grand préjudice : si le terrain est bas, ils en souffriront encore davantage. Enfin l'on ne pourra jamais contester que l'humidité, la poussiere, les excrémens des animaux, leur urine, &c. ne gâtent la laine & ne l'alterent; perte irréparable, si les brebis sont d'une belle race & que leur laine soit fine. On attaque un usage presqu'universellement reçu, mais on l'attaque par de bonnes raisons, & on ne s'imagine pas qu'on puisse en opposer de meilleures : on doit donc se ranger de ce côté.

On a souvent parlé de prendre toutes les mesures possibles pour que les brebis ne souffrent ni du froid, ni de l'humidité, qui leur sont l'un & l'autre extrêmement funestes. C'est donc vers l'automne qu'on commencera à user des plus grandes précautions: les vents du midi regnent dans cette faifon, dépouillent les arbres de leur ornement, annoncent la langueur de la nature, & rapellent tous les animaux, ou à leurs nids ou à leurs retraites. Le tems eft venu de fe retirer de la campagne & de les conduire à la bergerie.

Dès qu'on les y aura renfermés, on prendra les animaux foibles, vieux & incapables de réfifter au froid de l'hiver, & on les menera tout de fuite à la boucherie; on épargnera par-là leur nourriture, & de plus il en reviendra au propriétaire le prix de la vente. Après cela on ne doit plus s'occuper que du foin des animaux qui reftent; & fi on fait bien, on commencera de divifer le troupeau en diverfes bandes, dont chacune comprendra les brebis ou moutons qui feront à-peu-près du même âge. Les bandes ainfi faites on les féparera les unes des autres, & on ne fouffrira pas que les jeunes animaux communiquent avec ceux du moyen âge, & ceux-ci avec les vieux. Comme on doit avoir attention de les conferver en bonne fanté, on déclarera une guerre éternelle à leur grand ennemi, on veut dire l'humidité; mais ce n'eft pas tout, comme en paiffant durant tout l'été & une grande partie de l'automne, il eft difficile que le bétail n'ait pas fait quelqu'amas d'humeurs ou mauvaifes, ou fuperflues, il faut chercher des moyens de le débarraffer de toutes ces humeurs. Dans cette vue, huit jours après que les brebis auront été mises dans l'étable, on les réunira toutes ensemble de façon qu'elles se touchent de près, & on fermera ensuite toutes les fenêtres & toutes les ouvertures de la bergerie ; la chaleur croîtra insensiblement & occasionnera aux animaux une sueur modérée. Quand elles auront sué, on leur donnera de l'air petit à petit, pour que la chaleur s'en aille par degrés. Si le bétail passoit rapidement du chaud au froid, il pourroit en contracter des maladies dangereuses. Quatre heures après que les animaux auront cessé de suer, on leur donnera de quoi manger ; mais de tout ce jour-là, on ne les fera point boire. On pourroit ici donner une liste de tous les remedes qu'on peut employer pour diminuer ou faire dissiper les humeurs superflues des brebis ; mais comme plusieurs Auteurs en ont parlé fort au long, & que la meilleure méthode est de ne proposer que des moyens simples & faciles, on se contentera de faire mention de la poudre de fourmi, & d'apprendre à ceux qui l'ignorent comment on fait cette poudre, & quels procédés on doit suivre pour l'administrer au bétail.

Quand l'automne est avancée, on cherche des fourmillieres ; dès qu'on en a trouvé, on prend les fourmis avec la terre & tout ce qui s'y trouve ; on met le tout dans un sac qu'on enferme ensuite dans un four bien chaud, jusqu'à ce que les insectes, & tout ce qui se trouve dans le sac, se réduise en une poussiere très-fine. Après avoir passé cette poussiere par le tamis, on la met dans un baril bien sec, & où il y ait des harengs ou de la viande salée. On prend une partie de cette poudre, on la mêle avec une quantité pareille d'avoine ; on y jette du sel ou l'on y répand de l'urine humaine ; après quoi l'on donne ce mélange aux brebis, en ayant soin qu'elles ne boivent de tout le jour où elles l'ont pris. Il faut leur faire prendre ce remede quatorze jours, non tout de suite, mais en mettant un intervalle d'une prise à l'autre. Rien de si simple, rien de plus facile à composer qu'un pareil remede, & cependant les effets en sont merveilleux sur les bestiaux.

Si quelqu'un ne vouloit pas faire usage de ce remede pour ses brebis, il ne pourroit pas se dispenser de leur faire prendre, quand elles viennent de quitter les pâturages, quelque chose qui puisse dissoudre les mauvaises humeurs. Le mieux seroit donc alors de leur donner du panis en herbe. Après cela on pourroit les nourrir avec du bled, de l'avoine, de l'orge, du panis, de la paille de pois & des vesces ; leur donnant d'abord chacune de ces nourritures sans aucun mélange, & les mêlant ensuite, après un certain espace de tems, non toutes ensemble, mais chacune en particulier, avec du foin de montagne qu'on aura soin de hacher bien menu. Les feuilles ramassées en automne avant leur chute, sont excellentes pour l'objet qu'on se propose, surtout celles de mauve, de hêtre roux & blanc, de saule, d'aulne & de frêne. On préféreroit les feuilles de ce dernier à celles des autres. Dans les cantons où l'on trouve beaucoup de bois, il en est qui dépouillent, vers le milieu du mois de Juin, les pins de leur écorce, & après l'avoir bien brossée & réduite en une espece de grosse poudre, la font manger au bétail. Mais outre que cette nourriture est mauvaise, c'est qu'il en résulte un grand inconvénient, la perte des arbres, qui ne vivent pas long-tems quand on a enlevé leur écorce. Pour ces deux raisons on ne conseille pas d'avoir recours à cet expédient, & on exhorte beaucoup à s'en tenir uniquement aux feuilles, qui auront plus d'effet, & qui de plus feront épargner une bonne quantité de fourrage ; mais quelque nourriture qu'on se détermine à donner aux troupeaux, il faudra la leur donner bien séche & la tenir renfermée dans quelqu'endroit qui soit bien couvert. Chacun prendra là-dessus les soins qu'il jugera convenables ; il suffit qu'on sache que pour rendre la nourriture, non-seulement désagréable, mais funeste aux brebis, il ne faut qu'un peu d'humidité, de moisi, de mauvaise odeur.

Un point qui est fort essentiel, c'est d'empêcher que le bétail ne maigrisse dans la bergerie, & qu'il ne s'y porte moins bien que lorsqu'on l'y aura renfermé. On voudroit qu'on ne le laissât pas trop engraisser dans les pacages, & que, sans
avoir

avoir trop de graisse, il eût assez d'embonpoint ; s'il commençoit par maigrir dans la bergerie, il seroit à craindre que des maladies épizootiques ne ravageassent le troupeau, & n'en fissent périr une grande partie. Il n'est pas facile de fixer la quantité de fourrage sec qui sera nécessaire pour chaque bête, attendu que cela dépend de la nature des saisons. Quand elles sont douces & sèches, on en consommera beaucoup moins, vu que les pâturages dureront plus long-tems, & que dans les beaux jours d'hiver, où le froid n'est pas grand, les troupeaux qu'on fera sortir de l'étable pour prendre l'air, trouveront toujours quelques herbes un peu sèches, à la vérité, mais qui ne laisseront pas que de les nourrir, du moins en partie ; ce qui fait encore une épargne de fourrage : l'on ne peut donc juger de cette quantité que par approximation. Ceux qui ont suivi cet objet durant plusieurs années, pensent qu'en général les brebis & les moutons ne consomment pas par tête dans le courant de l'année, au-delà de trois ou quatre cens livres de fourrages secs ; encore y comprend-on leur nourriture pour les jours pluvieux de l'été & de l'automne, où ils restent dans la bergerie & ne vont pas aux pâturages. D'autres croyent que ces animaux ne consomment pas, l'un portant l'autre, plus de deux quintaux de fourrage dans toute l'année, pourvu toutefois que l'hiver soit beau, & qu'il s'y trouve un

certain nombre de jours où ils puiſſent paî‑
tre à la campagne.

Le préſervatif le plus infaillible & le plus
néceſſaire pour détruire les mauvaiſes hu‑
meurs des bêtes à laine, c'eſt le ſel. On le
prépare de différentes manieres : on va d'a‑
bord indiquer celle qui paroît la plus fa‑
cile, & que l'on fait pratiquer à l'égard
des troupeaux. Huit jours après qu'ils ſont
rentrés dans les étables, on leur fait lécher
leur ration de ſel, telle qu'on l'a preſcrite
pour l'été, & on laiſſe paſſer encore huit
jours, après leſquels on leur donne encore
une pareille portion de ſel, & on continue
juſqu'à ce que, d'intervalle en intervalle,
ils ayent pris du ſel quatorze jours : il en
eſt qui prennent un morceau de bois d'aulne,
y font un trou, qu'ils rempliſſent de ſel &
qu'ils bouchent bien enſuite. Cette opéra‑
tion faite, ils jettent le morceau de bois
dans le feu, & quand il eſt brûlé, le ſel ſe
trouve réduit en pierre; ils le pilent, &
quand il eſt réduit preſqu'en poudre, ils
le mêlent avec du genievre ou de l'avoine,
& le font manger à leurs brebis. Dans cer‑
tains cantons l'on a coutume de mettre au
milieu de l'étable une auge, où ils font des
trous qu'ils couvrent de morceaux de plan‑
ches, après avoir rempli ces trous de ſel ;
les brebis ſoulevent les planches & léchent
le ſel. Si l'on ſuit cette méthode, il faut re‑
mettre du ſel dans les trous de trois en
trois, ou de quatre en quatre jours. Il eſt

certain qu'on ne trouvera point de remede ni plus prompt ni plus efficace que le sel ; mais il ne faut pas oublier ce qu'on a répété bien de fois, qu'on doit bien se garder de faire boire le bétail de tout le jour où il aura pris du sel, sans quoi on peut être assuré que le remede n'aura point ou presque point d'effet.

On ne doit pas non plus faire boire les troupeaux le premier jour où on les aura renfermés dans les étables; mais le lendemain on les menera à l'eau vers l'heure de midi, à moins que le mauvais tems, ou quelqu'autre bonne raison n'empêchât de le faire. On a déja dit que l'on doit abreuver les moutons & les brebis dans une eau claire & courante, & quand on les aura fait boire, on les ramenera à la bergerie, & on les y nourrira avec du bon foin & des feuilles. Si le jour prescrit on ne peut faire sortir le troupeau, on lui portera de l'eau belle & nette dans l'étable, & on la mettra dans des vases bien propres, quelque froid qu'il fasse, & ne jamais prendre la précaution de leur faire chauffer l'eau ; toute boisson chaude leur est nuisible. On recommande aussi de ne point mêler avec cette eau ni de la farine ni aucune autre nourriture.

Il ne suffit pas de donner aux troupeaux une bonne nourriture pour les maintenir en bon état ; mais il faut encore se faire une regle inviolable de leur donner leur ration quatre fois par jour aux mêmes heures & dans la même quantité. Les bergers ne s'écarteront pas de ce fage gouvernement, & le foir avant de fe coucher, ils ne manqueront pas de donner au bétail leur derniere portion de fourrage. Par cette méthode, les animaux ne fouffrent jamais de faim & mangent avec modération ; en évitant les deux excès contraires, ils s'en trouvent mieux, & la nourriture qu'ils prennent conferve leur fanté dans un état toujours plus floriffant : de plus en leur donnant une petite quantité réglée de fourrage, ils le mangent tout & n'en laiffent pas perdre la moindre partie ; ce qui eft encore un avantage pour le propriétaire. Les regles qu'on vient de prefcrire pour la diftribution du fourrage, on doit les garder également pour le fel qu'on leur donne à lécher, & l'eau qu'on leur fait boire.

Si la propreté eft néceffaire, comme on l'a dit, pour tout ce qui concerne les troupeaux, on doit bien en conclurre qu'elle regarde fpécialement les étables. On doit faire enforte, autant qu'il eft poffible, d'en écarter les infectes vénimeux, comme les araignées & les animaux mal-faifans ; tels que les rats, les fouines, les martres & autres de cette efpece qui rongent la laine des brebis. C'eft une bonne méthode que de leur faire un lit de paille longue, pour qu'elle ne s'enveloppe pas dans leur laine il faut la secouer, la remuer & la retourner tous les jours avec la fourche, pour que ce lit de paille ne se couvre pas d'ordure, se conserve plus propre & plus sec; quand il sera sale & trop foulé, on l'ôtera & on la jettera sur le fumier. C'est à-peu-près de quinze en quinze jours qu'il faudra ôter l'ancien lit de paille & en faire de nouveau. On sait que dans certains cantons, on est d'usage de laisser les brebis sur la même paille & sur l'ordure, jusqu'à ce que le tas soit de trois coudées de haut; tout ce qu'on fait, c'est d'ajouter une nouvelle couche de paille sur l'ancienne. On ne peut approuver une méthode qui paroît, non-seulement peu utile, mais funeste, attendu que la laine des brebis se salit, & que de plus, la chaleur, causée par le fumier & les vapeurs qui s'en exhalent, nuisent extrêmement au bétail. On renonceroit bientôt à une pareille méthode, si on connoissoit toutes les suites fâcheuses qu'elle entraîne: une étable bien construite entretient une chaleur douce & convenable, sans qu'on ait besoin de recourir à un expédient dangereux & mal-sain pour le bétail. Quand on parle de chaleur, c'est toujours d'une chaleur modérée; si elle étoit trop grande, elle occasionneroit aux brebis des maladies qui en feroient périr un grand nombre. Pour prévenir cet excès de chaleur, il sera nécessaire, ainsi qu'on l'a dit, de faire évaporer de tems en tems les mauvaises exhalaisons des étables, d'en purifier l'air & de l'y renouveller.

Comme les bêtes à laine sont sujettes à beaucoup de maladies, on trouvera dans la seconde partie les moyens de les en guérir.

Fin de la premiere Partie.

TABLE DES CHAPITRES

Contenus dans la premiere Partie.

CHAP. I. *Effets des Elémens, & comment ils contribuent chacun au progrès des Plantes.* page 7

CHAP. II. *Des différentes especes de Sol.* 12

CHAP. III. *De la clôture des Terres.* 22

CHAP. IV. *De l'amélioration des Sables.* 26

CHAP. V. *Des différentes Terres fortes.* 33

CHAP. VI. *Des Terres grasses & pesantes, & les moyens de les améliorer.* 38

CHAP. VII. *Des Terres humides ou aquatiques, & de la maniere de les fertiliser.* 42

CHAP. VIII. *Des Terres séches ou brûlantes, & des moyens pour en corriger les défauts.* 50

CHAP. IX. *Des Terres maigres & usées, & des moyens de les ranimer.* 53

CHAP. X. *Du Labourage.* 65

CHAP. XI. *Des Semailles, & du choix des Semences.* 76

CHAP. XII. *Des Fumiers & autres engrais, comme Marne, Chaintres, Terreaux, &c.* 88

TABLE DES CHAPITRES.

CHAP. XIII. *Des Bestiaux & du soin qu'on doit en avoir.* 116

CHAP. XIV. *Des Prairies artificielles.* 128

CHAP. XV. *Tems de faucher les fourrages.* 136

CHAP. XVI. *Méthode de cultiver les Terres par quart.* 138

CHAP. XVI. *De la maniere de perfectionner autant qu'il est possible, & de conserver les races des Bêtes à laine.* 142

Fin de la Table des Chapitres de la première Partie.

AVIS
AU PEUPLE
SUR
L'AMÉLIORATION
DE SES TERRES
ET LA SANTÉ
DE SES BESTIAUX.
SECONDE PARTIE.

Sola est medicina, quâ opus est omnibus.
Quintil. declamat. 268.

A AVIGNON,
Chez J. J. NIEL, Imprimeur-Libraire, rue de la Balance.

M. DCC. LXXV.

AVIS AU PEUPLE
SUR
L'AMÉLIORATION DE SES TERRES
ET
LA SANTÉ DE SES BESTIAUX.

SECONDE PARTIE.
Des Bestiaux & de leurs maladies.

OBSERVATIONS PRÉLIMINAIRES.

Es Auteurs vétérinaires dont M. Vitet a parlé dans ses ouvrages, & qu'il a trouvé excellens sont : Mémoires de l'Académie des Sciences de Paris : *Acta Physic. Medic. Academiæ Cæsareæ Naturæ curiosorum* : *Acta Medicorum Berolinensium in incrementum Artis & Scientiarum collecta*:

Acta Helvetica Physic. Math. Botanico-Medica : Acta Societatis Regiæ Scientiarum Upsuliensis : Acta Societatis Regiæ Londunensis : Linneus.

Ceux qu'il a jugé bons sont : Jugement de la Faculté de Paris, sur les Mémoires qui courent touchant la mortalité des bestiaux, vol. *in-4*. : Réflexions sur la maladie qui a commencé depuis quelques années à attaquer le gros bétail en divers endroits de l'Europe, par la Société des Médecins de Geneve, &c. vol. *in-12*.

Les médiocres sont : Jean Æmilian, vol. *in-4*. : Pascal Carroccollo, 2 vol. *in-fol*. : Artis Equestris Accuratissima institutio, 3 vol. *in-fol*. : George Sim. Vinteri, vol. *in-fol*. : Cristophe de Jussieu, vol. *in-12*. : Herment, Médecin du Roi, vol. *in-4*. : Lettres d'un Médecin de Paris à un Médecin de Provence, vol. *in-8*. : Mortimer, 4 vol. *in-12*. : Chanvalon, vol. *in-12*.

Les mauvais sont : un vol. *in-8*. imprimé à Venise en 1547, qui a pour titre en langue italienne : la manière de traiter les maladies des chevaux : Jean Vincent, vol. *in-8*. : Jean Hernard, vol. *in-4*. : Cæsar Fiarchi, vol. *in-4*. : Antoine Cito, vol. *in-4*. : René de Menon, vol. *in-12*. : Le Maréchal François, vol. *in-4*. : Dumesnil, vol. *in-4*. : Nicolas Beaugrand, vol. *in-8*. : Lepinai, vol. *in-4*. : François Liberali, vol. *in-4*. : Nicolas Hobokeni, vol. *in-12*. : l'Ecuyer François, vol. *in-8*. : le Manuel du Cavalier, vol. *in-12*. : l'Agronome, 2 vol. *in-8*. : Harput :

le Gentilhomme Cultivateur : le bon Fermier, vol. *in*-12. : la bonne Fermiere, vol. *in*-12. : Recette pour la maladie des Bestiaux, vol. *in*-16. Geneve.

Ceux qu'il a analysé sont : *Vegece* ; il trouve dans ses ouvrages beaucoup d'erreurs sur la description des maladies & leur curation.

La Médecine vétérinaire de *Ruellii*, qui n'est pas digne de sortir de l'oubli où elle est plongée depuis deux siécles.

Gesner, qui a recueilli les écrits des anciens, dont on ne peut tirer que très-peu d'avantage.

Aldrovende n'a fait que transcrire, sur la maladie des bestiaux, quelques anciens, *Vegece* & *Ruell*.

Ruini, qui a fait des erreurs grossières dans la description des maladies & leur curation, en ne fondant sa pratique que sur des médicamens échauffans & huileux.

Jourdain, qui n'a pas mieux réussi, qui croit à l'influence des astres sur les animaux, qui décrit quelquefois les maladies des hommes pour celles des chevaux.

Le Grand Maréchal François, qui est d'un mérite encore inférieur.

Delcampe, dont partie des remedes qu'il a prescrits, ne méritent pas d'être rapportés.

Conrard Peire, sur la rumination des bestiaux, ouvrage utile, mais ennuyeux par la prolixité.

Gerard Blasius, sur l'anatomie, sera toujours un ouvrage estimable aux curieux.

Soleiseil, qu'il a qualifié d'illustre par les services qu'il a rendus à l'art vétérinaire, Praticien très-instruit, multiplie trop les remedes pour chaque espèce de maladie ; il étoit persuadé que les rafraîchissans portoient préjudice aux chevaux, même à ceux qui étoient attaqués de maladie inflammatoire, & que les remedes échauffans étoient analogues au tempérament des chevaux, ce qui l'a induit en erreur dans le traitement de plusieurs maladies.

Lancisi est un auteur dont la réputation surpasse le mérite.

Carbon de Besgrieres, prescrit une infinité de remedes qui ne répondent point à l'indication des maladies.

André Galike mérite des éloges, pour un traité qu'il a fait sur la peste.

Snape, Anglois, traduit par M. Garsault, est un bon livre sur l'anatomie, quoiqu'avec beaucoup de fautes, & M. Garsault mérite à tous égards l'éloge des Savans & l'estime publique.

Gaspard Saunier ; il auroit mieux valu pour sa gloire, qu'au lieu de dire que son livre étoit le fruit, le travail de la vie entière de son père & de lui, il eût démontré qu'il étoit versé dans l'anatomie & le traitement des maladies ; mais il semble qu'il s'est efforcé de prouver le contraire.

Le Comte de Nevvcastle, sur l'équitation, les haras, a fait un livre admirable.

La Connoissance parfaite des chevaux, est un livre justement plongé dans l'oubli.

Bernard Valentini a fait un livre qu'il faut ranger au nombre des inutiles.

Le Parfait Cocher auroit mieux fait de ne jamais écrire, ou de supprimer son ouvrage.

Bernard Monchard, sur l'épidémie de 1745, ne l'a décrite que très-imparfaitement.

Abraham Ens, sur la maladie épidémique de 1746, a fait un excellent ouvrage.

Bourgelat a fait des merveilles dans tous ses ouvrages ; sa matière médicale est très-intelligible & utile aux artistes.

Buffon & d'Aubanton. Ceux qui aiment l'art vétérinaire doivent les suivre pas à pas.

Chesner, sur les haras, n'a rien ajouté aux écuyers qui l'ont dévancé.

Lafosse pere ; ses observations sont très-instructives.

Le Nouveau Parfait Maréchal par Garsault, quoiqu'avec beaucoup de fautes, occupera toujours un rang distingué.

Hastfer, ses ouvrages sont dignes de l'admiration du public, quoiqu'avec plusieurs fautes.

Lugard a traité de la maladie épidémique, régnant en Angleterre en 1757 ; il auroit pu simplifier les remedes dont il s'est servi.

L'Encyclopédie, dans l'exposition des animaux, de leurs maladies & de leur curation, rassemble les connoissances des plus savans hommes.

Ronden, ses observations sur des articles de l'Encyclopédie, concernant la maréchalerie, annoncent le praticien expérimenté & l'auteur impartial.

Reinier, sur la maladie épidémique, connu sous le nom de Louvet, est digne de la réputation dont il jouit.

Pleneis, sur la maladie épidémique de 1761, a fait un excellent ouvrage fondé sur l'expérience.

On doit suivre les sages conseils de l'auteur des considérations sur les moyens de rétablir en France les bonnes espèces de bêtes à laine, & son instruction sur la manière d'élever & perfectionner la bonne espèce.

La Médecine des Chevaux, à l'usage des laboureurs, n'est qu'une copie peu exacte.

La Nouvelle Maison Rustique, jouit de beaucoup de célébrité à juste titre.

Michel Sagard, a parfaitement détaillé l'épidémie qui régnoit en Moravie en 1764, & donné les remèdes curatifs.

Bruand, son mémoire sur les maladies contagieuses & épidémiques des bêtes à laine, a eu l'approbation d'une Académie célébre.

Le Gentilhomme Maréchal, traduit de l'Anglois par *Dupuy d'Emportes*, ne paroît pas être goûté par M. Vitet.

Boutrole, n'a rien d'intéressant dans le parfait Bouvier, qu'une dissertation sur la morve, par *Malouin*.

Le Cler, sur les maladies contagieuses du bétail, a fait un bon ouvrage.

Barbeiret, de même.

Le Guide du Maréchal, par Lafosse fils, est exact, succint & clair ; le traitement des maladies en est sage, peu dispendieux & facile.

Sind, n'a pas donné distinctement & exactement le caractère essentiel de chaque maladie, & les remèdes sont trop compliqués.

Les Démonstrations Elémentaires de Botanique, sont excellentes.

Le Dictionnaire Economique de Chomel, est un recueil d'excellent, de bon, de médiocre & de mauvais.

D'Aubenton, son Mémoire sur la rumination des bêtes à laine, a une mauvaise théorie & une mauvaise pratique.

L'Essai sur les Haras, n'est pas d'un homme de lettres, d'un écuyer, ni d'un maréchal instruit.

Huvel, ses dissertations sur le farcin, se réduisent à une connoissance de ce que les auteurs les plus célèbres ont écrit sur le farcin ; on attend tous les jours le *Breuvage Antifarineux* qu'il a promis.

OBSERVATIONS GÉNÉRALES
concernant les Maladies des Bestiaux.

IL faut tenir les étables & les écuries propres, & les parfumer avec le genièvre & le soufre, ou avec du fort vinaigre qu'on répandra sur une pêle bien chaude.

Il faut avoir grand soin de séparer les bêtes malades d'avec les saines, & abreuver celles-ci autant qu'on pourra dans l'eau courante, & les priver de tout fourrage corrompu.

Lorsqu'une bête malade est morte, il faut l'enterrer dans une fosse profonde.

Les artères battent ordinairement à un bœuf bien portant, jusques à trente-six ou trente-huit fois par minute; de-là on peut juger du degré de fièvre d'un malade : si l'artère ne bat qu'un tiers plus vîte, elle n'est pas extrêmement forte. Quand cette augmentation est d'une moitié, elle est forte & très dangereuse, & presque mortelle quand le battement ordinaire est double.

Les artères du cheval adulte battent environ quarante fois dans une minute, & les artères de la brebis environ soixante fois.

La langue est encore une boussole qu'il faut consulter pour juger de l'intensité de la maladie, & quelquefois de son caractère; malheureusement les ignorans s'attachent plutôt à toucher les égumens, les naseaux, les oreilles & les cornes; à considérer les yeux, les flancs & le ventre, qu'à regarder la langue & à toucher l'artère.

L'animal en parfaite santé a la langue fraîche, vermeille & d'une couleur tirant sur le rose pâle; si elle s'éloigne de cet état, on doit aussitôt y faire attention pour juger jusques à quel point les fonctions digestives & vitales peuvent être.

Lorsque la langue prend de la blancheur l'appétit diminue; plus elle devient blanche & limoneuse, plus le dégoût augmente: dans ce cas on ne doit jamais saigner, & donner au cheval de l'extrait de genièvre, du son humecté d'eau saturée, de sel marin, de l'assa fœtida renfermé dans un nouet; à la brebis, du sel mêlé avec du son; au bœuf, une salade apprêtée avec beaucoup de sel, peu d'huile & de vinaigre, & si cela ne réussit pas, il faut administrer un breuvage purgatif composé d'aloës délayé dans une infusion de feuilles d'absinthe, présenter moins de nourriture, donner de l'eau pure pour boisson, & procurer à l'animal un exercice modéré.

La langue séche & d'un rouge âcre, est ordinairement accompagnée d'une grande altération, de l'agitation du pouls, de difficulté de respirer, & d'une urine peu abondante, plutôt trouble que limpide.

Pour remédier aux accidens qu'elle paroît présenter, il faut faire boire abondamment de l'eau blanche nitreuse, ou de l'eau miellée; réitérer les lavemens composés d'une décoction d'orge & de nitre, ou de plantes fraîches & mucilagineuses ; éloigner tous les échauffans, & laisser l'animal tranquille ; changer souvent de litière & le faire baigner ; si les chaleurs sont vives, il faut saigner à la veine jugulaire ceux qui abondent en sang, éloigner les purgatifs, les acides minéraux & végétaux à trop haute dose, l'eau vive & froide & le foin fertile en plantes aromatiques.

La langue jaune annonce qu'il faut chercher à rétablir les fonctions du foie ; les purgatifs, excepté l'aloës & la rhubarbe, doivent être rejettés, encore faut-il n'avoir éprouvé aucun bon effet des feuilles de chélidoine, d'aigremoine, de fumeterre & de chicorée ; car souvent cette couleur se dissipe d'elle-même, ou par le moyen de la diète, de l'exercice modéré & de quelques lavemens.

La langue noirâtre & séche, annonce que les forces musculaires sont affoiblies, que l'appétit est détruit & les forces vitales diminuées, & ne donnez jamais des purgatifs. Donnez au bœuf, le petit lait, les breuvages nitreux & acidules ; au cheval, la boisson blanche nitreuse, les bols de camphre & de nitre, l'infusion d'absinthe saturée de crême de tartre ; au mouton, de la crême de tartre mêlée avec le sel marin, & pour boisson une petite quantité d'eau blanche un peu salée.

La diète dans les maladies fébriles est le premier remède & le plus essentiel. On la divise en trois, la diète tenue ou rigoureuse doit servir de boisson & de nourriture, & consiste à l'eau blanchie avec un peu de son, une légere infusion de racine de reglisse ou de guimauve : s'il y a vive chaleur & inflammation, on y ajoutera ou de nitre ou de crême de tartre, & si la respiration est gênée, du miel.

La diète médiocre admet deux ou trois livres de son, par jour, au cheval & au bœuf, & à proportion à la brebis.

La diète pleine se borne à laisser manger au malade la moitié des alimens, dont le malade a accoutumé de se nourrir en parfaite santé.

Lorsque la fiévre est à son dernier degré d'accroissement, il faut rendre l'eau blanche plus nutritive, en y délayant de la farine ou une plus grande quantité de son.

En général, il faut observer que plus la fiévre a d'intensité, plus la diète doit être tenue.

Dans ces maladies, il faut éloigner tout breuvage irritant & échauffant, tel que le vin, &c.

Dès que l'animal commence à se remettre, on le ramenera peu à peu à sa nourriture ordinaire.

Il ne faut jamais saigner le malade après le quatrième jour de la maladie fébrile.

Par ignorance les maréchaux & autres, saignent dans quelque espèce de fiévre que ce soit.

Si l'animal est à la fleur de son âge, si

son pouls est plein, s'il a les veines gonflées, les yeux rouges, enflammés, les cornes chaudes; s'il y a de difficulté de respirer considérable, saignez sur le champ ou à la veine jugulaire ou ailleurs.

Si l'animal est âgé ou trop jeune, s'il est foible, maigre, exténué de fatigue, s'il a diarrhée ou dissenterie, s'il sue beaucoup, si le ventre est extrêmement tuméfié, s'il éprouve un froid général, ne pratiquez point la saignée.

Ne suivez jamais la pernicieuse méthode des maréchaux, de purger l'animal fébricitant après la saignée, ce qui en fait périr un grand nombre, parce que les bestiaux éprouvent rarement de bons effets des purgatifs dans les maladies fébriles, excepté dans les fiévres continues, encore faut-il ordinairement préférer pour le cheval les lavemens purgatifs: si la fiévre les exige absolument, purgez au commencement de la maladie, s'il n'existe ni tension ni inflammation dans les premieres voies, & si la fiévre n'est pas aigue.

Dans l'accroissement ils sont accompagnés de mauvais succès, tenez vous-en aux lavemens composés de doux purgatifs.

Pour une fiévre qui se terminera par les urines, les selles & l'expectoration, il y en a quatre qui se dissiperont par les sueurs; l'état des urines annonce toujours quel sera l'effet des sueurs; si elles sont en petite quantité, rouges & troubles, la sueur sera avantageuse; au contraire, si elles sont abondantes, aqueufes & tranfparentes, la crife fera imparfaite: dans le premier cas, entretenez la fueur par des boiffons un peu mucilagineufes & tiedes, & dans le deuxieme, excitez-la par des boiffons légérement fudorifiques, particulièrement fi la fiévre eft vers fon déclin.

Il ne faut jamais adminiftrer les fudorifiques dans les commencemens des maladies, ils augmentent les fymptômes & font périr l'animal le troifième ou cinquième jour.

Lorfque la nature paroît incertaine fur la voie qu'elle veut faire tenir à la matière fébrile, appliquez les vefficatoires, furtout dans les fiévres malignes & avec éruption, & lorfque les forces vitales font abattues & que l'éruption tarde à fe montrer ou menace de difparoître.

Ne les appliquez jamais fur les animaux attaqués de fiévre, où les humeurs des premières voies tendent vers la putréfaction, ni dans les fiévres accompagnées d'une chaleur exceffive & qui arrivent pendant l'été, encore moins dans les fiévres avec mouvement convulfif.

Toute fiévre fe termine par quelque évacuation fenfible, l'agitation continuelle de l'animal, la fécherefle des matieres fécales, la tenfion légére du ventre, la fécherefle de la peau, l'envie fréquente d'uriner, annoncent que la crife va s'exécuter du côté des urines.

Si les tégumens fe relâchent, s'échauffent ; si les extrêmités, les épaules & les cuisses deviennent chaudes & moites ; si le pouls est plein & souple, attendez-vous à une sueur critique, surtout si les urines sont en petite quantité & si le ventre est resserré.

Les borborygmes, la tuméfaction plus ou moins douloureuse de l'abdomen, l'agitation continuelle du corps, sont les signes avant-coureurs d'une crise par les selles.

La respiration laborieuse, les yeux rouges & gros, les expirations fortes & souvent sonores, avec expulsion des matieres contenues dans le nez, annoncent la crise par l'expectoration.

Le praticien qui connoît la route que la nature veut faire tenir à la matiere fébrile, doit administrer les remedes propres à la seconder.

Dans toutes les maladies malignes & épidémiques, tous les auteurs sont d'accord que les setons avec l'ellébore sont du plus grand secours, & ceux faits avec les crins détaillés ci-après, sont un préservatif qui a rarement manqué.

Pendant la derniere épizoolie qui a régné en Silésie, les riches propriétaires préserverent leur bétail au milieu de toutes sortes de bestiaux malades, en donnant tous les matins à chaque bête sur une tranche de pain, autant de sel & des graines de geniévre en poudre qu'on peut en prendre entre les cinq doigts ; il n'en mourut pas une seule de celles qui furent ainsi traitées.

Dans les campagnes de Brunswick, le village de Ruhme fut exempt de l'épidémie qui les ravageoit, par les précautions de faire saigner leur bétail, de leur donner le préservatif précédent, & de leur frotter les naseaux avec un pinceau trempé dans du baume de soufre. Tous les villages voisins perdirent leurs bestiaux, tandis qu'il ne mourut pas un seul animal dans celui-ci.

On a remarqué qu'il n'y a jamais eu de maladie épisootique dans les endroits où il y a des salines, & que les eaux & les herbes sont imprégnées de sel.

M. Tolle, Curé de Bordenace dans l'Hanovre, a préservé tout son troupeau par le simple usage du sel, & toutes les étables du voisinage ont été infectées excepté la sienne.

Un agriculteur du même pays a fait venir six Suisses pour gouverner ses vaches, distribuées en troupeaux d'environ 80 bêtes.

A six heures du matin ces Suisses vont, après avoir nettoyé les auges, donner à chaque vache autant de sel qu'il peut en tenir entre quatre doigts, ils le leur mettent même dans la gorge; ensuite on donne à chaque bête trois ou quatre livres de foin : on les trait, on les mene boire, & pendant ce tems-là on nettoie l'écurie. Au retour, chaque vache a deux livres de paille de toute espèce; point de paille hachée ou de grain égrugé, ou de mare, &c. A six heures du soir on commence le même repas; le sel l'ouvre, & le reste. Ce bétail prospére merveilleusement.

Tous ces faits, & mille autres, confirment une vérité très-constante, & très-anciennement & inutilement connue, (malgré tout ce qu'en dit M. Carlier dans ses ouvrages;) qu'il faut indispensablement, & sous peine de l'anéantissement du bétail, leur donner du sel.

Suivant les expériences du fameux M. Linné, la ciguë fait mourir les vaches & sert de nourriture aux chevres; l'acomit ne fait point de mal aux chevaux & tue la chevre; les amandes ameres causent la mort au chien; le persil tue le perroquet & nourrit le porc; le poivre fait mourir le cochon & ne fait pas cet effet sur les brebis.

Les pâturages marécageux sont toujours nuisibles aux brebis.

Les bœufs, suivant cet Auteur,
mangent . . . 276 plantes, refusent 218
Les chevres . 499 126
Les brebis . . 387 141
Les chevaux . 262 212
Les porcs . . 172 171

CHAPITRE PREMIER.

Du Cheval & de ses maladies.

LA plus noble conquête, dit M. Buffon, que l'homme aye jamais pu faire, est celle de ce fier & fougueux animal, qui partage avec lui les fatigues de la guerre & la gloire des combats. Aussi intrépide que son maître, le cheval voit le péril & l'affronte ; il se fait au bruit des armes, il l'aime, il le cherche & s'anime de la même ardeur. Il partage aussi ses plaisirs à la chasse, aux tournois, à la course. Il brille, il étincelle ; mais docile autant que courageux, il ne se laisse point emporter à son feu : il sait réprimer ses mouvemens ; non-seulement il fléchit sous la main de celui qui le guide, mais il semble consulter ses désirs, & obéissant toujours aux impressions qu'il en reçoit, il se précipite, se modére ou s'arrête, & n'agit que pour le satisfaire. C'est une créature qui renonce à son être, que pour exister par la volonté d'un autre, qui sait même le prévenir ; qui par la promptitude & la précision de ses mouvemens, l'exprime & l'exécute ; qui sert autant qu'on le désire, & ne se rend qu'autant qu'on veut ; qui se livrant sans réserve, ne se refuse à rien, sert de toutes ses forces, s'excéde & même meurt pour mieux obéir.

Pour qu'un cheval soit beau, il faut qu'il soit grand, âgé de six ans, sain & relevé de devant.

Sa tête doit être seche, & menue sans être trop longue ; ses oreilles petites, déliées & bien plantées sur le haut de la tête ; le front étroit & un peu convexe ; les salieres remplies ; les yeux vifs, assez gros & avancés à fleur de tête ; la ganache décharnée & peu épaisse ; les naseaux bien ouverts, les lévres déliées & la bouche médiocrement fendue.

Le garrot élevé & tranchant, les épaules

sèches & plates; le poitrail large, bien ouvert entre les bras; le dos égal, uni; les flancs pleins & courts, la croupe ronde & bien fournie; les tégumens couverts d'un bon poil, comme noir de jais, beau gris, bai olésan, isabelle, doré avec une raie de mulet; les crins & les extrémités noirs.

Le genou rond en devant, le jarret ample & évidé, les canons minces sur le devant & larges sur les côtés, le tendon bien détaché, le boulet menu, le fanon peu garni, le paturon gros & plutôt court que long.

La couronne peu élevée; la corne noire, unie & luisante; le sabot haut, les quartiers ronds, les talons larges & médiocrement élevés; la fourchette menue & maigre, & la sole épaisse & concave. Avec toutes ses perfections extérieures, il faut qu'il aye du courage, de la docilité, de l'ardeur, de l'agilité, de la sensibilité dans la bouche, de la liberté dans les épaules & de la souplesse dans les hanches.

S'imaginer que l'étalon contribue seul à la beauté du poulain, c'est tomber dans une erreur que l'expérience démontre tous les jours: la structure, la taille & la vigueur des poulains, dépendent autant des jumens que des étalons.

Il faut donc avoir des jumens bien faites, de bonne race, relevées du devant, bien fournies, épaisses, bonnes nourrices, grandes de corps sans avoir le corsage trop long; les côtes ouvertes & amples; la poitrine ouverte; les extrémités bien faites, & la queue garnie de poils. Avec un tel choix, on aura de belles productions.

Dès que la jument pleine est au terme de mettre bas, on doit la placer seule dans une loge assez spacieuse sans y être attachée, & toujours avec de la bonne litiere.

Après la naissance du poulain, la jument doit rester huit ou dix jours sans sortir de sa loge, & il faut la nourrir abondamment de bon foin, du son de froment & d'orge, & lui donner pour boisson de l'eau blanche tiéde : ensuite mettre la mere & le poulain à l'herbe, & les y laisser le plus long-tems qu'il sera possible; l'air & la pâture les font devenir plus vigoureux, & éviter le plus qu'on pourra les pâturages marécageux.

C'est ordinairement à un an qu'on sévre le poulain. Deux ou trois jours auparavant on le sépare de la mere, à laquelle on ne le rend que le lendemain, afin qu'en se remplissant de lait plus abondamment & plus avidement, pour la dernière fois, il en soit plus gros & plus dispos.

Il faut le tenir dans une écurie nette, & où la mangeoire & le râtelier soient bas, afin qu'il s'étende & se délie mieux; il ne faut pas lui laisser manquer de litiere; il ne faut pas l'attacher, ni le toucher le moins qu'on peut.

Outre la pâture, il faut lui donner du son pour l'exciter à boire, pour qu'il acquiere du boyau, & quelque peu d'avoine grossièrement moulue.

La pâture est bonne aux poulains pendant

tout l'été, & ils en deviennent plus forts ; mais il ne faut pas oublier de leur donner du grain. L'hiver venu, on doit les tenir chaudement & leur donner une bonne nourriture ; de tems en tems les faire sortir quand le tems est beau.

Il faut couper le crin de la queue des jeunes chevaux, deux ou trois fois l'an, pour qu'ils l'ayent plus belle & plus touffue.

A l'âge de deux ans il faut les faire hongrer, si on les destine à monter ou au travail ; mais ne les monter ni les faire travailler pour le plutôt qu'à l'âge de quatre ans révolus. On aura alors des chevaux qui soutiendront la fatigue & dureront longtems.

Détaillons à présent les maladies du cheval.

Maladie appellée Féve ou Lampas.

C'est une excroissance de chair grosse comme une féve, qui se forme dans le palais auprès des primes ou premières dents de dessus, & les surpasse ; ce qui empêche le cheval de manger.

Remede. Eloignez toutes les méthodes dont on s'est servi jusqu'aujourd'hui ; coupez avec un bistouri toute l'excroissance, & lavez la plaie toutes les quatre heures avec l'eau-de-vie & le vinaigre mêlés. *M. Vitet.*

Autre maladie appellée Barbe, Barbillon.

Ce font des excroiffances fermes qui viennent fous la langue, dont le bord eft tranchant; on les prendroit pour des prolongemens de la membrane qui revêt la peau poftérieure de la bouche, & qui empêchent l'animal de boire & de manger.

Remede. Coupez avec des cifeaux les barbillons, & lavez les plaies avec du vinaigre fimplement. *M. Vitet.*

Autre maladie appellée Tiq.

Le cheval appuye les dents fupérieures fur les bords ou au fond de la mangeoire, ou fur la longe du licol, ou fur les bords du râtelier; mange peu & lentement.

Remede. Le plus affuré eft de le faire manger où il n'y a point de créche, mais un fimple râtelier, & lui donner l'avoine dans un havrefac. M. *Soleifel.* M. *Vitet.* Ce premier obferve qu'il y a des chevaux fi attachés à ce caprice, qu'ils tignent fur le fer & fur le cuivre.

Autre maladie appellée Barres bleffées, ou bouche entamée.

Ce mal vient d'une écorchure ou bleffure que fait la bride, ou de quelqu'autre accident.

Remede. M. *Soleifel* confeille de frotter la partie bleffée, huit ou dix fois par jour, avec du miel rofat; M. *Vitet* avec du vin miellé; M. *de Lafoffe* fils, de placer dans la bouche du cheval, un billot enveloppé d'un linge couvert de miel, d'heure en heure, ou imbibé d'eau miellée fi l'os eft lézé.

Autre maladie appellée Dégoût.

Cette maladie vient par la dépravation des humeurs, ou pour avoir mangé des fubftances d'une faveur défagréable, ou pour avoir trop été pouffé au travail; le cheval eft dégoûté non-feulement quand il ne mange point, mais quand il mange beaucoup moins ou plus mollement qu'à l'ordinaire, que fa langue eft blanche, fes excrémens différens de l'état de fanté, que tantôt il eft altéré & tantôt il rejette les boiffons.

Remede. On donne une infinité de remedes pour cette maladie; mais l'obfervation, l'expérience & les Médecins que j'ai confulté, m'ont prouvé que la diete eft le plus grand remede avec un exercice modéré, & que cette méthode eft préférable à tous les médicamens; & je trouve que M. *Vitet*, malgré les remedes qu'il a indiqués pour cette maladie, l'a penfé de même dans l'analyfe qu'il a fait des ouvrages de M. *Soleifel*.

Autre maladie appellée Gourme.

Elle fe manifefte dans les jeunes chevaux

vaux par un engorgement des glandes maxillaires, par un écoulement d'une humeur visqueuse, gluante, roussâtre ou blanchâtre qui flue des naseaux, souvent par des tumeurs & des abcès sur différentes parties du corps : la gourme se fait donc jour par les naseaux, par les glandes maxillaires, ou par des dépôts; elle est ordinairement accompagnée du dégoût, de fievre & de battement de flancs.

Remede. Tenez les poulains affectés de gourme, chauds ; couvrez la ganache d'une peau de mouton; engraissez les glandes tuméfiées avec de l'huile de laurier ou de l'onguent althea; donnez des lavemens mucilagineux; injectez dans les naseaux de l'eau d'orge miellée : si la gourme attaque les poulmons, saignez abondamment; faites usage des mucilagineux, & évitez les cordiaux. M. *Bourgelat.*

Autre Remede. Appliquez sur la tumeur des cataplasmes faits avec la mie de pain & le lait; toutes les quatre heures, faites recevoir la vapeur de l'eau où auront bouilli des plantes mucilagineuses; donnez-en des lavemens : dès que l'abcès est formé, ouvrez-le, & couvrez l'ouverture d'un plumaceau chargé d'un digestif, jusqu'à ce que les duretés soient dissipées : appliques-y de l'étoupe cardée, & la cicatrice ne tardera pas à se faire.

Si la gourme se jettoit sur l'arriere bouche, saignez copieusement au plat des cuisfes, en continuant toujours les remedes ci-deſſus.

Si l'on craint un dépôt de gourme, faites à la partie inférieure du poitrail un féton avec l'ellébore, & entretenez-le quinze jours ou trois ſemaines. *M. Vitet.*

Autre Remede. Mettez l'animal à l'eau blanche ; ſaignez-le une ou deux fois. (*M. Vitet* obſerve que la ſaignée eſt nuiſible, à moins que l'animal ſoit pléthore); enveloppez la ganache d'une peau d'agneau ; faites reſpirer au malade la vapeur de l'eau chaude ; mettez ſous la ganache un cataplaſme émollient. Si la tumeur ſubſiſte dure & douloureuſe, appliquez-y du baſilicum ou de la graiſſe, ou du beurre : dès que la ſuppuration s'y eſt établie, ouvrez l'abcès & penſez-le avec le digeſtif, juſqu'à ce que la matière ſoit entierement écoulée, & faites cicatriſer l'ulcere avec du vin tiede : ſi la gourme eſt accompagnée de difficulté de reſpirer, d'une toux vive & d'une fievre aigue, faites des ſaignées copieuſes ; enveloppez le goſier de cataplaſme de mie de pain ; pour boiſſon, de l'eau blanche tiede ; retranchez toutes ſortes d'alimens ; donnez des lavemens émolliens : lorſque le pus commence à s'écouler par le nez, faites des injections déterſives. *M. Lafoſſe fils.*

M. Soleiſel obſerve qu'il faut avoir ſoin de ne donner à boire au cheval qui jette ſa gourme, que de l'eau qui ait bouilli, blan chie avec du ſon.

Autre maladie appellée Morfondure.

La morfondure est une toux avec écoulement de muscosité par le nez.

Remede. Saignez le cheval ; mettez-le à l'eau blanche tiede ; faites-lui respirer la vapeur de l'eau chaude, & tenez-le chaudement. *M. Lafosse fils. M. Vitet* ajoute, que pour nourriture, il faut donner à l'animal du son mêlé avec du miel, un peu d'eau tiede, & un peu de paille après quatre ou cinq jours ; & dès que la matière évacue par les naseaux, parfumez-le avec l'encens ou le benjoin : donnez-lui deux ou trois lavemens par jour avec la décoction de racine de guimauve tenant en solution du nitre, & matin & soir demi livre de miel.

M. Soleisel dit qu'on peut traiter les chevaux enrhumés ou morfondus, comme ceux qui ont la gourme.

Autre maladie appellée Toux séche.

L'animal tousse sans rendre aucune matiere par les naseaux.

Remede. L'eau blanche tiede & miellée, l'infusion de racine de réglisse avec du miel, une petite quantité de fleur de soufre incorporée avec beaucoup de miel, les lavemens mucilagineux, la saignée s'il y a pléthore, la paille pour nourriture, les vapeurs d'eau chaude, sont les remedes indiqués.

Si la toux est fréquente & forte, il y a à craindre une inflammation de poitrine : saignez à la jugulaire deux ou trois fois en quarante-huit heures ; les boissons mucilagineuses, les vapeurs aqueuses & les lavemens adoucissans, sont pour lors d'un grand secours. *M. Vitet.*

Autre maladie appellée Morve.

C'est un écoulement par les naseaux d'une humeur virulente & contagieuse, avec tuméfaction d'une ou plusieurs glandes maxillaires, sans fièvre & sans perte d'appetit : ordinairement l'animal ne rend que par un naseau, rarement de deux ; la matière change de couleur, vient d'un blanc jaunâtre, le volume & la dureté des glandes s'accroissent, l'humeur prend une couleur verdâtre, & tombe au fond de l'eau.

Remede. Tous ceux qui ont écrit sur l'art vétérinaire jusqu'aujourd'hui, n'ont trouvé encore aucun remede spécifique pour cette maladie, & ne sont pas seulement d'accord sur l'endroit où réside le virus morveux ; ainsi je ne perdrai pas mon tems & n'ennuyerai pas à détailler les remedes indiqués ; je me contenterai seulement de dire, que pour préserver les chevaux de la morve, il faut frotter matin & soir les orifices extérieurs des naseaux du cheval avec de l'huile de térébenthine, parfumer l'écurie avec parties égales d'encens

& de soufre, & faire prendre tous les jours à l'animal deux ou trois onces de fleur de soufre mêlées avec du son. *M. Vitet.* C'est en suivant cette méthode, dit-il, que j'ai préservé de la morve deux chevaux qui habitoient avec un cheval morveux au dernier degré.

Autre maladie appellée mal de Tête.

Lorsque le cheval est attaqué de cette maladie, il tient la tête baissée, il a l'œil enflammé & le front chaud.

Remede. Prenez de la sauge & de la marjolaine de chacun une bonne poignée, une once de gaïac & demi once d'assa fœtida; faites infuser le tout huit ou dix heures, & donnez-lui le matin dans du vin, & tenez-le bridé trois heures avant & trois heures après.

Donnez-lui tous les soirs un lavement avec une poignée de mauve, guimauve, pariétaire & violette bouillie dans deux pintes d'eau, que vous ferez réduire à trois chopines ; ajoutez trois onces séné : coulez le tout, ensuite mêlez-y une demi livre de vin émétique, & trois onces d'hiere & de coloquinte. *L'Auteur de la Nouvelle Maison Rustique, après M. Soleisel.*

Autre maladie appellée Vertige.

Cette maladie ôte tellement l'usage des sens à l'animal, qu'il est presque sans connoissance : ce mal le fait chanceler & tomber, & même se donner de la tête contre les murs.

Remede. Il faut saigner l'animal des flancs & du plat des cuisses, ensuite lui donner un lavement avec deux pintes de vin émétique & un quarteron d'onguent populeum; laissez-le reposer quelque tems, & donnez-lui un autre lavement avec cinq chopines de vin, deux onces de scories en poudre fine; faites bouillir le tout cinq ou six gros bouillons; ajoutez-y un quarteron d'onguent rosat; donnez-lui tiede, & réitérez.

Il faut avoir soin de lui frotter les jambes avec des bouchons mêlés d'eau tiede, & ne lui donnez pour aliment que du son & du pain de froment; & pour boisson, de l'eau blanche, & promenez-le de tems en tems. *M. Soleisel.*

Autre Remede. Réitérez cinq ou six fois la saignée aux flancs & au plat des cuisses dans l'espace de vingt-quatre heures; environnez toutes les parties postérieures de larges vésicatoires faites avec les scarabées; donnez-lui toutes les quatre heures un lavement composé d'une infusion de séné saturé de nitre; appliquez sur la tête des étoupes imbibées d'eau-de-vie & de vinaigre; faites boire au malade quantité de boisson blanche tenant en solution plus ou moins de nitre ou de crême de tartre; ne donnez aucune espèce de nourriture jusqu'au cinquième jour: si vous ne pouvez saigner l'animal, coupez-lui la queue, &

laissez évacuer du sang jusqu'à ce qu'il paroisse extrêmement affoibli. *M. Vitet.*

Autre maladie appellée mal de Feu, mal d'Espagne.

Le malade a la tête basse, la bouche brûlante, l'air triste, les yeux gros & larmoyans, ne se couche que rarement & s'éloigne de la mangeoire; ses poils tombent, le cœur & les arteres battent avec force & fréquence; le malade pert l'appétit & ne peut fienter.

Remede. Faites le même que ci-dessus; ajoutez-y seulement les fomentations mucilagineuses sur les parties postérieures, les bains de vapeur, & même les ventouses sur la croupe, si les remedes indiqués ne procurent aucun soulagement. *M. Vitet. M. Lafosse fils.*

Autre maladie appellée mal de Tête de contagion.

La tête du malade devient extrêmement grosse, les yeux enflammés, tuméfiés & larmoyans; il coule par les naseaux une matière jaune, dont le seul attouchement est capable de communiquer aux animaux sains: elle se termine ordinairement le cinquieme ou septieme jour par la mort ou la suppuration des glandes maxillaires.

Remede. Parfumez le malade & les écuries avec de l'eau-de-vie & du vinaigre; frottez les glandes avec l'onguent de scarabée ; donnez des lavemens comme ceux indiqués ci-deſſus, toutes les quatre heures, même boiſſon & même nourriture ; dès que l'abcès eſt ouvert, penſez-le avec l'onguent égiptiac : ſi les tégumens ſont trop épais, ouvrez-les avec un inſtrument tranchant. *M. Vitet.*

Autre maladie appellée Etourdiſſement, Tournoyement.

L'animal chancele en marchant, & le moindre corps qu'il rencontre le fait tomber ; dans la chute, il évite de donner de la tête ; hors de l'écurie, ſouvent il tourne comme dans un cercle.

Remede. Saignez promptement au plat des cuiſſes, même boiſſon & même nourriture. Donnez trois ou quatre lavemens comme ci-deſſus en vingt-quatre heures ; ſi après cet eſpace les ſymptômes ne diminuent pas, réitérez la ſaignée juſqu'à deux fois en douze heures ; continuez les lavemens ; tenez les extrêmités humectées d'eau chaude ; appliquez des véſicatoires ſur le plat des cuiſſes : lorſque l'animal commence à ſe rétablir, promenez-le au pas dans un terrain uni. *M. Vitet.*

Autre maladie appellée Fluxion ſur les yeux.

Remede. L'Auteur de la Nouvelle Maiſon Ruſtique dit, qu'il ne faut jamais ſaigner le cheval qui a une fluxion ſur les yeux, qu'il faut lui ôter l'avoine, le laisser repofer, lui donner du fon mouillé, le tenir dans une écurie tempérée, & lui laver fouvent les yeux avec de l'eau fraîche.

Autre maladie appellée Coup à l'œil.

Remede. Prenez fix onces d'eau rofe, demi-once de tutie préparée, demi-gros de faffran, deux onces de fucre candi, & une once de coupe-rofe blanche; mêlez le tout & le remuez bien, & mettez-en deux fois par jour dans l'œil du cheval; fi le coup eft confidérable, il faut faigner. *L'Auteur de la Nouvelle Maifon Ruftique.*

Si la corne tranfparente a été bleffée, en conféquence enflammée, faignez une ou deux fois le malade; mettez-le à l'eau blanche & à la paille, & baffinez l'œil avec la décoction de plantain & de fleurs de rofe. *M. Lafoffe fils.*

Autre maladie appellée Taches blanches dans l'œil.

Evitez tous les médicamens acides & fpiritueux; fervez-vous des parfums aromatiques, tels que l'encens, le benjoin, le tabac, &c. comme les plus efficaces: le vitriol blanc mis en folution dans une infufion de feuilles de chélidoine incorporée avec partie égale de miel, a quelquefois produit de très-bons effets. *M. Vitet.*

Autre maladie appellée Cataracte.

M. *Vitet*, après avoir donné les remedes préparatifs, enseigné la maniere d'abattre la cataracte, finit par conseiller de ne pas le tenter à cause de l'incertitude de l'opération, & garder son cheval borgne ou aveugle.

Autre maladie appellée Affection lunatique.

Le cheval a l'œil trouble en certain tems de la lune, & en d'autres l'œil assez beau, de maniere qu'on le croit fort sain dans le dernier tems.

Remede. Les sétons à l'encoulure ou au poitrail, & les urinaires paroissent les meilleurs remedes. *M. Vitet.*

Autre maladie appellée Eponge.

L'éponge est une tumeur du caractère de la loupe, située à la tête ou à la pointe du coude.

Remede. Après avoir tenté inutilement & infructueusement les résolutifs, emportez la tumeur avec le bistouri, & pensez l'endroit qu'occupoit la tumeur comme une plaie simple. *M. Bourgelat.*

Autre maladie appellée Hémorragie.

C'est une perte de sang par le nez ou par la bouche.

Remede. Il faut saigner abondamment &

plusieurs fois, si le mal continue ; lui donner une nourriture rafraîchissante ; pour boisson, de l'eau blanche, des lavemens rafraîchissans ; le mettre pendant une heure dans l'eau jusqu'aux flancs ; si c'est en été, & dans une autre saison, lui mouiller souvent les testicules & le fourreau avec de l'eau fraîche. *M. Soleisel.*

Autre Remede. Si l'hémorragie est nasale, il faut laisser un libre cours au sang s'il n'affoiblit pas trop le malade ; dans le cas contraire, il faut environner le cou du malade de linges trempés dans l'eau fraîche : si elle ne diminue pas, appliquez des linges remplis de glace autour du cou ; introduisez par le moyen d'une sonde dans la narrine, une tente d'étoupe soupoudrée de vitriol blanc ; si l'hémorragie ne céde pas, donnez en boisson un breuvage composé d'une dragme d'alun & d'une livre d'infusion de feuilles de sanicle. *M. Vitet.*

Autre maladie appellée mal de Cerf.

C'est un rhumatisme qui tient les mâchoires & le cou de l'animal si roides, qu'il ne peut les mouvoir ni manger.

Remede. La diete, la saignée, les mucilagineux en boisson & en lavement, les sétons & les lavemens purgatifs sur la fin de la maladie. *M. Lafosse fils.*

Plusieurs autres habiles Maréchaux préférent les bains, les sudorifiques & les aromatiques en boisson & en lavement, les parfums aromatiques & les fétons.

Autre Remede. Faites infuser dans l'eau blanche quantité de fourmis ; donnez-la en breuvage, réitérez trois ou quatre fois par jour; donnez-la aussi en lavement ; exposez l'animal à la vapeur de l'eau bouillante : si la sueur s'établit, augmentez la dose des fourmis ; bouchonés légérement : si après deux jours il n'y a pas de soulagement, couvrez-le de fumier excepté la tête, & l'y laissez pendant douze heures, & donnez pendant ce tems le breuvage de fourmis.

Les fétons au poitrail, aux cuisses, au ventre ; les étoupes brûlées sur le dos, les épaules, le cou & la croupe, ne doivent être employés qu'après avoir épuisé le remède ci-dessus. *M. Vitet* n'est point d'avis de la saignée & des purgatifs.

Autre maladie appellée les Avives.

C'est une inflammation, qui faisant enfler les glandes d'auprès du gosier du cheval, lui empêche la respiration, & court risque d'être étouffé, s'il n'est secouru promptement. L'animal pert l'appétit, tient la tête baissée, a les oreilles froides, se vautre, se couche, se leve souvent & se tourmente à cause des douleurs qui l'oppriment, & des tranchées qui sont inséparables de ce mal.

Remede. Eloignez tous les remedes pratiqués jusqu'aujourd'hui ; tirez des veines qui rampent sur le ventre & au plat des cuisses, quinze ou vingt livres de sang en vingt-quatre heures; donnez quatre ou cinq lavemens dans la journée: les trois premiers composés d'un citron coupé par tranches, d'un once de feuilles de séné ou une once d'aloës, & cinq livres d'eau; les deux autres avec de l'eau blanche tenant en solution du nitre; placez un séton fait avec l'ellébore au bas ventre ou auprès de la cuisse; la nourriture se réduira au petit lait, à l'eau blanche, au suc de laitue & aux émulsions d'amande & de semence de courge mêlées avec beaucoup d'eau.

Appliquez sur la tumeur des étoupes trempées dans du vinaigre saturé de sel marin: si l'inflammation ne souffre aucune diminution, faites des fomentations avec le lait & des cataplasmes de mie de pain, que vous changerez toutes les six heures.

Dans tous les cas où l'inflammation des parotides se termine par la suppuration, elle doit être conduite avec beaucoup d'attention; dès qu'on s'apperçoit de la moindre fluctuation, ouvrez l'abcès; pensez l'ulcère avec le digestif aiguisé d'eau-de-vie, jusqu'à ce que les chairs commencent à revenir; & terminez la curation avec des plumaceaux d'étoupe cordée. *M. Vitet.*

Autre maladie appellée Scorbut.

Voyez ci-après au chapitre des bœufs.

Autre maladie appellée Taupe.

C'est une tumeur inflammatoire située sur le sommet de la tête entre les deux oreilles : cette tumeur dans le commencement devient molle, & contient une espece de pus ou d'eau rousse.

Remede. Fomentez la tumeur récente avec de l'eau salée ; si elle ne diminue pas au bout de cinq ou six jours, & si vous y sentez une fluctuation, ouvrez l'abcès suivant sa longueur, en observant de ne pas endommager l'origine du grand ligament, & traitez la plaie comme ulcère simple. *M. Lafosse fils.*

Autre maladie appellée Ciron.

Il croît sur la face interne des lévres, de petits boutons blancs peu sensibles.

Remede. Coupez chaque bouton avec des pincettes tranchantes, & lavez la bouche de l'animal avec du vin & du miel. *M. Vitet.*

Autre maladie appellée Polype.

C'est une excroissance saillante d'une structure fongueuse ou charnue, qui vient de la membrane pituitaire, & se prolonge plus ou moins dans les fosses nazales.

Remede. L'incision, l'extirpation, la cautérisation & les caustiques ont de grands inconvéniens : à l'aide d'une porte-anse ou serre-nœud, & du conducteur de l'anse, faites la ligature du polype près de sa base; au bout de quelques jours il tombe, ne paroît point d'hémorragie, & il s'établit rarement avec supuration. *M. Vitet.*

Autre maladie appellée Sortie involontaire de la langue.

La langue pend involontairement hors de la bouche, excepté dans le tems où l'animal mange.

Remede. Frottez deux fois par jour la langue avec du vin saturé de racine de pierrette & de sel marin; appliquez-y de la coloquinte: si c'est mauvaise habitude, de la moutarde préparée, des mouches cantarides, du tabac pulvérisé; touchez-la avec un fer chaud ou avec un instrument armé de petites pointes aigues: si l'animal se mord la langue en mâchant, coupez avec un bistouri ou un rasoir, la portion qui excéde les dents, de maniere à conserver à la langue sa figure naturelle, & lavez souvent la plaie avec du vin saturé de miel, & ne donnez pour nourriture, pendant deux ou trois jours, que du lait, du son mouillé, & de l'eau chargée d'une grande quantité de farine de froment. *M. Vitet.*

Autre maladie appellée Tranchées ou Coliques.

Le cheval est attaqué de tranchées lorsqu'il se couche & se leve, qu'il s'agite, qu'il racle la terre avec le pied de devant & ne demeure jamais en sa place.

Lorsque les tranchées proviennent de ce que l'animal a bu trop froid.

Remede. Couvrez-le, tenez-le chaudement ; si la douleur continue, saignez-le & donnez-lui des lavemens mucilagineux.

Si elles proviennent d'indigestion.

Remede. Donnez-lui un peu de thériaque délayée dans demi-septier de vin.

Si elles proviennent de ventre, l'animal devient enflé comme s'il devoit crever.

Remede. Introduisez dans l'anus du cheval un oignon bien hâché avec un morceau de savon ; promenez-le après ; donnez-lui un lavement composé d'une once de savon délayé dans l'eau : si le mal continuoit, saignez à la jugulaire & employez les carminatifs.

Si elles viennent des vers, on en trouve dans la fiente de l'animal, & les yeux lui tournent.

Remede. La décoction de racine de gentiane & d'absinthe, ou trois onces de suie de cheminée délayée dans un demi-septier de petit lait, suffisent pour les calmer.

Dans les tranchées rouges, le cheval se tourmente, il se couche & se leve souvent, il regarde son ventre.

Remede. La saignée, les breuvages adoucissans, & surtout les lavemens, appaisent cette espece de tranchée extrêmement dangereuse.

Les tranchées de Besoard sont incurables.
M. Lafosse fils.

Autre Remede pour les Tranchées. Faites bouillir une pinte de lait, dans laquelle on jette plein un grand dés à coudre de savate brûlée & pulvérisée; on fait avaler le tout au cheval; on le couvre & on lui fait une bonne litiere. Il éprouve aussitôt une forte crise qui lui refroidit les membres, mais qui ne doit pas effrayer: deux heures après il revient dans son état naturel. On peut alors lui donner à manger & le faire travailler.

On assure que ce remede a pour garant vingt ans d'épreuves, qui ont toujours réussi. *L'Auteur de l'Albert Moderne.*

Voyez ci-après au chap. des Bœufs.

Autre maladie appellée Flux d'urine.

Cette maladie est toute contraire à la rétention d'urine, & n'est pas moins dangereuse.

Remede. Lorsque l'animal est échauffé, que les urines sont fétides & colorées, saignez à la veine jugulaire, de l'eau blanche pour boisson & du son mouillé pour nourriture; donnez plusieurs lavemens composés d'une seule infusion de fleurs de mauve; bouchonnez légérement; exposez tout le corps à la vapeur de l'eau chaude. Si les vaisseaux continuent d'être distendus, la bouche & les tégumens d'être échauffés, réitérez la saignée & continuez le même régime.

Si le flux d'urine n'est accompagné ni

de chaleur, ni d'inquiétude, ni de pléthore ; ne saignez pas ; bouchonnez fortement ; donnez de la suie de cheminée avec de la racine d'angélique ; faites boire de l'eau blanchie avec de la farine d'orge ou de ris ; donnez-en des lavemens ; couvrez le malade ; exposez-le à la vapeur de l'eau chaude, & ne présentez que de la paille pour nourriture. *M. Vitet.*

Autre maladie appellée Rétention d'urine.

L'animal fait ses efforts pour uriner & s'agite, & en portant la main par le rectum sur la vessie, on sent qu'elle est pleine & distendue ; il ne faut point la presser.

Remede. Saignez une ou deux fois ; donnez des breuvages & des lavemens émolliens, & remuez souvent sa litiere sous le ventre. *M. Lafosse, fils.*

Voyez ci-après au chap. des Bœufs.

Autre maladie appellée Pissement de sang.

Faites dissoudre une poignée d'amidon blanc dans de l'eau de puits ; délayez-la si bien, que vous puissiez la faire avaler sans peine & sans dégoût ; ensuite donnez à manger à l'animal à sec sans le faire boire, & l'urine de sang cesse en vingt-quatre heures.

Voyez ci-après au chap. des Bœufs.

Autre maladie appellée Gras-fondure.

Le gras-fondure est une excrétion par l'anus

de mucosité ou de glaires, tamponnées, quelquefois mêlées d'un peu de sang : le cheval râle, a la bouche écumante, ne mange point, se couche, se leve & regarde son flanc. Cette maladie mortelle demande des prompts secours.

Remede. Cette maladie céde avec petites saignées, plus ou moins réitérées suivant les forces de l'animal, aux breuvages & aux lavemens mucilagineux & rafraîchissans, où l'on ajoute trois ou quatre têtes de pavot; & lorsque l'inflammation est calmée, il faut mettre trente grains d'ipécacuanha dans les lavemens. *M. Lafosse, fils.*

Autre Remede. Vuidez le cheval, saignez-le tout de suite amplement : demi-heure après, donnez un lavement avec une décoction de mauve, guimauve, pariétaire, sauge & marjolaine, & y mêlerez une chopine de vin émétique : une heure après, purgez-le avec trois onces de tartre émétique, que vous ferez dissoudre dans une pinte de vin, & vous le promenerez au petit pas pendant une heure. *M. Soleisel.*

Autre Remede. Saignez à la veine jugulaire, & réitérez plus ou moins la saignée s'il y a inflammation ; pour boisson & nourriture, de l'eau blanchie avec de la farine de seigle & aiguisée avec un peu de crême de tartre; donnez des lavemens avec la décoction de semences de courge; & si l'inflammation diminue, donnez-les avec deux dragmes d'ipécacuanha & trois livres d'eau blanchie avec trois livres de farine de froment, une fois tous les jours.

Si l'inflammation cesse, donnez tous les matins à jeun deux dragmes de racine d'ipécacuanha en décoction dans une livre d'infusion de fleurs de mauve. *M. Vitet.*

Autre maladie appellée Pousse.

On connoît qu'un cheval est poussif, lorsque le flanc lui bat & qu'il tousse séchement & fréquemment.

Remede. On a donné une infinité de remedes pour cette maladie ; *M. Soleisel & l'Auteur de la Nouvelle Maison Rustique*, assurent qu'un des meilleurs & des plus aisés, est de mettre une douzaine d'œufs en coque dans un fort vinaigre qui surpassera d'un doigt, & lorsque la coque sera amollie à force de tremper, vous tiendrez votre cheval bridé toute la nuit, & les lui ferez avaler entiers l'un après l'autre ; couvrez-le bien : promenez-le au pas pendant deux heures ; donnez-lui ensuite du son mouillé, & réitérez ce remede jusqu'à guérison.

Autre Remede. Faites recevoir à l'animal, trois ou quatre fois par jour, des vapeurs aqueuses ; donnez-lui à boire de l'eau miellée ; nourrissez-le de paille ou de regain mêlés ; promenez-le modérement : prenez de fleur de soufre, une once ; de miel, trois onces ; faites-en un bol, que vous ferez prendre le matin à jeun, & que vous réitérerez le soir pendant un ou deux mois. S'il n'y a aucun soulagement, la maladie est incurable. *M. Vitet.*

L'observation & l'expérience m'ont prouvé que lorsque cette maladie est ancienne, c'est perdre son tems que d'en entreprendre la guérison.

M. *Vitet* distingue plusieurs espèces de pousse; celle de naissance, qui est incurable; celle dont nous venons de parler; la pousse humide; celle causée par une maladie de poitrine; & la pousse par réplétion, dont nous ne parlerons point ici. Nous nous contenterons d'observer, que M. *Lafosse fils* nous dit, que toutes ces espèces de maladies sont très-difficiles à guérir, pour ne pas dire incurables.

Autre maladie appellée Fortraiture.

C'est une fatigue outrée & excessive, accompagnée d'un grand échauffement : cette maladie s'annonce par la contraction spasmodique des muscles de l'abdomen ; les flancs sont rentrés, le poil est hérissé, la fiente dure, séche & noire.

Remede. Les lavemens mucilagineux, le son humecté, l'eau blanche, & l'onction des flancs avec le miel rosat, guérissent ordinairement cette maladie. M. *Bourgelat.*

Autre maladie appellée Fourbure.

On connoît qu'un cheval est fourbu, lorsqu'il ne peut marcher qu'avec grande peine, qu'il ne peut pas reculer, qu'il mange très-peu, qu'il a la peau attachée au corps, qu'il est triste, & que tous ces accidens sont accompagnés d'un grand battement de cœur & de flancs.

Remede. Faites des frictions sur l'endroit malade, avec un mélange de parties égales de miel, de camphre & d'eau-de-vie; des fomentations aromatiques avec des feuilles de sauge infusées dans le lait, des vapeurs d'eau bouillante sur le corps des muscles attaqués, des lotions du pataron avec de l'eau miellée saturée de nitre aiguisée de bonne eau-de-vie; un breuvage, trois fois par jour, d'une once de poudre de fourmis, d'une demi-dragme de camphre, de trois onces de miel, délayées dans une livre & demi d'eau miellée: s'il ne peut avaler, donnez-le en lavement en double dose, & tenez le ventre libre en donnant, deux fois par jour, un lavement avec une infusion de trois onces de suie de cheminée avec de l'eau miellée.

Si ces remedes ne réussissent pas, faites deux sétons avec l'ellébore, l'un au poitrail & l'autre à l'extrêmité postérieure ou sternum: brûlez des étoupes sur la partie malade; appliquez de larges vésicatoires sur le corps des muscles affectés; placez l'animal dans une fosse; couvrez-le de fumier pendant douze heures; bouchonnez-le ensuite, & couvrez-le d'une couverture de laine. Les bains dans une eau courante, si la saison le permet, sont merveilleux, en observant de l'en sortir dès qu'il commence à trembler. *M. Vitet.* Il désapprouve toute autre méthode.

Autre maladie appellée Farcin.

Tous ceux qui ont écrit sur l'art vétérinaire en ont distingué plusieurs espèces, & donné une infinité de remedes. M. *Vitet* nous assure que pour quelqu'espèce que ce soit, la méthode qu'il indique, & qui est ci-après, doit être regardée comme le vrai spécifique du farcin.

Les bestiaux sont frappés d'une espèce de bouton de farcin de la grosseur d'une noix, qui prend au flanc, & s'augmente insensiblement en se communiquant par des fusées jusqu'aux bourses, qui grossissent prodigieusement. Les vaisseaux voisins de cette tumeur, s'engorgent à un point qu'ils deviennent comme des cordes ; la tumeur est dure, noirâtre & ne contient point de pus. Lorsqu'elle vient au poitrail ou aux environs de la tête, les animaux périssent si promptement, qu'à peine peut-on leur apporter du secours.

Les boutons qui caractérisent cette maladie, n'ont pas constamment le même aspect; les uns sont distincts, circonscrits & situés pour l'ordinaire sur les branches de la mâchoire postérieure, le long du cou, sur les épaules, les côtes & les fesses ; les autres sont rapprochés & semblent former une corde entrecoupée comme un chapelet ; ils attaquent souvent le poitrail, l'épaule jusqu'à la couronne, le plat de la cuisse & l'extrêmité postérieure, les joues, les levres, & la partie supérieure de la mâchoire postérieure : lorsque ces boutons viennent à suppuration, ils forment souvent des ulceres considerables & d'une odeur insupportable.

Remede. On doit proposer d'attenuer, d'inciser, de fondre, de délayer, d'évacuer, de corriger l'acrimonie des humeurs; de faciliter la circulation des fluides. Purgez avec l'*acquila alba*; faites succéder aux purgatifs les délayans & les relachans; passez à l'usage de la tisane des bois & des préparations mercurielles: l'alun calciné & mêlé avec l'onguent ægiptiac, détergera les ulceres qui tiennent du caractère chancreux; vous pouvez employer le cautere actuel avec prudence; terminez la cure par l'usage intérieur de la poudre de vipere. *M. Bourgelat.*

Autre Remede. Il faut saigner l'animal & lui administrer tous les jours deux ou trois lavemens composés d'une décoction de racine de patience tenant en solution une once de foie de soufre; donnez à l'animal pour nourriture de la paille & du son, auquel il faut ajouter trois onces de fleur de soufre par jour, & pour boisson de l'eau blanche, ou la décoction de racine de patience édulcorée avec du miel; pratiquez dès le commencement de la maladie trois sétons avec le fil de crin, un au poitrail, le deuxieme au bas ventre, le troisieme à la cuisse: il est essentiel de les entretenir non-seulement pendant le cours de la maladie, mais

mais encore un ou deux mois, il faut parfumer soir & matin l'animal avec une dose égale d'encens & d'orpiment ; lavez tout le corps de l'animal avec de l'eau saturée d'arsénic, ayant la précaution de ne pas toucher les parties de la génération, l'anus ni la bouche : si les boutons contiennent du pus, ouvrez-les avec une lancette & pansez l'ulcere avec parties égales d'orpiment, d'onguent égyptiac, tant qu'il subsiste des duretés ; lorsqu'elles sont dissipées, retranchez l'orpiment. *M. Vitet.*

Autre maladie appellée Rage.

Voyez ci-après au chap. des Bœufs.

Autre maladie appellée Diarrhée.

Si cette maladie duroit plus de trois jours, il ne faut pas la négliger.

Remede. Nourrissez le cheval de bon foin ; faites-lui boire de l'eau blanchie avec de la farine de froment, & de poudre de grains de raisins brûlés. *L'Auteur de la Nouvelle Maison Rustique.*

Diarrhée Bilieuse.

Les excrémens sont liquides & fort jaunes, l'animal a la bouche échauffée & séche, il est altéré, les forces musculaires sont affoiblies, l'intestin *rectum* est un peu enflammé.

Remede. Pour nourriture & pour boisson,

de l'eau blanchie avec de la farine de froment ; donnez tous les jours plusieurs lavemens avec une décoction de racine de guimauve aiguisée de crême de tartre : dès que l'inflammation & la fiévre commencent à calmer, délayez dans une livre d'eau blanche deux dragmes de racine d'ipécacuanha pulvérisé, que vous donnerez à jeun tous les matins, de même qu'un lavement composé d'une once de cette racine & de trois livres de décoction de racine de guimauve : dès que la diarrhée diminue, éloignez le remede, & n'employez que les mucilagineux en breuvage & en lavement. M. *Vitet.*

Diarrhée Pituiteuse.

La bouche est humectée, la langue est blanchâtre, l'appétit est diminué, le flux est fréquent & sans effort, sans odeur forte ni fétide, les matières ressemblent à une eau légerement colorée de jaune.

Remede. Pour nourriture, du son abondant en farine mêlée de sel marin, & pour boisson, de l'eau blanchie avec de la farine aiguisée de sel marin ; & donnez des lavemens avec une légere infusion de racine de gentiane, tenant en solution du nitre.

Si quatre jours après la diarrhée augmentoit, donnez en breuvage une infusion de racine de gentiane, tenant en solution une once de cachou ou une once de thériaque deux fois par jour. M. *Vitet.*

Diarrhée avec fétidité des matières.

Les matières font fort liquides & donnent une odeur forte & insupportable.

Remede. Tenez l'animal séparé des autres, faites évaporer continuellement dans sa mangeoire un mélange de parties égales d'eau-de-vie & de vinaigre : si les forces étoient extrêmement abattues ; faites-lui boire de cette liqueur, deux onces au cheval, quatre au bœuf, délayées dans une livre d'eau blanche saturée de crême de tartre ; pour nourriture, de la paille saupoudrée de nitre ; donnez tous les jours plusieurs lavemens avec eau de ris saturée de crême de tartre. M. *Vitet.*

Il ne désapprouve pas les bols composés de crême de tartre une once, demi-dragme de camphre & du vinaigre miellé ; un le matin, un à midi & un sur les cinq heures du soir.

Autre maladie appellée Dyssenterie ou Flux-de-Sang.

Voyez ci-après au chap. des Bœufs.

Autre maladie appellée Galle.

Voyez ci-après au chap. des Bœufs.

Autre maladie appellée Piqûre ou morsure de Bêtes venimeuses.

Voyez ci-après au chap. des Bœufs.

Autre maladie appellée Charbon.

Voyez ci-après au chap. des Bœufs.

Autre maladie appellée Avant-cœur.

Voyez ci-après au chap. des Bœufs.

Autre maladie appellée Fiévre.

Voyez ci-après au chap. des Bœufs, où il sera également parlé des Epidémies.

Autre maladie appellée Courbature.

C'eſt une inflammation ſimple des poumons; la fiévre continue & ſouvent avec accès, la toux plus ou moins forte & fréquente, le battement de flancs, la reſpiration difficile; l'animal jette par les naſeaux des matières viſqueuſes au commencement & en petite quantité, enſuite blanchâtres, & après jaunâtres ou verdâtres. Cette maladie préſente, à peu de choſe près, les mêmes ſymptômes que la pleuréſie.

Remede. La ſaignée à la jugulaire eſt le premier de tous les remedes : ne craignez pas de la réitérer juſqu'à ſix fois en quarante-huit heures; le troiſieme jour la ſaignée eſt moins avantageuſe : mettez le malade à l'eau blanche tiede & miellée pour boiſſon & nourriture; & ſi l'inflammation eſt violente, ne lui donnez qu'une ſolution de nitre & de miel dans l'eau : ſi malgré les ſaignées & la diete, l'inflammation ne cesse de croître, donnez soir & matin un bol composé d'une dragme de camphre, de demi-once de nitre, & de suffisante quantité de miel : si l'expectoration nasale s'établit, donnez un bol fait avec demi-once de fleur de soufre & suffisante quantité de miel : si la crise s'annonçoit par les sueurs, les seules couvertures de laine & les frictions séches sont suffisantes pour la favoriser : s'il y a sécheresse dans les naseaux, employez les vapeurs de l'eau chaude, relâchez les tuniques des intestins par des lavemens d'une infusion légere de feuilles de séné tenant en solution une once de nitre ; ensuite donnez tous les jours deux ou trois lavemens mucilagineux, excepté le quatrieme & le sixieme : si les forces vitales sont opprimées, appliquez de larges vésicatoires sur une des parties latérales de la poitrine ; réitérez leur application au bout de vingt-quatre heures, & faites un séton avec l'ellébore enduit de mouches cantharides.

Si ces remedes ne produisent aucun effet, que la difficulté de respirer subsiste, faites inspirer les vapeurs d'eau chaude huit ou dix fois par jour, parfumez avec l'encens & le benjoin ; dès que les matières commenceront à s'écouler & que la fiévre sera un peu modérée, donnez des bols de térébenthine, de poudre de reglisse incorporée avec le miel. Si ce dernier remede ne réussissoit pas, passez à l'usage de l'eau de chaux édulcorée de miel, ou appliquez des vésicatoires à la face interne des cuisses. M. *Vitet.*

Autre maladie appellée Fic.

C'est une excroissance charnue, légere, dure, indolente, dénuée de poil, qui vient sur les parties extérieures du corps.

Remede. Tirez les fics par leur base étroite, ou coupez-les avec des ciseaux très-près de la peau, & appliquez ensuite sur la plaie la pierre infernale. Les fics plats & larges peuvent être détruits avec le beurre d'antimoine ou l'eau-forte : on peut encore employer le feu. M. *Bourgelat.*

M. *Vitet* préfére l'instrument tranchant, pourvu qu'il pénétre jusqu'à la racine du mal.

Autre maladie appellée Verrue.

Les verrues affectent ordinairement les paupieres, les mamelles, le scrotum, le fourreau & la vulve.

Remede. Eloignez les caustiques & l'instrument tranchant; servez-vous de la soie bien torse dont vous lierez fortement la base de la tumeur : quelques jours après la verrue se détachera pour ne plus paroître. M. *Vitet.*

Autre maladie appellée Morsure par les poux, ou Pouilleatement.

Voyez ci-après au chap. des Bœufs.

Autre maladie appellée Ebullition.

Elle se manifeste dans le cheval par

des élevures peu considérables, & accompagnées de démangeaison plus ou moins forte & attaque différentes parties du corps.

Remede. On y remédie par une diete humectante & rafraîchissante, par la saignée, par les lavemens & par les bains. M. *Bourgelat*, & après M. *Vitet.*

Autre maladie appellée Ulcere.

C'est une solution de continuité avec suppuration.

Remede. Si l'ulcere est simple, les chairs belles, & le pus louable, le digestif seul, animé de quelques gouttes d'eau-de-vie, suffit pour le déterger. M. *Lafosse fils.* M. *Vitet.*

Si les parois de l'ulcere sont relâchés, & que le pus vienne en grande abondance.

Remede. Servez-vous de suc de feuilles de noyer plus ou moins saturées de miel, ou de l'onguent égyptiac, ou du suc de feuilles de chélidoine. M. *Vitet.*

Si les bords de l'ulcere se durcissent & deviennent ce qu'on appelle calleux.

Remede. Ayez recours à l'instrument tranchant, & pansez avec l'onguent égyptiac. M. *Lafosse fils.* M. *Vitet.*

Si l'ulcere attaque les tendons.

Remede. Employez les balsamiques & les spiritueux. M. *Lafosse fils.*

Si l'ulcere est sinueux.

Remede. Ouvrez le sinus dans toute sa

longueur avec le biſtouri, ou faites une contr'ouverture, ſi vous ne pouvez le dilater entièrement. M. *Lafoſſe fils.* M. *Vitet.*

Si l'ulcere eſt putride.

Remede. Détergez-le avec la décoction d'ariſtoloche, de centaurée, de feuilles de noyer, &c., ou avec le digeſtif animé de teinture d'aloès ou de mirrhe; & couvrez l'abcès de compreſſes imbibées d'eau-de-vie camphrée, ou d'une légere diſſolution de ſel marin ou de vitriol blanc. M. *Lafoſſ fils.*

Obſervez dans tous les cas que lorſque l'ulcère eſt détergé, les étoupes ſimples & cardées ſont les meilleurs deſſicatifs & incarnatifs. M. *Lafoſſe fils.* M. *Vitet.*

Autre maladie appellée Gangrene.

C'eſt lorſqu'une partie du corps ne jouit plus de mouvement & de ſentiment, qu'elle devient noire, molle & lâche, qu'il en coule une ſanie noirâtre & qu'il en ſort une odeur fétide.

Remede. Elle eſt ordinairement produite par des cauſes extérieures, telles que les ligatures, les étranglemens, la morſure des bêtes venimeuſes, &c. *La gangrène par les ligatures*, eſt détruite par les ſcarifications ; *celle par la morſure*, exige les ſcarifications, les fomentations ſpiritueuſes & aromatiques ; *celle qui arrive après des charbons peſtilentiels*, eſt promptement guérie par la cautériſation ; *enfin celle produite par la brûlure*, se dissipe par l'usage des émolliens & les défensifs, sur les bords de la partie gangrenée. M. *Bourgelat*.

Autre remede. Dès qu'une partie enflammée est menacée de gangrene, saignez ; ensuite fomentez avec l'infusion d'absinthe, de romarin, &c. si la gangrene fait des progrès, employez la teinture de mirrhe & d'aloès ; saignez deux ou trois fois, lorsqu'il y a fiévre ; si le pouls est petit, accompagné de frissons, donnez une once de thériaque délayé dans une chopine de vin ; si elle prend de l'accroissement, scarifiez jusqu'au vif, & appliquez-y des plumasseaux chargés de pierre à cautere, ou d'alun brûlé, ou du vitriol blanc. (M. *Vitet* dit que l'acide marin l'emporte sur ces substances, & que les saignées ne sont point indiquées, dès que la gangrene est déclarée.) M. *Lafosse fils*.

Autre maladie appellée Garrot blessé.

Si ce n'est qu'une enflure ou tumeur.

Remede. Prenez des orties pilées, faites-les tremper dans l'urine d'homme, ensuite appliquez-les dessus, ou bien frottez-la souvent avec de l'eau-de-vie & du savon noir. M. *Lafosse fils* dit de la frotter avec de l'eau salée, & si elle vient à suppuration, ouvrez-la promptement & pansez avec le digestif animé d'eau-de-vie ou avec la teinture de térébenthine, si les apophyses épineuses des vertébres sont endommagées.

Autre maladie appellée Cors.

La felle ou le bât produit fur la partie latérale des côtes cette tumeur inflammatoire.

Remede. Procurez-en la réfolution avec de l'eau-de-vie, tenant en folution de favon de l'eau faturée de fel ; fi la tumeur fe termine par la fuppuration, ouvrez l'abcès, panfez avec l'onguent digeftif, & terminez la cure par l'onguent égyptiac.

Autre maladie appellée Rognon bleffé.

C'eft une enflure fur le rognon qu'il ne faut pas négliger.

Remede. Employez les mêmes que ci-deffus.

Autre maladie appellée Démangeaifon de la queue.

Remede. Faites macérer des feuilles de tabac dans de l'efprit-de-vin, & lavez la queue du cheval avec cette liqueur. M. *Carbon de Befgrieres.*

Autre maladie appellée Conftipation.

Voyez ci-après au chapitre des bêtes à laine.

Autre maladie appellée Fracture.

Il eft très-certain que les animaux guériffent de ce fâcheux accident, en employant les mêmes moyens que la chirurgie indique pour les fractures de l'homme, observant de le tenir suspendu dans l'écurie. M. *Soleisel.* M. *Bourgelat.* M. *Vitet.*

Autre maladie appellée Ecart.

C'est la séparation accidentelle, subite & forcée du bras, d'avec le corps du cheval ; si cette disjonction est telle qu'elle ne puisse être plus violente, on l'appelle entr'ouverture ; on connoît cette maladie lorsque le cheval fauche en marchant.

Remede. Mettez le cheval à l'eau (M. *Soleisel* observe de le faire nager un quart-d'heure le matin & un quart-d'heure le soir), saignez à la veine jugulaire ; à ces remedes succéderont les frictions faites avec des répercussifs & des résolutifs spiritueux & aromatiques, des lavemens émolliens.

Si l'écart se termine par la suppuration, il faut la favoriser avec l'onguent basilicon, ouvrir l'abcès dans l'endroit le plus noir & le déterger ; n'oubliez pas de terminer la cure par un purgatif : pendant le traitement, tenez l'animal à l'eau blanche, retranchez-lui l'avoine, donnez-lui peu de fourrage, ne le laissez point sortir de l'écurie & entravez-le. M. *Bourgelat.*

Autre maladie appellée Effort.

Dans l'effort de reins, le cheval ne recule qu'avec peine, sa croupe balance quand il trotte ; s'il est extrême, à peine peut-il faire quelques pas en avant, il fléchit & se montre sans cesse prêt à tomber.

Dans l'effort des hanches, l'animal boîte plus ou moins, il semble baisser la hanche en cheminant & il traîne toute la partie léfée.

L'effort de jarret se connoît par l'enflure, la douleur, la claudication, l'action de traîner la jambe, de s'appuyer foiblement, & par la chaleur de la partie.

L'effort du jarret s'annonce par le peu de mouvement qu'on observe dans cette partie, lorsque le cheval chemine, par la crainte où il est de le porter en-dehors, & par l'obligation où sont les parties inférieures à celles-ci de traîner & de rester en arrière.

Remede. La saignée, les repercussifs aussitôt après l'accident; ensuite les résolutifs en friction, en onction & en cataplasme; les lavemens émolliens, l'eau blanche pour boisson, le son & peu de fourrage, sont les remedes indiqués pour les efforts. M. *Bourgelat*.

Autre maladie appellée Musaraigne.

C'est une tumeur inflammatoire qui attaque subitement la partie supérieure & interne de la cuisse; elle est accompagnée de dégoût, de tristesse, d'abattement; souvent de frissons, de la fièvre, d'une difficulté de respirer, & de la mort si on n'y apporte un prompt remede.

Remede. Les scarifications de la tumeur, les onctions sur les parties scarifiées, avec la teinture de térébenthine, les lavemens émolliens, les fomentations de la jambe affectée avec des infusions aromatiques, une diete sévére les premiers jours, & l'eau blanche pour boisson, sont les remedes proposés par M. *Lafosse pere.*

Autre remede. Scarifiez la tumeur ; bassinez la plaie avec une forte infusion de feuilles de rhue dans du vinaigre ; appliquez-y un cataplasme de feuilles de rhue, d'absinthe & de vin, & changez toutes les cinq heures ; enveloppez la jambe enflée avec du vinaigre saturé de sel marin ; réitérez trois ou quatre fois par jour les lavemens composés d'une infusion aqueuse de feuilles de sauge, tenant en solution du nitre sur un pot d'infusion ; faites un séton au poitrail avec l'ellébore ; donnez pour boisson & nourriture, de l'eau blanche nitreuse ; ensuite administrez par degrés insensibles, du son, de la paille & du foin ; faites prendre les cinq premiers jours deux bols composés de deux onces de nitre, de demi-once de camphre, & de suffisante quantité de miel, un le matin & l'autre le soir ; ne couvrez point le malade de peur d'exciter la sueur. M. *Vitet.*

C'est une vraie erreur d'attribuer cette maladie à la morsure de la musaraigne ou muséite, espece de taupe dont la construction met cet animal dans l'impossibilité de mordre le cheval.

Autre maladie appellée Crampe.

Un des muscles de la jambe ou du dos, est tout-à-coup attaqué de rigidité & de douleur.

Remede. Frottez le muscle contracté jusqu'à ce que la rigidité & la douleur soient calmés ; si l'animal étoit souvent attaqué de cette maladie, faites-le baigner tous les jours trois ou quatre heures ; tenez-le à un régime humectant, c'est-à-dire, à l'eau blanche, à la paille & au son humecté ; ne le saignez que lorsqu'il y a pléthore bien sensible. M. *Vitet.*

Autre maladie appellée Mules traversieres.

C'est une maladie qui vient au boulet & aux plis du cheval & qui cautérise cet endroit, d'où il sort une humeur âcre & maligne qui s'entretient par les mouvemens du cheval ; les chevaux de carrosse & de tirage y sont plus sujets que les autres.

Remede. Il faut raser le poil & mettre sur les mules du charbon pilé, des savates brûlées, ou de la sauge séchée & pulvérisée ; ou bien prendre de l'huile bien claire & de l'eau-de-vie, autant de l'un que de l'autre ; les bien mêler dans une fiole & en frotter le mal jusqu'à guérison. *L'Auteur de la Nouvelle Maison Rustique.*

Autre maladie appellée Encheveſtrure.

Cet accident arrive lorſque les animaux ſe prennent le pied dans la longe de leurs licols, ou au pâturage dans une corde, ſe débattent & s'écorchent dans les plis du paturon.

Remede. Le même que celui pour les mules traverſieres; ſi la jambe enfloit conſidérablement, appliquez-y tous les jours de l'emmiellure blanche, & frottez toute la jambe journellement avec l'onguent de duc, qui ſeul guèriroit le mal s'il étoit ſimple. M. *Soleiſel.*

Autre maladie appellée Jambes travaillées, foulées ou uſées.

Remede. Si c'eſt en été, menez tous les jours votre cheval à la riviere, & laiſſez-l'y deux heures juſqu'au-deſſus du jarret; ou bien faites mener votre cheval dans une prairie; faites ramaſſer de la roſée avec une éponge, & faites-en bien frotter les jambes. M. *Soleiſel.*

Autre maladie appellée Enflure aux jambes.

Cette maladie demande les purgatifs, les ſudorifiques, les aromatiques, & les ſpiritueux en fomentation: ſi ces remedes ne réuſſiſſent pas, donnez le feu par raie; c'eſt le remede le plus efficace. M. *Lafoſſe fils.*

M. *Vitet* obferve qu'il ne faut pas que les raies de feu attaquent le tiffu cellulaire, mais fimplement qu'elles agiffent fur la peau proprement dite; ce qui fait à-peu-près les mêmes effets que les cataplafmes & les emplâtres aftringens.

Autre Remede. Détrempez de la fiente de vache avec de bon vinaigre, & frottez-en tous les jours les jambes enflées. M. *Soleifel* dit que le remede eft très-bon.

Autre maladie appellée Malandres ou Solandres.

C'eft une efpece de galle ou crévaffes, qui viennent au pli du genou ou aux plis du jarret, & qui jettent quelquefois des eaux rouffes.

Remede. Cette maladie céde à l'eau d'alibour ou à la teinture d'aloès. M. *Lafoffe fils.*

Autre remede. L'infufion de feuilles de tabac dans l'efprit-de-vin, defféche & diffipe les malandres & folandres.

Autre maladie appellée Suros, Fufées ou Offelets.

C'eft un calus ou une dureté qui vient fur l'os de la jambe, nommée le canon qui eft au-deffous du genou.

Remede. Quoique plufieurs Auteurs ayent donné une infinité de remedes pour cette maladie, M. *Lafoffe fils* dit qu'elle n'en demande aucun.

Autre maladie appellée Veſſigon.

C'eſt une tumeur molle, indolente qui vient au jarret du cheval.

Remede. Les cataplaſmes, les onguens réſolutifs, les véſicatoires & le feu, ſont les remedes indiqués. M. *Vitet.* M. *Lafoſſe fils* ne conſeille que le feu par raies, ſur leſquelles il faut mettre de la poix graſſe avec de la bourre.

Autre remede. Prenez une once d'onguent égyptiac, une once d'eſprit-de-vin, une once eſſence de térébenthine, une once térébenthine mêlés enſemble, & frottez-en le veſſigon pendant ſept à huit jours; ce remede a été éprouvé par moi ſur un cheval que j'avois, atteint de cette maladie, & qui a été parfaitement guèri.

Autre maladie appellée Varices.

Ce ſont des eſpeces de veines enflées, ou plutôt des tumeurs molles & ſans douleur qui viennent au jarret du cheval.

Remede. Le même que pour le veſſigon. M. *Vitet* M. *Lafoſſe fils* obſerve que cette maladie ne ſouffre aucun remede.

Autre maladie appellée Mollete.

C'eſt une petite tumeur molle qui vient fréquemment au boulet ſur le tendon, & plus ſouvent entre le tendon & l'os du canon.

Remede. Le même que pour le veſſigon. M. *Vitet.*

Autre maladie appellée Eaux des Jambes.

C'eſt un écoulement d'une ſéroſité âcre qui ſuinte continuellement des jambes.

Remede. Commencez par la ſaignée, les lavemens & les purgatifs, où vous n'oublierez pas de faire entrer le mercure doux; enſuite vous mettrez en uſage le *crocus metallorum* à la doſe de demi-once par jour, mêlée avec du ſon; vous y ajouterez trente grains d'æthiops minéral, dont on peut augmenter la doſe juſqu'à une dragme; la tiſane de buis & la poudre de vipére, ſont d'un très-grand ſecours; quelques jours après avoir tenu l'animal à ces remedes, il faut couper le poil de la partie affectée, la laver avec du vin chaud; & lorſqu'il y a un léger écoulement, avec de l'eau-de-vie & du ſavon : ſi le flux eſt conſidérable, baſſinez l'extrêmité affectée avec de l'eau, dans laquelle vous aurez fait diſſoudre de la coupe-roſe blanche & de l'alun, ou avec de l'eau de chaux ſeconde; dès que les eaux commencent à détruire la liaiſon du ſabot & de la couronne, deſſéchez-les à cet endroit avec l'onguent de pompholix, & laiſſez fluer partout ailleurs. M. *Bourgelat.*

Autre remede. L'infuſion de feuilles de tabac dans l'eſprit-de-vin diſſipe les eaux rouſſes.

Autre maladie appellée Capelet.

C'est une tumeur flottante sur la pointe du jarret.

Remede. Donnez-y le feu. M. *Lafosse fils.*

Autre maladie appellée Queues-de-Rat ou Arrettes.

Ce sont de petits calus élevés & dégarnis de poil qui naissent le long & à côté du nerf de la jambe du cheval, bien au-dessous du jarret en descendant jusqu'au boulet.

Remede. Il faut suivre la même méthode que pour guérir les eaux. M. *Bourgelat.*

Autre maladie appellée Courbe.

C'est une tumeur dure & calleuse qui vient en longueur au-dedans du jarret.

Remede. On peut tenter dans le commencement, de la dissoudre avec quelque topique résolutif, dans lequel le mercure est employé, ou avec l'emplâtre de galbanum; cependant on croit que ce seroit inutilement : que le seul remede est le feu, & qui encore ne la guérira pas. M. *Soleisel.*

Autre maladie appellée Eparvin.

C'est une tumeur froide & dure, grosse comme une noix, qui s'engendre au-dessous du jarret & en-dedans sur les os de la jointure.

Remede. Cette maladie est incurable, (MM. *Genson*, *Bourgelat*, *Soleisel*) à moins qu'on n'y veuille appliquer le feu, encore ce remede est très-incertain. M. *Lafosse fils*.

Autre maladie appellée Crévasses.

Ce sont de petites fentes qui croissent au pli du paturon.

Remede. Employez les mêmes remedes que pour les eaux. M. *Bourgelat*.

Autre maladie appellée Entorse.

C'est un effort violent, par lequel l'articulation est forcée ; la claudication, l'action de traîner la partie souffrante, la chaleur, la dureté & le gonflement, en sont les symptômes.

Remede. L'application de l'oxicrat sur la partie récemment affectée, souvent empêche l'inflammation & les autres accidens ; lorsque l'inflammation survient, la saignée, les cataplasmes légérement résolutifs la dissipent pour l'ordinaire.

Si l'inflammation se termine par la suppuration, hâtez-la, ouvrez l'abcès avec le cautere actuel, & pansez l'ulcere avec les remedes indiqués pour cette maladie.

Quand l'inflammation se termine par induration, employez le *diachilum*, l'emplâtre de mercure. M. *Bourgelat*.

Autre maladie appellée Crapaudine.

C'eſt une ulcere qui naît au-devant des pieds des chevaux, & plus haut que la couronne.

Remede. Employez les mêmes remedes que pour les eaux des jambes. M. *Bourgelat.*

Autre maladie appellée Porreaux.

C'eſt un mal qui vient ſur le boulet ou au paturon en forme de tête de porreau.

Remede. Coupez-le, enſuite panſez la plaie avec l'onguent égyptiac. M. *Lafoſſe ls.*

Autre maladie appellée Javart.

C'eſt une eſpece d'ulcère avec bourbillon qui attaque les tégumens du paturon, ou la gaine du tendon, ou le cartilage du pied ; il y en a de trois ſortes, le ſimple, le nerveux & l'encorné.

Remede pour le Simple. M. *Vitet*, dit que l'illuſtre *Soleiſel* recommande un cataplaſme fait avec le levain, les gouſſes d'ail & un peu de vinaigre, juſqu'à ce que le bas s'ouvre & que le bourbillon commence à ſortir ; enſuite panſez avec l'onguent ſuppuratif, & ſi le bourbillon ſortoit avec peine, avec l'onguent égyptiac, & ſi l'ouverture de l'abcès eſt trop petite, dilatez-la avec le biſtouri.

Remede pour le Nerveux. On connoît

que l'ulcere a pénétré dans la gaine du tendon, lorsqu'après la sortie du bourbillon il suinte de l'abcès, par une petite ouverture, une matière purulente plus ou moins sanieuse, & lorsque la sonde pénétre jusqu'à la gaine du tendon.

Introduisez la sonde jusqu'au fond de l'ulcere, & à l'aide de la cannelure de la sonde; dilatez avec le bistouri l'ulcere dans toute sa longueur; ensuite appliquez sur la gaine du tendon, du digestif animé d'eau-de-vie; le bourbillon sorti & les parois de l'ulcere détergés, pansez avec l'onguent égyptiac. M. *Lafosse fils*. M. *Vitet* paroît ne pas s'écarter de cette méthode; il dit de finir la curation par des pluma seaux secs.

Remede pour l'Encorné. Cet ulcere vient sur la couronne au commencement du sabot; employez les suppuratifs pour détacher & faire sortir le bourbillon: s'il ne se détache pas au bout de quatre ou cinq jours, faites marcher le cheval. (M. *Vitet* désapprouve de faire marcher le cheval, & dit que l'onguent égyptiac, le suc de chélidoine, le suc des feuilles de noyer mis sur l'ulcere, sont des moyens plus sûrs & moins dangereux.) Le bourbillon sorti, pansez l'ulcere avec l'onguent égyptiac; mais si après la sortie du bourbillon il suinte une matiere liquide, & qu'on sente avec la sonde un fonds ou une cavité, le cartilage est carié; parez alors le pied pour amincir la sole: s'il y a de la matiere sous la sole de corne, dessolez le cheval, coupez avec le boutoir la corne qui est sur le cartilage ; ensuite enlevez avec la feuille de sauge le cartilage à la partie supérieure, & avec la tenette tout le reste du cartilage ; mettez au fonds de la plaie, des plumasseaux imbibés d'essence de térébenthine ; couvrez les de plumasseaux épais & secs, pour bien comprimer la plaie & en empêcher l'hémorragie ; levez cet appareil au bout de cinq à six jours, ensuite pansez plus souvent avec l'essence de térébenthine. M. *Lafosse fils*, après lui, M. *Vitet*, qui ajoute seulement qu'il faut lever l'appareil dans trois ou quatre jours, & que s'il y a hémorragie, il faut appliquer sur l'ouverture de l'artere de l'amadou ou du vitriol, &c.

Autre maladie appellée Forme.

C'est une grosseur carneuse & calleuse qui vient sur le devant du paturon, entre la couronne & le boulet, sur l'un des deux tendons, & vient plus aux pieds de devant qu'à ceux de derriere.

Remede. Après avoir rasé la forme, cicatrisez-la légérement avec le rasoir ; ensuite frottez-la rudement avec du sel commun pulvérisé, jusqu'à ce que le sang en soit sorti ; cela fait, appliquez-y un résolutif composé de racine de guimauve, de semence de lin, de chacun deux gros, & on les fait cuire dans une décoction de feuilles de mauve avec du sain-doux ; le tout ayant bouilli, appliquez-le chaudement & continuez jusqu'à la dissolution de la tumeur.

Alors appliquez-y de l'onguent fait avec une livre de miel, demi-livre de térébenthine, quatre onces de galbanum, demi-once d'encens, une livre de poix noire, & demi-livre de farine de féves ; incorporez le tout, faites le bouillir dans un pot avec quatre onces de bon vinaigre ; & lorsque le tout est réduit en forme d'onguent, en appliquez sur le mal jusqu'à ce que l'escarre soit tombé, & lavez la plaie avec d'urine toutes les fois que vous panserez le cheval. M. *Soleisel*.

M. *Lafosse fils* dit que lorsque les cataplasmes émolliens n'ont pu dissiper la forme, il faut faire pénétrer des raies de feu jusques dans le sabot, éloignés les unes des autres de cinq lignes, & mettre par-dessus les plumasseaux imbibés d'huile de laurier, & huit ou dix jours après l'opération, envoyez le cheval au labour.

Autre maladie appellée Entretaillure.

Un cheval s'entretaille lorsqu'en cheminant il s'atteint la partie latérale interne du boulet, & quelquefois à sa portion postérieure.

Remede. On remédie à l'entretaillure par la ferrure. M. *Bourgelat*.

Autre maladie appellée Nerferure.

C'est un coup sur le tendon du pied que le cheval se donne avec le pied de derriere.

Remede. Il faut frotter souvent & pendant demi-heure le mal avec de l'huile d'olive bien chaude, mêlée avec de l'eau-de-vie, M. *Soleisel*; ou bien bassiner la jambe affectée avec une infusion de sauge où l'on ajoute un tiers d'eau-de-vie camphrée, & appliquez-y des compresses imbibées de cette liqueur. Si un mois après ce traitement le mal ne diminue pas, mettez-y le feu, & continuez de fomenter la partie affectée avec l'eau-de-vie camphrée. M. *Lafosse fils.*

Autre maladie vulgairement appellée Crapaud.

C'est une excroissance fongueuse, qui naît ordinairement dans le corps spongieux, d'où la fourchette tire sa forme & sa figure.

Remede. Après avoir saigné & purgé le malade, emportez l'excroissance avec un instrument tranchant. Si le crapaud intéresse les parties internes du pied, il faut dessoler l'animal. M. *Bourgelat.*

Autre maladie appellée Encartelure.

Elle consiste dans un retrécissement extrême des talons auprès de la fente de la fourchette, d'où il résulte une douleur très-vive, qui est décélée par la chaleur du pied & par la claudication. La sécheresse du pied & la mauvaise ferrure, sont les principes ordinaires de cette maladie.

Remede. On peut éviter la sécheresse de la corne, par l'usage réitéré d'un onguent fait avec la cire neuve, le sain-doux & l'huile d'olive ; mais lorsque l'encartelure existe réellement, le parti le plus sûr est de dessoler l'animal. M. *Bourgelat*.

M. *Vitet* dit que pour la sécheresse de la corne, les onguens, les huiles & les graisses, ne peuvent rien par eux-mêmes ; qu'ils ne pénétrent point dans les dernieres couches de la corne ; qu'ils ne lubrifient que la surface ; que les meilleurs remedes sont les cataplasmes avec la mie de pain & le lait, qu'on changera toutes les douze heures ; de l'eau blanche pour boisson ; pour nourriture, beaucoup de son avec des plantes fraîches ; les lavemens rafraîchissans, le repos & la propreté des écuries.

Autre maladie appellée Enclouure.

Dans la simple piqûre du pied, lorsqu'on retire le clou sur le champ, il n'y a rien à faire. Si le cheval venoit à boîter, & qu'il se fût formé de la matiere, parez bien le pied, faites une ouverture jusques dans le fond de la piqûre, & mettez-y des tentes imbibées d'essence de térébenthine.

Lorsque le clou a été planté dans la chair cannelée du pied & qu'on l'y a laissé, voilà la vraie enclouure. Il faut, aussitôt qu'on s'en apperçoit, retirer le clou, faire une ouverture profonde entre la sole de corne & la muraille, aller jusqu'au vif de la chair cannelée, & panser comme la piqûre.

Malgré cette ouverture, la matiere peut fuser jusqu'au-dessus du sabot vers la couronne ; il faut alors donner issue au pus, en ouvrant les tégumens qui contiennent le pus.

Si l'os du pied est altéré, il faut alors dessoler le cheval, enlever les corps étrangers, appliquer sur la sole charnue, des plumasseaux imbibés d'essence de térébenthine, que vous maintiendrez avec deux éclisses de bois flexible, & avec un fer préparé pour cela, & envelopper le sabot de rémolade : le cinquieme jour levez l'appareil & pansez avec l'essence de térébenthine ; la térébenthine, ou une teinture, si l'os est affecté, ou avec l'onguent égyptiac, si les chairs prennent trop d'accroissement. M. *Lafosse fils*, après lui M. *Vitet*.

Maniere de Dessoler un Cheval avec le plus d'avantage & la moindre douleur possible.

Diminuez l'épaisseur de la sole de corne; rendez-la flexible en la parant & en appliquant sur tout le pied malade, du cataplasme de mie de pain avec le lait, que vous renouvellerez toutes les six heures;

mettez enfuite le patient dans le travail, après avoir cerné avec la corniere du boutoir la fole autour de la muraille jufqu'aux talons, dont il faut couper les arcboutans, après avoir ferré fortement le paturon avec une corde, pour comprimer les arteres latérales, après avoir foulevé la fole de corne autour des parois du fabot, avec un inftrument fort large, un peu tranchant & incapable d'intéreffer la fole charnue au moyen du leve-fole, que vous vous garderez bien d'introduire entre l'os du pied & la muraille.

La fole de corne étant ainfi foulevée & féparée de la fole charnue, prenez-la avec les tricoifes, ayant pour point d'appui la fole du côté oppofé à celui-ci que vous détachez; à peine un côté de la fole eft-il détaché, que vous fouleverez l'autre de la même maniere, & que vous prendrez la fole en pince avec les tricoifes, pour la renverfer fur les talons & l'enlever.

Après l'opération il faut examiner l'état du pied, fur le champ enlever les corps étrangers & les efquilles, prévenir la carie & y remédier fi elle exifte; enfuite attachez avec quatre clous un fer préparé; mettez fur la fole charnue des plumaffeaux trempés dans l'effence de térébenthine & affujettis avec des écliffes paffées entre l'extrémité inférieure du fabot & le fer; engraiffez la corne du pied avec un mélange de graiffe & de miel; enveloppez tout le pied d'un bandage convenable; levez l'appareil trois ou quatre fois par jour après l'opération en hiver, & au bout de deux jours en été; évitez en passant de ne pas comprimer ni irriter la sole charnue; éloignez les huiles, les graisses & les onguens: les spiritueux, le vin saturé de sucre & de miel, l'eau-de-vie plus ou moins saturée de térébenthine, le digestif fait avec un peu de jaune d'œuf & beaucoup d'eau-de-vie, sont les remedes les plus propres à favoriser la régénération de la sole. M. *Vitet*, qui a copié M. *Lafosse fils*, & a ajouté les spiritueux pour la régénération de la sole.

Autre maladie appellée Clou de Rue.

Tout corps étranger qui pénétre dans la sole de corne, constitue le clou de rue.

Remede. Quelquefois des gouttes d'eau-de-vie, ou d'essence de térébenthine à la place du corps étranger, suffisent pour une parfaite guèrison au bout de huit ou dix jours.

Si au contraire il y avoit des symptômes dangereux, & qu'après avoir fait une ouverture assez grande pour contenir des plumasseaux imbibés d'esprit-de-vin ou de teinture de térébenthine, le mal ne cédoit point, il faut dessoler l'animal, & panser comme nous venons de dire ci-devant. M. *Vitet.*

Autre maladie appellée Teignes.

C'est une pourriture qui vient à la fourchette des pieds des chevaux, fort puante, & qui leur cause une démangeaison extraordinaire, & les fait presque toujours boîter.

Remede. Il faut parer le pied du cheval, & surtout la fourchette le plus qu'on peut, ensuite la laver avec du bon vinaigre, & le lendemain y appliquer de l'onguent fait avec une livre de miel, vert-de-gris, vitriol & noix de galle deux onces bien pilés, tamisés, & le vitriol seulement concassé, cuits ensemble à petit feu à consistance d'onguent; à la deuxieme ou troisieme application, le cheval sera guèri. M. *Soleisel.*

Autre maladie appellée Peigne.

C'est un mal qui croît sur le paturon des chevaux, & qui regne quelquefois jusqu'au boulet; c'est une certaine gratelle farineuse, qui fait tomber ou hérisser le poil des endroits où elle naît.

Remede. Frottez avec un bouchon les peignes pour les échauffer, ensuite jettez-y du tabac en poudre, ou bien frottez-les légérement avec de l'esprit de vitriol ou d'esprit de sel. M. *Soleisel.*

Autre maladie appellée Seime, Quarte.

C'est une fente aux pieds des chevaux, qui se fait à la muraille, depuis la couronne jusqu'en bas: elle vient aux quartiers & en pince.

Remede. Rafraîchissez les bords de la

partie supérieure de la seime commençante, allez jusqu'au vif, mettez-y des plumasseaux chargés de térébenthine, & entretenez le sabot souple, en l'enveloppant de rémolade ; si la chair cannelée surmonte entre les bords de la seime, rafraîchissez-les, coupez la chair, & appliquez sur la plaie un plumasseau imbibé d'essence de térébenthine, que vous maintiendrez avec une ligature longue & serrée. Si au bout de quinze jours la plaie fournit de la matiere, sondez-la ; lorsque l'os est carié, mettez une pointe de feu sur la carie, & pansez avec le digestif ou l'essence de térébenthine. M. *Lafosse fils.*

M. *Vitet* observe que tous les maréchaux ne suivent pas cette méthode, dont il ne s'éloigne pas ; les uns introduisent dans la seime des caustiques ; les autres, & c'est le plus grand nombre, mettent trois S de feu à un pouce de distance les uns des autres, de façon que le milieu de chaque S traverse la fente ; & afin de sonder la seime vers la couronne, ils appliquent un fer rouge en forme de croissant, moitié sur la couronne, moitié sur la corne.

Autre maladie appellée Bleime.

C'est certaine meurtrissure & inflammation, qu'un sang corrompu cause dans le sabot, entre la sole & le petit pied.

Remede. Il faut ouvrir le mal jusqu'au vif avec le boutoir ou la renete, pour en faire sortir la matiere, & mettre dedans du baume ardent ou de l'huile de merveille; ensuite envelopper le sabot avec une rémolade, composée de suie de cheminée & de térébenthine (M. *Lafosse fils*, exige seulement qu'on panse la plaie avec des plumasseaux imbibés d'essence de térébenthine). Si le mal s'opiniâtroit, & que la matiere causât beaucoup de ravage, il ne faut pas balancer à desoler le cheval. M. *Soleisel.*

M. *Vitet* dit, que dès le commencement, il faut appliquer sur la bleime, de l'eau-de-vie saturée de camphre, & s'il y a inflammation, de substituer au camphre du sel de saturne, & du restant suivre l'avis de M. *Lafosse fils.*

Autre maladie appellée Avalure.

C'est la séparation de la corne d'avec la peau vers la couronne.

Remede. Mettez sur l'avalure une tente imbibée d'essence de térébenthine, & un plumasseau chargé de térébenthine par-dessus, & couvrez la couronne d'onguent de pied. M. *Lafosse fils.*

Autre maladie appellée Cérise.

C'est une excroissance de chair qui arrive à la sole charnue, & qui surmonte la sole de corne.

Remede. Si la cérise est à la chair cannelée, il faut la couper, & comprimer la plaie avec des plumasseaux ; si elle est à la sole charnue, dessolez, coupez-la & comprimez la plaie avec un plumasseau. M. *Lafosse fils.*

Autre maladie appellée Fourmiliere.

C'est un vuide qui se fait entre la chair cannelée & la muraille; ce vuide regne ordinairement depuis la couronne jusqu'au bas.

Remede. Ouvrez la partie intérieure & supérieure du sabot ; introduisez dans l'ouverture, des tentes chargées de térébenthine, mêlées avec l'onguent de pied, ou bien rapez la muraille jusqu'au vif, & pansez la plaie avec un mêlange de térébenthine & de miel. M. *Lafosse fils.*

Autre maladie appellée Pieds-Solbattus.

C'est lorsque la sole est foulée, meurtrie & altérée, que le cheval a marché deferré, ou que le fer porte sur la sole, &c. On trouve la sole séche & douloureuse.

Remede. La plupart des marechaux dessolent ; mais il faut n'en venir là, qu'après avoir épuisé les autres remedes.

Faites blanchir la sole avec le boutoir, & faites referrer avec quatre clous seulement ; enfuite faites fondre de la poix noire ou du vinaigre, avec de suie de cheminée, dont on fait une bouillie ; versez-la toute bouillante dans le pied, & l'y laissez refroidir ; enfuite prenez une demi-livre de vieux oing, faites le fondre dans un poêlon, ajoutez-y une chopine de vinaigre, & épaissiffez le tout avec du fon, & appliquez-le chaudement autour du pied, & l'enveloppez, & continuez jufques à guérifon. M. *Soleifel.*

Autre maladie appellée Atteinte.

C'eft une meurtriffure ou une plaie, que les chevaux fe font les uns les autres, ou eux-mêmes, à la partie fupérieure de la couronne.

Remede. Lorfque la plaie eft fuperficielle, panfez-la avec une poudre defficative ; fi elle eft profonde, panfez-la avec du digeftif, jufqu'à ce qu'il en forte un petit bourbillon ; mais fi le bourbillon ne fond pas, & qu'il ait altéré le cartillage, l'atteinte a dégénéré en javart encorné, & panfez-la ainfi. M. *Lafoffe fils.*

Autre maladie appellée Ganglion.

C'eft lorfque le tendon fléchiffeur du pied a fouffert une violente extenfion ; il furvient un gonflement qui regne depuis le genoux jufqu'au paturon, & au bout de douze ou quinze jours, il paroît fur le tendon une tumeur fquirreufe, dure, indolente, ronde, inégale, pour l'ordinaire fixe.

Remede. Appliquez-y des cataplafmes émolliens, & fi quinze jours après le ganglion est formé, mettez-y le feu en pointe, & par-dessus de la poix grasse & de la bourre, & promenez le cheval au bout de trois ou quatre jours. M. *Lafosse fils.*

Nᵃ. Le tendon fléchisseur du pied rompu en entier ou en partie, paroît, d'après les hommes les plus éclairés, une maladie incurable.

Maniere d'engraisser un Cheval.

Après l'avoir fait saigner, mettez dans un sceau d'eau huit livres de farine d'orge moulue grossièrement & non blutée : quand tout le gros aura coulé au fond du sceau, versez-en l'eau dans un autre sceau pour servir de boisson au cheval ; ensuite donnez-lui la farine qui est au fond du sceau, & cela trois fois, le matin, à midi & le soir. Donnez-lui du repos, du bon foin ; en vingt jours il engraissera notablement. Quand vous lui ferez quitter ce régime, purgez-le avec une once & demi d'aloès très-fin, autant d'agaric, & une once d'iris de Florence pulvérisé dans une pinte de lait bien frais ; ou bien donnez-lui deux fois par jour une livre d'aillets dont on nourrit les pigeons, cuits dans l'eau, avant de le mener boire, il engraissera bientôt. *L'Auteur de la Nouvelle Maison Rustique,* &c.

CHAPITRE II.

Du Bœuf & de ses maladies.

LE bœuf est l'animal le plus utile & le plus précieux pour l'homme; il le nourrit & consomme le moins; il rend à la terre tout ce qu'il en tire, & même il améliore le fonds sur lequel il vit; il engraisse son pâturage, au lieu que le cheval & la plupart des autres animaux, amaigrissent en peu d'années les meilleures prairies.

Sans le bœuf, les pauvres & les riches auroient beaucoup de peine à vivre, la terre demeureroit inculte, les champs & même les jardins seroient secs & stériles : c'est sur lui que roule, pour ainsi dire, tous les travaux de la campagne; il est le domestique le plus utile de la ferme, le soutien du menage champêtre; il fait toute la force de l'agriculture; sa taille & ses mouvemens semblent le rendre plus capable qu'aucun autre de vaincre la résistance constante & toujours nouvelle que la terre oppose à ses efforts.

Pour avoir de belle espece, il faut que le taureau soit gras, gros, & bienfait; l'œil noir, éveillé; le regard fier & affreux; le front ouvert, la tête courte, les cornes grosses, courtes & noires; les oreilles longues & velues; le muffle grand, le nez court & droit, le cou fort charnu & fort gros, les épaules & la poitrine larges, les reins fermes, le dos droit, les jambes grosses & charnues, la queue longue & bien couverte de poil, l'allure ferme & sûre, le poil rouge; & être de moyen âge, entre trois & neuf ans.

Les vaches doivent être grandes, âgées de trois ou quatre ans, dociles, abondantes en lait, fortes, élevées dans les montagnes abondantes en pâturages ou dans les plaines éloignées des eaux marécageuses; il faut que les os du bassin soient évasés, la tête ramassée, les yeux vifs, les cornes courtes & fortes, l'espace compris entre les côtes & les os du bassin un peu long, le poitrail & les épaules charnues, les jambes grosses & tendineuses, la corne bonne, le poil rouge & uni. Les vaches d'Auvergne, de la Suisse & des Cevenes, sont réputées les meilleures pour la force & la bonté du lait.

A l'approche du tems où la vache pleine doit vêler, il faut la mettre dans un endroit séparé, faire bonne litiere, & tenir l'étable chaude l'hiver.

Aussi-tôt que le veau est né, on lui répand sur le corps une poignée de sel, & autant de miettes de pain pour exciter la mere à le lécher; ce léchement fortifie le veau & est essentiel.

En hiver on donne à la vache des battes de bled bien criblé, mêlés avec trois picotins de son dans une chaudiere pleine d'eau chaude, pendant huit à dix jours, avec du bon foin ou de l'herbe séche en été, elle n'a besoin que d'herbe fraîchement coupée; & pour boisson, de l'eau blanche : dans la suite la nourrir à l'ordinaire, & y ajouter un peu d'avoine.

Il faut faire avaler au nouveau né un jaune d'œuf cru, le laisser auprès de sa mere les cinq ou six premiers jours. Au bout de ce tems on l'attache un peu à l'écart, afin qu'il ne tete plus que quand on le juge à propos; & après qu'il a teté on le ramene en son lieu.

Huit à dix jours après, la mere va à la pâture, & on retient le veau, qu'il faut faire teter deux fois par jour : s'il répugne à prendre la tetine, c'est une preuve qu'il a les barbillons, qu'il lui faut couper à la maniere que ci-après.

Il faut laisser teter le veau au moins quarante jours, soit qu'on veuille le vendre ou l'élever; car le lait de vache ne vaut rien pendant les deux premiers mois.

Prenez toujours par préférence, si vous voulez les élever, ceux qui sont nés depuis le mois de Mars jusqu'au mois de Juin; sevrez-les à l'âge de deux mois; donnez-leur auparavant un peu d'herbe pour les y accoutumer; faites-les paître en été, enfermez-les la nuit.

Dans l'hiver tenez l'étable bien fermée & chaude; changez souvent de litiere; donnez-leur du meilleur foin, & frottez-les bien avec de la paille.

Châtrez les mâles à deux ans seulement;

dans le mois de Mai ou à l'automne, par un tems modéré & doux.

A trois ans, vous pouvez les mettre au joug, après les y avoir dreſſé.

Quelle attention ne doit-on pas apporter à la conſervation de cet animal !

On doit obſerver que toutes les maladies dont les bœufs pourront être attaqués, dont il n'eſt fait aucune mention dans ce chap., & qui ſont détaillés dans celui des chevaux, doivent être traités ſuivant la méthode indiquée : *Et vice verſa.*

Maladie appellée Fievre continue ſimple.

L'appétit diminue, la rumination eſt preſque ſuſpendue, les forces muſculaires affoiblies, les yeux légerement enflammés & tuméfiés, les oreilles, les cornes & les naſeaux froids pendant un court eſpace de tems, la chaleur des tégumens aſſez grande.

Remede. Le repos, la diete, la ſaignée & les lavemens mucilagineux, ſont les ſeuls remedes qu'on doit mettre en uſage ; pour boiſſon de l'eau blanchie, & pour nourriture du ſon plus ou moins humecté. M. *Laſoſſe fils*, M. *Vitet.*

Autre maladie appellée Fievre maligne.

Les forces muſculaires ſont ſi affoiblies, que le malade eſt obligé de ſe tenir couché, les yeux ſont triſtes & larmoyans, le pouls preſque dans ſon état naturel, le poil eſt terni, hériſſé & tombe facilement quand on le tire ; le malade refuse les alimens ; la rumination cesse, les urines sont troubles, souvent claires & en petite quantité ; la peau est séche, l'épine du dos douloureuse, la chaleur des tégumens est naturelle, rarement accompagnée de sueur ; la respiration est grande, laborieuse, quelquefois petite, fréquente & avec soupirs ; la bouche ordinairement séche, la langue blanchâtre, souvent un peu noirâtre ; les matieres fécales ou fluides ou desséchées, sans avoir rien de fétide.

Remede. Si l'animal est jeune, vigoureux & plétorique, saignez-le deux fois à la veine jugulaire dans l'espace de six heures de tems ; donnez-lui tous les jours deux bols faits avec demi-once de nitre, deux dragmes de camphre & suffisante quantité de miel ; faites-lui boire, si la bouche est humide & les matières fécales humectées, deux livres d'infusion de feuilles de rhue ou d'absinthe dans du vin ; au contraire, si la bouche est séche, contentez-vous de l'abreuver & de le nourrir avec de l'eau blanche ; donnez plusieurs fois le jour des lavemens composés de l'infusion de feuilles d'absinthe plus ou moins saturées de nitre ; dès que les forces vitales commencent à diminuer, appliquez sur le plat des cuisses de larges vésicatoires ; ne saignez pas après le troisieme ou quatrieme jour ; ne donnez aucun purgatif, ni rien qui puisse exciter la sueur ; faites évaporer dans l'écurie de l'infusion de feuilles de sauge avec partie de vinaigre & d'eau-de-vie ; bouchonnez l'animal deux fois par jour ; tenez-le proprement & dans un air tempéré ; ne lui donnez pour toute nourriture que de l'eau blanche. M. *Vitet*.

La noirceur & la sécheresse de la langue, les excrémens desséchés & noirâtres, les mouvemens convulsifs des extrêmités, l'agitation continuelle du corps, les tégumens chauds & desséchés, la respiration laborieuse, le pouls foible, le battement de flancs accompagné de soupirs, sont les signes avant-coureurs d'une mort prochaine.

Autre maladie appellée Fievre putride.

Les frissons, les chaleurs vives qui leur succédent, la véhémence du battement de flancs, sa tension, la difficulté excessive de la respiration, l'aridité de la bouche, une soif ardente, la position basse de la tête, beaucoup de peine à la relever, les yeux larmoyans, la marche chancellante, un dégoût constant, la fétidité des excrémens quelquefois peu liés, quelquefois durs, une urine aqueuse, la couleur fanée du poil, une espece de strangurie lorsque l'animal chemine, la persévérance à se tenir debout, sont les symptômes de cette maladie : il n'est pas rare de voir des vers dans les matieres fécales, & les urines troubles & fétides.

Remede. La saignée, les lavemens mucilagineux & les doux purgatifs, sont les remedes indiqués. M. *Bourgelat*.

M. *Vitet* dit, qu'avant les purgatifs il faut donner des lavemens mucilagineux tenant en solution de crême de tartre, des boissons blanches légerement acidules ; lorsque les forces vitales s'affoiblissent, donnez à l'animal une once & demi d'aloès, pulvérisé dans deux livres d'infusion d'absinthe : si la chaleur est considérable & que les matieres contenues dans les intestins aient du penchant vers la putridité ; faites macerer dans deux livres d'eau saturée de crême de tartre, deux onces de feuilles de séné que vous donnerez en breuvage à l'animal ; ne donnez pour les vers aucune préparation mercurielle ; donnez plutôt des bols composés de suie de cheminée, d'aloès, de suffisante quantité de miel : dès le troisieme jour vous pourrez purger le malade, particulierement si les matieres contenues dans les premieres voies sont abondantes ou produisent de grandes irritations, jusqu'au tems de la coction de la matiere fébrile, & se contenter tous les jours de lavemens faits avec une légere infusion de feuilles de séné & d'absinthe, tenant en solution plus ou moins de nitre.

Autre maladie appellée Fievre inflammatoire.

Les oreilles, les cornes, & les tégumens de l'animal sont froids, le pannicule charnu est agité de tremblement, l'animal est inquiet, il se couche, se leve, ses yeux deviennent rouges, enflammés & larmoyans, les oreilles, les cornes & les tégumens prennent une chaleur considérable, la langue & le palais sont secs & brûlans, l'haleine est chaude & âcre, le malade porte la tête basse & les oreilles pendantes; il perd l'appetit, il promene le foin dans sa bouche, il flaire la terre, la rumination cesse, les femelles perdent leur lait, les excrémens sont secs, noirâtres & par petits pelotons; tantôt l'animal fiente souvent & peu, tantôt il est constipé, urine rarement & quelquefois avec peine, l'urine du bœuf est rougeâtre, celle du cheval fort trouble, la respiration est souvent difficile & accompagnée de soupirs, les forces musculaires diminuent tous les jours & les forces vitales semblent s'accroître : ordinairement le malade est plus fatigué la nuit que le jour, & souvent l'inflammation attaque le troisieme, cinquieme ou le septieme jour, une partie interne ou externe du corps malade. Le poumon est de tous les visceres le plus exposé à cet accident : alors l'animal tousse fréquemment, il sort de ses naseaux une odeur plus ou moins fétide selon le tems de sa maladie, & l'intensité des symptômes, les tumeurs extérieures approchent du caractere du bubon, rarement de celui du charbon.

Si les symptômes sont violents, l'animal meurt le troisieme ou le cinquieme jour, ou la maladie se termine heureusement le septieme. Lorsque les symptômes marchent avec lenteur, la maladie se termine le onzieme ou le quatorzieme.

Remede. La saignée est de tous les remedes celui qui soulage le plus promptement le malade, & si l'inflammation s'empare du viscere, c'est souvent pour avoir manqué de réitérer la saignée les premiers jours de la maladie : on peut la répéter six fois en quarante-huit heures, si malgré cela la maladie ne prenoit point d'amendement, ne craignez pas de la réitérer le troisieme jour ; beaucoup de boisson blanche nitreuse au cheval, & avec de crême de tartre au bœuf, & à la seule boisson blanche. Si la maladie approche de sa fin, la diete doit être sévère jusqu'au jour critique, l'eau blanche plus ou moins abondante en farine de froment, orge ou avoine. Si la maladie menace d'affecter le cerveau, les poumons ou les visceres de l'abdomen, appliquez des vésicatoires sur le plat des cuisses, & réitérez leur application jusqu'à ce que vous vous apperceviez d'un changement, & donnez des lavemens adoucissans composés d'une infusion de feuilles de mauve tenant en solution une once de nitre ou demi-once de crême de tartre sur deux livres de fluide. Vous pouvez, au commencement de la maladie, pendant deux ou trois fois, rendre ces lavemens purgatifs par une légere infusion de feuilles de séné saturée de crême de tartre.

S'il paroît quelques tumeurs inflammatoires, donnez tous vos soins pour les amener à suppuration par des cataplasmes de mie de pain, de lait, de levain, de pulpe d'oignon de lys; & si la tumeur avoit un caractere évident de malignité, extirpez-la avec l'instrument tranchant: si la tumeur diminuoit ou disparoissoit tout-à-coup, appliquez des ventouses sur la partie affectée. M. *Vitet*.

M. *Lafosse fils* dit que, dans les maladies inflammatoires, la saignée, la diete, les remedes tempérans & adoucissans en breuvage & en lavement sont indiqués; il conseille d'appliquer sur la tumeur les cataplasmes de mie de pain, & d'éviter tous emplâtres & graisses, & de ne se servir que de légers résolutifs.

Autre maladie appellée Fievre lente.

Lorsque l'animal qui n'a éprouvé aucune maladie inflammatoire, est tourmenté de fievre continue, qu'il maigrit & perd tous les jours l'appétit; on peut le regarder comme attaqué de fievre lente: M. *Bourgelat* dit que cette maladie se fait connoître par le marasme.

Remede. M. *Helvetius* à qui on avoit assez mal détaillé cette maladie sous le nom de *Trainée*, conseille de tenter de faire prendre à l'animal deux ou trois fois par jour dans sa nourriture, une demi-once d'antimoine crud, outre cela lui donner tous les matins une demi-once de diaphorétique minéral mêlé dans trois pintes d'eau blanche, & ne lui donner pour boisson que cette eau, & pour nourriture de l'orge ou du ris détrempé dans l'eau blanche.

M. *Vitet* conseille pour boisson de l'eau blanche tenant en solution plus ou moins de sel marin ; de promener l'animal, une heure le matin, une heure le soir ; de lui donner tous les jours trois livres de vin de rhue ou d'absinthe, pour nourriture de la paille d'avoine ou du son humecté avec de l'eau saturée de sel marin, & un lavement deux fois par jour d'une infusion de racine de gentiane tenant en solution une once de nitre sur trois livres d'eau : soupçonnez-vous obstruction dans le foie, prenez une once de gomme armoniac, deux onces de savon blanc & suffisante quantité de miel pour faire douze bols, dont vous donnerez tous les jours six, & pour nourriture, du son humecté avec de l'eau salée, & du bon foin sec & humecté d'une petite quantité d'eau saturée de sel.

Autre maladie appellée Scorbut.

Cette maladie se manifeste comme aux cochons, par des grains de ladrerie à la levre de dessus & de dessous & à la langue qui est fort rude : elle tombe dans peu de jours & l'animal meurt aussi-tôt.

Remede. Gratez d'abord avec une cuiller d'argent les marques du scorbut jusqu'à ce qu'il n'y ait plus rien de rude, plus la langue saigne, mieux c'est; ensuite frottez ces endroits avec la pierre de vitriol, faites saigner l'animal & gargarisez-lui la bouche avec le gargarisme qui suit.

Prenez une poignée de gousses d'ail, deux pintes de fort vinaigre, une poignée de la plante nommée éclaire, une poignée de ronces, force sel & poivre & laissez infuser le tout pendant vingt-quatre heures. *L'Auteur de la Nouvelle Maison Rustique.*

Autre maladie appellée Étranguillons.

C'est ce qu'on appelle inflammation des amigdales, qui provient des humeurs qui descendant du cerveau sous la gorge de l'animal, forment des glandes qui en grossissant peuvent l'étouffer.

Remede. Parfumez l'écurie avec du vinaigre, injectez par les naseaux la décoction de racine de guimauve tenant en solution une petite quantité de sel de saturne; réitérez la saignée aux veines du plat des cuisses toutes les quatre heures, jusqu'à ce que le pouls diminue sensiblement en force & en plénitude; répétez plusieurs fois le jour des lavemens purgatifs, composés de feuilles de séné & d'eau plus ou moins saturée de crême de tartre; faites un séton avec l'ellébore à la cuisse ou au ventre; donnez de l'eau blanche pour boisson & nourriture; enveloppez les jambes de derriere & la croupe de linges trempés dans l'eau chaude & renouvellez toutes les heures ; donnez des lavemens nourriffans, fi l'animal ne peut avaler ; faignez aux veines fituées derriere la langue, lorfque les autres faignées n'ont pas produit un bon effet ; enveloppez la partie fupérieure du cou d'une peau de mouton, après avoir appliqué des cataplafmes de lait & de mie de pain : fi la maladie fe termine par le pus, les vapeurs d'eau bouillante, de l'encens, une injection par le nés de la décoction d'orge adoucie par le miel, & de l'eau feconde de chaux édulcorée de miel, favoriferont l'évacuation & la déterfion de l'abcès & de fa cicatrice : M. *Vitet*.

Autre maladie appellée Onglée, Onglet.

C'eft un prolongement membraneux de la membrane clignotante, qui s'étend depuis le grand angle de l'œil, jufques fur la face intérieure de la cornée tranfparente.

Remede. Il faut introduire fous la tumeur un fol marqué, percer l'excroiffance avec une aiguille armée d'un fil qu'il faut tirer à foi, & couper avec des cifeaux toute la partie excédente au-delà du cartillage triangulaire, & appliquer fur l'œil fimplement des compreffes imbibées d'eau-de-vie ou de l'eau fraîche. M. *Vitet*.

Autre maladie appellée Corne rompue.

Cette maladie n'eft point dangereufe, il suffit

suffit de couvrir la plaie d'un linge imbibé de vinaigre, huile d'olive & sel mêlés ensemble; & lorsque le mal commence à guérir, le frotter de suie. *L'Auteur de la Nouvelle Maison Rustique.*

J'ai vû une chose assez singuliere sur cet objet. Il y a environ neuf ans qu'une vache, que mon fermier tenoit simplement pour avoir quelque peu de lait, s'arracha une corne je ne sai comment; elle étoit attachée près de la maison au pâturage; la fermiere, dont la famille étoit occupée aux travaux de la campagne, voulut jetter un coup d'œil sur sa vache & la trouva dans cet état; désolée, toute seule & sans secours, elle ramassa la corne, la remit à sa place, & en eut tellement soin, que cette corne reprit, de maniere que j'ai vu plusieurs fois cet animal dans le même état qu'il étoit avant cet accident.

Autre maladie appellée Dureté au Chignon, ou Cors provenant de la foulure du joug.

C'est une tumeur dure, insensible, calleuse, qui paroit formée de plusieurs couches de l'épiderme, ou de matieres fluides condensées dans le tissu de la peau.

Remede. Appliquez-y pendant deux ou trois jours le cataplasme de mie de pain & de lait, ensuite enlevez avec le bistouri les couches les plus superficielles de la tumeur jusqu'au vif; appliquez-y légèrement le feu, & oignez tous les jours l'escarre avec du miel.

Suivez cette méthode pour tous les durillons qui attaquent les autres parties du corps du bœuf. M. *Vitet*.

Autre maladie appellée Ecorchure au Cou.

Remede. Il faut la frotter avec de la graisse de cochon, & de la cire neuve fondues & mêlées ensemble. *L'Auteur de la Nouvelle Maison Rustique.*

Autre maladie appellée Mouche dans les narines.

Remede. La vapeur du cinabre est seule capable de détruire cet insecte, les œufs & les vers qui peuvent en naître. M. *Vitet*.

Autre maladie appellée Tranchées ou Coliques.

L'animal se plaint, allonge le cou, étend la cuisse, se leve & se couche souvent, il ne peut tenir à aucune place, & quelquefois il sue.

Voyez ci-devant au chap. des Chevaux.

Remede. Si les douleurs sont vives, il faut commencer par saigner l'animal, une heure après on lui fera avaler une livre d'huile d'olive ou de noix; on continuera de lui en donner de deux en deux heures, dans l'intervalle on lui fera boire de l'eau blanche; on lui donnera des lavemens avec une décoction de son & une livre d'huile.

On ne lui donnera point à manger que les douleurs ne soient calmées : si elles continuoient, on lui fera une seconde saignée six heures après la premiere, ou s'il avoit la fievre ; & on continuera les lavemens jusqu'à guèrison. M. *Helvetius*. M. *Vitet* indique les mêmes remedes ; ce premier ajoute que deux heures après les douleurs passées, il faut purger l'animal, & encore deux ou trois jours après.

Autre maladie appellée l'Avant-Cœur.

C'est une tumeur inflammatoire qui naît sur la partie antérieure du poitrail, & qui s'étend quelquefois jusqu'au fourreau & aux mamelles : à peine a-t-elle paru qu'elle prend un volume considérable, & qu'elle dégénére promptement en un abcès de mauvaise qualité : la tristesse de l'animal, le dégoût universel, le battement de cœur fort & fréquent, les défaillances jusqu'à tomber par terre en sont les symptômes : le bœuf a le cou penché, la bouche pleine de salive, l'épine du dos roide, & le poil hérissé.

Remede. Si la tumeur est accompagnée de fievre, il faut saigner l'animal & le mettre à l'eau blanche, & deux heures après ouvrir la tumeur si elle est mûre ; si non, appliquez-y des cataplasmes de fiente de vache, mêlée avec le sain-doux, qu'on applique bien chaud ; ou d'oseille cuite avec du sain-doux & de l'oignon de lys cuit sous la cendre : dès que la tumeur sera mûre, ouvrez-la en quatre; coupez les angles de la plaie & panſez avec le digeſtif: ſi la fievre étoit vive après l'ouverture, réitérez la ſaignée, & traitez l'animal comme il eſt marqué dans la maladie des fievres continues ſimples. M. *Helvetius.*

Autre Remede. Réitérez les lavemens compoſés d'eau blanche & d'une verrée de vinaigre ſaturée de nitre : l'eau blanche doit ſervir de nourriture & de boiſſon; & lorſque les forces vitales s'affoibliſſent, donnez en breuvage le matin & le ſoir un demi ſeptier de vin d'abſinthe; emportez la tumeur avec le biſtouri dès qu'elle eſt groſſe comme le poing, & panſez la plaie comme celle du bouton de farcin; ne faites qu'une ſaignée au plat de la cuiſſe. M. *Vitet.*

Autre maladie appellée Piſſement de Sang.

Remede. Le piſſement de ſang demande que l'on faſſe trois ou quatre ſaignées à cinq ou ſix heures de diſtance les unes des autres, & qu'on mette l'animal à la diete ſévere, qui eſt l'eau blanche: ſi après, la maladie continue, faites boire à l'animal de deux en deux heures, une pinte d'une forte décoction de feuilles de piloſelle & de bourſe-à-paſteur, & on y ajoutera la racine de quintefeuilles ſi on la peut trouver.

Si après vingt-quatre heures de cette boiſſon, la maladie continue ou n'eſt pas fort diminuée, reſaignez encore une ou deux fois l'animal, & faites fondre dans chaque pinte de la décoction ci-dessus, d'alun en poudre ; faites-en aussi des bols avec le miel que vous ferez avaler à l'animal, & continuez ainsi jusqu'à guérison : on observera de donner tous les jours à l'animal un ou deux lavemens, & on ne le purgera qu'après cinq ou six jours que le pissement de sang aura été arrêté.

Si cet accident provenoit d'une pierre dans les reins ou dans la vessie ; il n'y auroit nulle ressource pour l'animal. M. *Helvetius.*

Autre Remede. Saignez à la veine jugulaire, & réitérez jusqu'à ce que les arteres aient repris leur état naturel ; faites boire du petit lait coupé avec parties égales de racine de grande consoude ; répétez souvent des lavemens composés d'une émulsion d'amande douce, ou de semences de courge, ou de l'eau blanchie avec la farine de seigle ; faites baigner soir & matin le malade ; ne donnez à manger que du son humecté d'eau de nitre, & appliquez sur les reins des linges imbibés d'eau saturée de crême de tartre.

Si après quatre ou cinq jours la maladie continuoit, appliquez sur les reins & aux parties génitales des étoupes imbibées de vinaigre toutes les demi heures ; ne faites boire que la décoction de racine de grande consoude, aiguisée d'une petite quantité d'alun, & ajoutez dans les lavemens demi-once d'alun : si les arteres battent fort &

fréquemment, réitérez la saignée, & continuez l'usage des boissons & lavemens. M. *Vitet.*

Autre maladie appellée Dysenterie ou Flux de Sang.

Dès le commencement les animaux ne fientent qu'avec peine, il survient très promptement un flux de ventre avec un tenesme, ou difficulté de fienter, ou ils rendent quelques matieres glaireuses & une sérosité très-fétide, qui dégénere en peu de tems en flux de sang, accompagnée de douleurs qu'on connoît par leurs plaintes.

Il faut les faire feuiller, c'est-à-dire, nettoyer l'intestin rectum; donner plusieurs lavemens composés de demi-dragme de camphre en solution dans un jaune d'œuf, & mêlé avec trois livres d'eau de riz aiguisée de crême de tartre, & administrer tous les matins un semblable mélange en breuvage; pour nourriture, une petite quantité de farine dans l'eau aiguisée de nitre.

Si la chaleur de la bouche, des tégumens & de l'anus est considérable; si les matieres fécales ont beaucoup de fétidité, il faut substituer au nitre la crême de tartre; au bout de vingt-quatre heures, administrez un lavement, où vous mettrez, à la place du camphre & du jaune d'œuf, deux dragmes de racine d'ipécacuanha; vous réitérerez ce lavement deux fois par jour, & dans l'intervalle, vous ferez passer

les lavemens faits avec le camphre, &c.
M. *Vitet*. Il recommande les parfums avec le vinaigre & l'eau-de-vie.

M. *Helvetius*, observe que si l'animal rend le sang tout clair, mêlé avec les excrémens, cette maladie paroît dépendre alors de la rupture de quelques-uns des vaisseaux sanguins des intestins; que si le vaisseau est considérable, rien ne peut sauver l'animal; s'il est petit, il pourra guérir en le faisant saigner trois ou quatre fois, ne laissant que quatre ou cinq heures d'intervalle, avec la diete & l'eau blanche, & lui donnant des lavemens faits avec une décoction de feuilles de plantin, d'argentine & de quintefeuille, & un peu de beurre.

S'il ne cesse pas, il faut réitérer les saignées, & on lui fera boire de la décoction de pilosselle, de bourse-à-pasteur, & de quintefeuille, avec un peu d'alun de roche.

Autre maladie appellée Inflammation des Poulmons.

Voyez ci-devant, Courbature, & faites les mêmes remedes.

Autre maladie appellée Piqûre ou Morsure de Bêtes Vénimeuses.

Dans cette maladie la partie lézée se tuméfie, l'enflure gagne de proche en proche, l'animal est agité de mouvemens convulſifs, bat des flancs & reſpire avec difficulté; la plus grande partie de ſon corps enfle d'une maniere ſurprenante, & la mort s'empare du ſujet.

Remede. Prenez extrait de genievre deux onces, un verre d'eau, demi-dragme d'alcali volatil & ſel armoniac, le tout mêlé enſemble, faites le prendre à l'animal : ſi vous n'avez point d'alcali volatil, faites boire deux onces de ſuie de cheminée, délayée dans une forte infuſion de racine de gentiane.

Enlevez enſuite avec un biſtouri, l'endroit bleſſé; appliquez deſſus des étoupes imbibées d'alcali volatil ou de ſuie de cheminée délayée dans l'eau-de-vie, & changez les étoupes dès qu'elles commenceront à ſe deſſécher.

Réitérez le breuvage preſcrit trois ou quatre fois en vingt-quatre heures; faites boire au malade dans l'intervalle de l'infuſion de racines de gentiane; ne lui préſentez aucun aliment, que les ſymptômes urgens ne ſoient calmés, & adminiſtrez-lui tous les jours les lavemens adouciſſans. M. *Vitet.*

Autre maladie appellée Rage.

L'animal enragé ne connoît perſonne; il eſt toujours en mouvement; ſes yeux ſont rouges & étincellans; il ne veut pas boire, & tire la langue; il rend par la bouche beaucoup d'écume, & il mord tout ce qu'il rencontre.

Remede. Il faut promptement assommer l'animal enragé ; mais lorsque la rage n'est pas confirmée, coupez en rond toute la partie mordue, appliquez-y le feu & excitez une abondante suppuration ; n'oubliez pas les remedes intérieurs, tels que le cinabre, la panacée mercurielle, & les aromatiques. M. *Lafosse fils.*

Autre Remede. Dès qu'un animal a été mordu, il faut à l'instant, avec un bistouri, retrancher du corps la partie affectée, jusqu'au-delà du fond de la blessure ; laissez saigner la plaie, la laver de même que les parties environnantes, avec une forte infusion de feuilles de rhue dans du vin saturé de sel marin ; ensuite la couvrir d'un plumasseau chargé d'un onguent fait avec une partie de sublimé corrosif & deux parties de miel ; la suppuration qui s'établira dans la plaie au bout de douze heures, doit être entretenue avec l'onguent égyptiac, jusqu'à ce que les chairs destinées à former une bonne cicatrice, commencent à croître : l'administration intérieure du mercure est la méthode la mieux indiquée, & fondée sur de bonnes observations ; la plus avantageuse est le cinabre porphirisé, & mêlé avec parties égales de racine de gentiane pulvérisée, le tout incorporé avec suffisante quantité de miel pour un bol, qu'il faut répéter le matin & le soir à la dose d'une dragme par bol, jusqu'à ce qu'on ait passé le trentieme jour, à dater de l'instant de la morsure.

Baignez l'animal deux heures le matin & deux heures le soir, si la saison le permet; donnez-lui pour nourriture, du son mouillé & des plantes fraîches; pour boisson, de l'eau blanche; donnez-lui tous les jours un breuvage composé de feuilles de rhue & de vin macérés à un feu doux pendant sept ou huit heures; évitez de le saigner & de le faire suer; séparez l'animal des autres; veillez-le avec soin, pour l'assommer au premier symptôme de rage. M. *Vitet.*

Autre Remede. L'Auteur de la Nouvelle Maison Rustique, a donné un remede contre cette maladie, fort éprouvé par les hommes & par les animaux, à ce qu'il assure.

Prenez la coquille de-dessous d'une huître à l'écaille mâle, c'est-à-dire, de celle dont le poisson a un bord noir, & dont l'écaille a en-dedans des marques qui sont noires quand l'huître est vieille, & qui sont jaunes quand l'huître est encore jeune; faites la calciner au feu ou au four, jusqu'à ce qu'elle se rompe sans effort; réduisez-la en poudre impalpable, & si vous le pouvez, passez-la au tamis, ensuite faites la prendre aux malades: il y a trois manieres de donner ce remede.

La premiére, & celle qui agit le plus promptement, est de le donner en bols comme le quinquina, en le multipliant à proportion de la facilité avec laquelle le malade pourra les avaler.

La deuxieme, est de le donner dans du vin blanc.

La troisieme, est de battre cette poudre dans quatre œufs, en faire une omélette avec de l'huile, & la faire manger au malade seule & sans boire.

La dose ordinaire pour ceux qui sont dans l'accès, est le poid de six gros pour la premiere fois, qui se doit donner au malade le plus promptement qu'il est possible; les jours suivans quatre, & qu'il ne mange que trois heures après.

La dose pour ceux qui sont mordus à sang, ou pour ceux qui ont été à la mer & non guéris, est quatre gros pour chacun des trois jours.

Quand le malade n'a été que pincé, léché ou érafflé, ou qu'il se trouve dans une grande crainte, qui est souvent aussi dangereuse que la morsure à sang, la dose n'est que de deux gros une seule fois.

Quand on fait prendre ce remede aux chiens, on leur ôte les œufs, & on emploie seulement l'huile d'olive pour y mettre la poudre d'écaille.

A l'égard des chevaux, bœufs & vaches, il faut la poudre de quatre à cinq écailles avec l'huile d'olive, & faire le reste comme pour l'homme.

La Gazette d'Agriculture de 1774 n. 21, fait un détail du remede Tonquin, pour avoir guéri un garçon maréchal de cette cruelle maladie. En voici la recette, qui ne sauroit être trop répandue.

Prenez du cinabre naturel & factice, de chacun vingt-quatre grains; broyez-les jusqu'à ce qu'ils soient réduits en poudre très-fine; mêlez à cette poudre du musc le plus fort que vous pourrez trouver, seize grains; attendez qu'il soit réduit en très-fines parties ainsi que le cinabre : tout cela vous fera une dose que le malade prendra dans une cuillier à thé remplie d'eau-de-vie, ou de quelque liqueur forte.

L'intervalle d'une prise à l'autre, doit être d'une heure ou de deux heures tout au plus, & continuez jusqu'à ce que le malade soit tranquille & qu'il dorme : en quelque état que soit le malade, on doit faire ce remede.

Autre maladie appellée Charbon.

Cette maladie est très-commune parmi les bœufs; c'est une élévation sensible & prompte sur les tégumens, accompagnée d'une grande chaleur; peu de tems après le milieu de la tumeur s'affaisse, devient moins sensible, & se remplit d'une humeur plus ou moins sanieuse; ensuite la gangrene s'y manifeste, les bords de la partie gangrenée restent durs & enflammés pendant quelque-tems; enfin la gangrene s'empare des parties voisines, & l'animal meurt : l'inflammation la plus vive & la plus prompte à dégénérer en abcès de mauvaise qualité, constitue le caractere essentiel du charbon, & attaque les parties internes du corps comme les externes.

Remede. Extirpez le charbon dès qu'il

approche de son entier accroissement, environ douze ou vingt-quatre heures après son apparition, avec l'instrument tranchant; tenez l'animal à une diete austere; le petit lait, l'eau blanche, le suc de laitue, feront la base de sa nourriture & de sa boisson; vous en donnerez plusieurs fois le jour des lavemens tenant en solution de crême de tartre ou du nitre, & ferez un séton avec l'ellébore; point de saignée, purgatifs ni sudorifiques; laissez bien saigner la plaie; lavez-la avec une forte infusion de feuilles de rhue ou de sauge, ou avec de l'eau-de-vie camphrée; appliquez-y un cataplasme de feuilles de rhue, de racine de gentiane, qu'il faut changer toutes les douze heures, jusqu'à ce qu'on apperçoive le commencement de la suppuration; alors pansez l'ulcère avec l'onguent égyptiac. M. *Vitet*.

Autre maladie appellée Rot avec effort pour Vomir.

C'est ce qu'on appelle rot chez l'homme, & rien de si difficile à traiter que cette maladie.

Remede. Donnez au bœuf un breuvage composé de deux onces d'ipécacuanha, pulvérisé & délayé dans une livre & demi de vin; donnez en breuvage & à petite dose, le petit lait ou la décoction d'orge nitreuse; administrez plusieurs lavemens mucilagineux, ensuite employez les bains. M. *Vitet*.

Autre maladie appellée Rétention d'Urine.

On s'apperçoit aisément que l'animal est travaillé d'une rétention d'urine, quand il a de fréquentes envies & qu'il fait des efforts pour uriner sans le pouvoir.

Si cette maladie provient de l'inflammation des parties contenantes, ce qu'on connoît lorsqu'au commencement l'urine coule avec peine & en petite quantité, ensuite son cours est entièrement suspendu, les muscles du bas-ventre se contractent en force, le fourreau est d'une chaleur plus considérable, la vulve est un peu enflammée, & dans les efforts on voit l'urètre faire saillie dans la vulve ; & si on veut le sonder, on trouve une résistance singuliere.

Remede. Les saignées réitérées à la jugulaire dans le même jour, & des lavemens faits avec la décoction de feuilles de pariétaire & le nitre, ou avec la feuille de laitue & la crême de tartre, au nombre de sept ou huit par jour, la diete, de l'eau seulement blanchie & nitreuse, exposer la vulve & le fourneau à la vapeur du vinaigre, sont les remedes indiqués par M. *Vitet* : il ajoute, que la sonde est le moyen le plus prompt pour soulager les femelles.

Si elle provient d'une violente & continuelle contraction du sphinkter de la vessie, les urines sont entièrement & subitement suspendues, les parties ne sont ni enflammées ni échauffées, le pouls est dans le commencement dans son état naturel.

Remede. Saignez dans le commencement à la veine jugulaire ; donnez un bol toutes les quatre heures d'une dragme de camphre & d'une dragme & demi de nitre, avec suffisante quantité de miel ; faites boire beaucoup d'eau blanche nitrée ; administrez deux ou trois lavemens, composés d'une dragme de camphre délayée dans deux jaunes d'œufs, & suffisante quantité d'eau blanche nitrée ; sondez les femelles ; & si rien ne fait aux malades, introduisez la sonde brisée de l'intestin rectum dans la vessie. M. *Vitet.*

Si elle provient d'un corps étranger dans la vessie ou le canal de l'urètre, l'animal a de féquentes envies d'uriner ; il regarde ses flancs, plie le d'os, se couche & se releve à chaque instant ; l'urine sort quelquefois goutte à goutte, & cours de l'urine est souvent interrompu tout-à-coup, & reste suspendu jusqu'à ce que la pierre cesse de fermer l'orifice de l'urètre ; les muscles du bas-ventre se contractent, & l'intestin rectum fait saillie en-dehors : dès que la pierre cesse de fermer l'orifice de l'urètre, l'urine sort, mais souvent teinte de sang, épaisse & chargée de sédiment : on peut s'assurer de la pierre par la sonde brisée, introduite par l'intestin rectum, si la pierre jouit d'une certaine grandeur.

Remede. Dans ce cas, M. *Vitet,* après avoir détaillé toutes les opérations convenables à cette maladie, convient & conseille d'envoyer le plutôt possible l'animal à la boucherie pour le faire assommer.

Si au contraire la maladie vient de substances visqueuses ou de graviers, il faut avoir recours aux diurétiques les plus actifs, savoir la térébenthine, le vin blanc, le savon, la racine de persil, le suc d'oignon avec de l'eau-de-vie, le sel marin, les eaux minérales administrées en breuvages & en lavemens.

Autre maladie appellée Gale.

C'est une maladie prurigineuse & cutanée, qui se manifeste par une éruption de pustules accompagnées de démangeaison.

Remede. Lavez l'animal avec de l'eau chaude; faites lui une saignée; mettez-le à la diete & à l'eau blanche; donnez-lui tous les jours un lavement, & mettez dans sa nourriture deux fois par jour, deux gros de *crocus metallorum*; & s'il est dégoûté, mettez-le au masticadour; continuez ce régime deux ou trois jours, ensuite purgez le, & le lendemain faites-lui prendre un bol, composé d'une prise de l'opiate suivante le matin à jeun, & un après midi, à trois heures de distance des alimens, & continuez pendant deux ou trois jours.

Une once d'œthiops minéral, une once de soufre, le tout en poudre, incorporez-le avec le miel.

Si la gale n'est pas passée ou fort diminuée, frottez-le avec une pomade, composée avec parties égales de soufre & de graisse, & tenez-le chaudement. M. *Helvetius.*

Autre Remede. Saignez & purgez l'animal, ensuite employez intérieurement le soufre & les poudres de vipere, & extérieurement les onguens sulphureux & mercuriels. M. *Bourgelat.*

Autre Remede. Parfumez les écuries deux fois par jour avec du soufre ; pour nourriture, du son avec deux onces de fleur de soufre ; pour boisson, l'eau blanche : donnez tous les jours un lavement avec une décoction de racine de patience, tenant en solution deux dragmes de foye de soufre ; faites une saignée dans le commencement de la maladie, & lavez les parties affectées avec une forte infusion de tabac dans du vin ; étrillez deux fois par jour l'animal, & envoyez-le au pâturage dès que l'herbe aura poussé, & enfin évitez tous purgatifs. M. *Vitet.*

Autre maladie appellée Enflure ou Œdeme.

Lorsqu'appuyant le pouce ou le poing sur la peau d'un animal, il se forme un enfoncement ou creux, qui ne s'efface que lentement & par degrés, on ne peut pas douter que l'animal ne soit enflé ; les tégumens sont tuméfiés & dépourvus d'élasticité ; toutes les fonctions paroissent dérangées, & le pouls est lent & petit, l'animal est inquiet & pesant, la soif est plus grande que dans l'état naturel, la langue est séche & l'appétit diminué.

Remede. Lorsque cette maladie est générale, elle ne se guérit que par l'usage des purgatifs, joints aux diurétiques. M. *Helvetius*, M. *Lafosse fils.*

M. *Vitet* n'est pas d'avis des purgatifs, mais des diurétiques, & conseille de prendre des baies de genievre demi-livre, de cendres de genêts une livre, du vin blanc huit livres, mettre le tout ensemble dans une bouteille exactement bouchée, faire macérer ce mélange au soleil ou dans une étuve pendant vingt-quatre heures, & en donner tous les jours à l'animal demi-livre le matin à jeun, & la même dose le soir.

Si les diurétiques ne réussissent pas, favorisez l'insensible transpiration par un exercice modéré, des frictions légeres sur la peau, les vapeurs de genievre, de sauge, de tabac, d'encens, &c.: appliquez deux fois par jour les couvertures de laine; n'oubliez pas l'immersion du corps dans du sable chaud ou du fumier; accompagnez-les de quelques prises de suie de cheminée, de racine d'angélique, mêlées avec la poudre de fourmis, &c.

Autre maladie appellée Abcès.

C'est une éminence privée de chaleur, peu sensible, cédant au toucher sans laisser aucune impression distincte, & donnant des marques de fluctuation; la matiere qui y est contenue, est le produit d'une inflammation ordinairement arrivée dans l'endroit où le pus s'est ramassé.

Remede. Favorisez l'abcès par l'application des graisses (M. *Vitet* dit, par des cataplasmes de mie de pain, de lait, de saffran ou de pulpe d'oignon de lys & d'épinard, même par le levain, l'onguent suppuratif, la gomme armoniac, la fiente de pigeon, la semence de moutarde, incorporés avec la fiente de vache ou de pigeon.) Dès que le pus est formé, ouvrez l'abcès avec le bistouri à la partie inférieure ; s'il y a plusieurs cavités, ouvrez-les toutes ; si l'abcès attaque une glande, ne l'ouvrez pas avant la fonte des duretés ; si l'abcès est près d'une cavité essentielle aux fonctions de l'animal, d'un vaisseau considérable, d'un nerf, d'un tendon & d'un os, faites-en l'ouverture avant que la suppuration soit parfaite. M. *Lafosse fils.*

Autre maladie appellée Flegmon.

C'est une tumeur avec chaleur, tension, dureté & douleur.

Remede. Saignez au commencement de la maladie ; fomentez la tumeur avec des fluides mucilagineux ; appliquez-y des cataplasmes de mie de pain avec le lait ; évitez les huileux & les répercussifs, & favorisez la résolution avec de légers aromatiques : lorsque l'inflammation vient d'une violente contusion ou autre blessure, employez les cataplasmes faits avec les farines résolutives & le vin rouge, ou avec le son & le vinaigre ; fomentez la partie affectée avec de l'eau-de-vie camphrée. M. *Lafosse fils*.

Si l'inflammation se termine par la suppuration ; la douleur, la chaleur & la tension cessent, la tumeur devient molle, & forme un abcès qu'il faut traiter comme ci-devant.

Autre maladie appellée Morsure des Poux ou Pouilleutement.

Ces animaux excitent une démangeaison qui oblige l'animal de se frotter, souvent les poils tombent dans les endroits où ces animaux se multiplient le plus.

Remede. Séparez l'animal des autres ; tenez-le proprement ; donnez-lui pour nourriture de la paille & du son avec trois onces de fleur de soufre par jour ; parfumez deux fois par jour l'écurie avec quatre parties d'encens & une de cinabre ; lavez les parties du corps avec une forte infusion de feuilles de tabac ou de feuilles de cigue, dans l'eau aiguisée d'eau-de-vie. M. *Vitet*.

Autre maladie appellée Vers des Ongles.

Voyez ci-après au Chap. des Bêtes à Laine.

Autre maladie appellée Séparation entiere de la corne du pied, & Chute des ongles du pied.

Les bœufs qui ont séjourné long-tems dans les écuries & qui fatiguent ensuite, éprouvent une inflammation superficielle dans la chair cannelée des ongles, qui fait séparer la corne de sa derniere phalange, & qui les fait boîter.

Remede. Laissez-les reposer ; enveloppez-leur le pied avec un onguent fait avec une partie de miel & deux parties de lie de vin, & changez toutes les douze heures jusqu'à guèrison. Si l'ongle est tombé, environnez le pied de linge ou d'étoupes, où vous mettrez suffisante quantité de miel & de suie de cheminée, que vous arroserez une fois par jour d'eau-de-vie ; vous n'ôterez le premier appareil que le cinquieme jour ; quand la corne commence à paroître, la seule application des étoupes cordées suffit ; éloignez tous les huiles, onguens, graisses & astringens. M. *Vitet.*

Autre maladie appellée Chancre.

Cette maladie s'annonce par une tumeur remplie d'une humeur rousse & fluide qui se fait jour d'elle-même, & produit une cavité, dont la grandeur augmente en très-peu de tems, souvent jusqu'à détruire les parties circonvoisines dans la bouche & ailleurs.

Remede. Dès qu'il paroît, il faut l'extirper & emporter avec lui une portion des chairs voisines, ensuite laver les parois de la plaie avec une forte infusion de feuilles de rhue & de tabac dans l'eau-de-vie saturée de sel marin; réitérez les lotions plusieurs fois, jusqu'à ce que vous apperceviez de bonnes chairs, & la plaie diminuer sensiblement de grandeur; donnez pour nourriture de l'eau blanche, plus ou moins saturée de sel marin & de farine de froment; administrez des lavemens composés d'une décoction de racine de guimauve, tenant en solution du nitre ou de la crême de tartre, si la chaleur est vive.

Rejettez la saignée, les caustiques, & le cautère actuel. M. *Vitet.*

Autre maladie appellée Poison.

Aussitôt que l'animal a avalé une plante ou une autre substance venéneuse, il cesse de manger, s'agite, se couche, bat des flancs, il soupire, le ventre s'enfle avec promptitude & d'une maniere extraordinaire; le mouvement du cœur augmente à mesure que les symptômes s'accroissent: au commencement, les oreilles, les cornes & les narines sont froides, mais bientôt après elles acquierent une chaleur considérable; l'animal regarde son ventre, & se tient couché lorsque la maladie a fait des progrès.

Remede. Dès l'instant qu'on s'apperçoit

que l'animal a avalé quelque substance veneneuse du régne végétal, donnez-lui en breuvage & en lavement, une grande quantité de fluide mucilagineux, tel que l'eau blanche, l'eau mielée, la décoction de racine de guimauve, de lait, l'huile d'olive récente, &c.; faites une saignée à la veine jugulaire, plus ou moins considérable, selon la quantité & la qualité du poison; éloignez tout purgatif, de même que la thériaque, l'orviétan & le vin avec le lait. M. *Vitet*.

Si le poison est composé d'une substance metallique unie avec un acide, l'alcali fixe, mis en solution dans une grande quantité d'eau miélée, empêchera les mauvais effets du poison.

Si le poison vient d'une substance veneneuse du regne animal, comme les mouches cantharides, les chenilles, les sangsues, vers, &c. donnez beaucoup d'eau miellée, du petit lait, de l'eau blanchie avec de la farine de riz ou d'orge; & si vous soupçonnez que les sangsues produisent de violentes coliques ou des convulsions, donnez une grande quantité d'eau saturée de sel marin.

Si vous soupçonnez de l'inflammation dans l'estomac ou les intestins, éloignez les huiles, les graisses & toute sorte d'aliment, de même que le lait; saignez plusieurs fois le malade à la veine jugulaire; faites lui boire peu & souvent de petit lait, de la décoction d'orge, aiguisée d'une petite quantité de nitre, & réitérez les lavemens mucilagineux & nitrés. M. *Vitet*.

Autre maladie appellée Rétention d'un corps étranger dans le Gosier.

Le bœuf friand de pommes, souvent les avale sans les mâcher, & lorsqu'elles sont trop grosses, elles restent dans le gosier ; & si l'animal n'est promptement secouru, il meurt au milieu des douleurs & des convulsions.

Remede. Si on ne peut arracher avec la main le corps étranger, versez dans la bouche de l'animal un verre de bonne huile d'olive ; introduisez ensuite dans l'œsophage un jonc mince, fort, flexible, & garni à son extrêmité, d'étoupes imbibées d'huile ; si cela ne réussit pas, servez-vous d'un tire bouchon, ou divisez la pomme en frappant avec un maillet la partie qui répond à la pomme, en appuyant un morceau de bois de l'autre côté ; & si tout cela est envain, ouvrez avec le bistouri un passage au corps étranger : il ne paroît pas de l'impossibilité à la cicatrice d'une telle plaie. M. *Vitet.*

Autre maladie appellée Jaunisse, causée par les vers.

Voyez au Chap. des Bêtes à Laine.

Autre maladie appellée Jaunisse Froide.

Voyez idem.

Autre maladie appellée Jauniſſe avec chaleur.

Voyez idem.

Autre maladie appellée Enflure.

Voyez idem.

De la Deſſolure chez les Bêtes à Corne.

Toutes les fois que le pus reflue dans la portion des tégumens qui recouvrent la couronne, la deſſolure entiere de l'ongle n'eſt pas eſſentielle, à moins que le pus n'ait entièrement ſéparé le ſabot de la troiſieme phalange ; une longue inciſion pratiquée avec le biſtouri à la tumeur de la couronne, & une contr'ouverture faite avec la corniere du boutoir & les rénettes entre la ſole & la muraille, dans la partie affectée, peuvent suppléer à l'entiere extirpation de la ſole.

Si cette méthode ne réuſſit pas, dilatez l'abcès dans toute ſa longueur, depuis la couronne juſqu'à la face inférieure de l'ongle ; & ſi de tels moyens ne conduiſent pas l'abcès à entiere guèriſon, il faut enlever la partie inférieure de l'ongle, parce que ſouvent le pus ſépare entierement l'ongle de la troiſieme phalange.

Pour cet effet, parez auſſi mince qu'il eſt poſſible la partie inférieure de l'ongle ; exécutez avec la corniere du boutoir, une rainure aſſez profonde pour ſéparer la face intérieure de l'ongle de ses parties latérales ; vous serez dirigé dans cette opération, par une espece de ligne qui naît de la réunion des couches latérales de l'ongle avec ses couches inférieures : après avoir pénétré tout autour de la base du pied, jusqu'à la substance cannelée, après avoir soulevé la partie antérieure de la base de l'ongle, saisissez avec les tricoises la corne en pince, renversez la partie postérieure, & à mesure que vous l'enleverez, ayez soin de détruire avec le bistouri, ses adhérences avec les parties latérales du sabot; ensuite traitez la plaie comme celle du cheval dessolé.

Chez le mouton, la dessolure peut s'exécuter avec un simple scalpel & de bonnes pinces. M. *Vitet*.

Le repos, la diete, la propreté de l'écurie, contribuent beaucoup à la réussite de cette opération.

Des Epidémies.

Il en parut une en 1711 dans la basse Hongrie, qui passa en Italie & en Allemagne : la mortalité s'étendit jusques dans les bêtes sauvages, qu'on trouvoit mortes dans les forêts ; les chiens qui mangerent de leur chair, devinrent enrangés, & les hommes qu'ils mordirent, tomberent dans l'hydrophobie, & imitoient l'aboyement des chiens.

Cette maladie se manifestoit par des

puſtules remplies d'une matiere d'une odeur inſupportable; il découloit de la bouche des animaux malades, une humeur d'une odeur cadavéreuſe; ils reſpiroient avec grande difficulté; les bœufs & les vaches ne ceſſoient de mugir, & leurs mugiſſemens redoubloient lorſqu'ils étoient prêts de mourir: alors on entendoit dans leurs entrailles, un bruit comme ſi les tuniques, trop diſtendues, euſſent éclaté.

On trouva dans l'eſtomac des animaux qui furent ouverts, des boules de la groſſeur d'une noix, remplies de poils, & recouvertes d'une eſpece de tunique membraneuſe, ſi dure, qu'on avoit peine à la couper avec un couteau.

Les ſymptômes de cette maladie étoient ſi terribles, la maladie ſi courte, & les maréchaux ſi peu inſtruits, qu'il n'a été fait aucune mention des remedes dont on a uſé pour la prévenir & en arrêter les progrès.

M. *Vitet* obſerve que dans ce cas, les ſétons avec l'ellébore au fanon, aux épaules & aux cuiſſes; les acides végétaux, les bols de camphre & de nitre, l'eau blanche nitreuſe, les lavemens avec l'eau, le vinaigre & le miel, les parfums de vinaigre & d'eau-de-vie, étoient les ſeuls remedes: enſuite le troiſieme ou le quatrieme jour, faire boire au malade deux livres de vin d'abſinthe, le matin à jeun & autant le ſoir, & continuer les parfums & les lavemens.

Autre.

Elle parut en 1712. Les bœufs & les chevaux étoient dans le commencement attaqués aux aînes, au poitrail & aux autres parties du corps, de tumeurs dures, qui s'étendoient beaucoup, & emportoient en très-peu de tems les bestiaux qui en étoient affectés.

Faites une prompte extirpation des tumeurs avec l'instrument tranchant ; appliquez sur la plaie un cataplasme de feuilles de rue ; faites plusieurs sétons aux tégumens de chaque malade, avec une infusion d'absinthe dans du vin ; donnez des lavemens & des boissons nitreuses camphrées, au cheval : au bœuf, des médicamens acidules, tels que la crême de tartre dissoute dans une legere infusion de feuilles d'absinthe, & le vinaigre mêlé avec une infusion de feuilles de rue. M. *Vitet*.

Autre.

Elle se manifesta en 1713. Les bœufs seuls furent atteints de cette maladie, & éprouverent divers symptômes; les uns mugissoient, prenoient la fuite, & s'agitoient de mille manieres, comme s'ils avoient été saisis d'une terreur subite ; les autres mouroient comme frappés par le tonnerre.

Le plus grand nombre avoient l'air triste & portoient la tête basse ; leurs yeux étoient languissans & arrosés de larmes ; il sortoit de leurs naseaux & de leur bouche, du mucus & de la salive; la fiévre s'emparoit d'eux avec une espece d'horripilation; ils faisoient des efforts pour vomir, & ils se couchoient; on voyoit toujours sur leur langue ou dans le gosier, des tumeurs inflammatoires, des pustules, des hidatides & des ulcères; au commencement ils étoient altérés & buvoient beaucoup; ensuite ils refusoient absolument les alimens & la boisson; souvent ils prenoient la diarrhée avec matieres fétides de diverses couleurs & quelquefois sanguinolentes; la plupart avoient l'haleine fétide & mouroient tourmentés de la toux; ceux qui, en petit nombre, alloient jusqu'à la deuxieme semaine, présentoient une espérance de guèrison, surtout si le poil tomboit & la peau devenoit rude: par l'ouverture des cadavres, on ne put rien observer de constant & de certain, pour les diverses affections des visceres. L'Italie fut le théâtre de cette maladie, & particulièrement la campagne de Rome.

Tous les remedes qu'on employa pour dompter cette maladie furent inutiles; c'est pourquoi M. *Lancisi* conseilla de faire tuer tous les bœufs malades, ou soupçonnés de l'être, pour arrêter le progrès de cette cruelle maladie: ceux qui suivirent son avis, sauverent la plus grande partie de leurs bestiaux, & les autres les virent tous périr, malgré les remedes & les avis des médecins.

Autre.

Ce fut en 1714. Il paroiſſoit un bouton deſſus ou deſſous la langue près de ſa racine, où il ſe formoit un toupet de poil jaunâtre, qui rongeoit la langue & la faiſoit tomber, ou par une veſſie qui paroiſſoit au même endroit, blanche dans ſa naiſſance, enſuite rouge & enfin noire; elle crevoit & laiſſoit un ulcère chancreux, qui creuſoit dans l'épaiſſeur de la langue, en avançant du côté de ſa racine, & la coupoit en entier; l'animal beuvoit, mangeoit & travailloit à ſon ordinaire: ces ſymptômes ne différoient que du bouton à la veſſie: cette maladie gagnoit en un jour toute une Paroiſſe, ſans qu'elle eût aucune communication avec d'autres.

Cette maladie, quelqu'effrayante qu'elle fût par l'apparence de malignité & la promptitude avec laquelle elle ſe répandoit, n'eut point de ſuites fâcheuſes, & céda à des remedes ſimples; qui eſt de racler avec une cuiller ou une piece d'argent, la partie malade, juſqu'à ce que le ſang en ſorte & que le poil, s'il y en a, ſoit tombé; on prend enſuite du vinaigre le plus fort, & on y mêle du ſel, du poivre, beaucoup d'ail, de la rue ſi l'on en a, & de la poirée; on frotte avec ce mélange la partie malade & toute la langue; ce qu'il faut répéter deux ou trois fois par jour juſqu'à guèriſon.

Cette maladie se renouvella en 1731 & en 1763, dans presque toute la France; on a usé de ce remede, qui a eu par tout le succès le plus complet, & dans l'occasion on peut s'en servir avec une confiance entiere.

Autre.

Elle parut en 1730. Les premiers symptômes étoient la tristesse, le tremblement, la tête & les oreilles basses, la perte de l'appétit; les excrémens avoient, les deux premiers jours, beaucoup de consistance, le troisieme ils venoient avec diarrhée si forte, que le bœuf rejettoit, à un ou deux pas, une fiente semblable à la lavure de chair : chez plusieurs, la diarrhée dégénéroit en dyssenterie, & chez tous, les excrémens étoient si fétides, que le bœuf sain en mugissoit d'horreur, & fuyoit avec précipitation l'endroit où ils étoient.

L'illustre M. *Godik* & M. *Lancisi*, penserent que la saignée, les purgatifs & les astringens étoient nuisibles; ils recommanderent seulement l'usage du petit lait en boisson, & les lavemens où ils faisoient infuser des plantes émollientes; ils faisoient boire à l'animal de l'eau où il faisoient brûler du camphre; les salivans leur parurent avantageux; ils les composerent d'ail, de soufre, de sel, de sauge & de genievre, mêlés avec du vinaigre : les sétons au fanon & auprès du cou, ne furent pas oubliés; ils se servirent de quinquina, donné depuis deux onces jusqu'à trois, sur dix à douze livres d'infusion de plantes aromatiques, que l'on donna en breuvage & en lavement.

Autre.

On s'en apperçut en 1740. Les symptômes étoient des frissons irréguliers, les yeux rouges & larmoyans, les cornes & les oreilles froides, la tête lourde & pesante, une bave épaisse & gluante dans les naseaux & dans la bouche. Le lait diminuoit insensiblement, une toux fréquente, de longs soupirs, beaucoup de tristesse & d'insensibilité ; dans les excrémens il paroissoit, les premiers jours de la maladie, des filets de sang, les uns avoient un flux de ventre, les autres ne fientoient qu'avec des tranchées ; on appercevoit un mouvement convulsif de l'épine, depuis la tête jusqu'à l'extrêmité du dos ; ils ne se soutenoient plus sur leurs jambes ; ils battoient du flanc ; la respiration venoit de plus en plus difficile ; la peau paroissoit séparée des muscles, & un froissement semblable à celui d'un parchemin.

Un séton au fanon avec l'ellébore, enduit d'onguent de scarabus ou saupoudré de mouches cantharides, accompagné d'une seule saignée, d'une grande diete, d'une boisson fréquente avec de l'eau blanche ; mettre la bête deux ou trois fois par jour au masticadour, fait avec du sel, du poivre-long, un peu d'ail & de miel ; frotter en même tems les narines & le derriere des oreilles plusieurs fois le jour avec le vinaigre aromatique ; pour nourriture, du son, de la farine de seigle & de l'herbe récente, le tout en petites doses, & parfumer les écuries avec des plantes aromatiques deux fois par jour. Tels furent les remedes dont on se servit contre cette maladie.

Lorsque le malade avoit des pustules sur la langue, ce qui étoit un bon signe, on la ratissoit jusqu'au vif avec une piece d'argent, & on la bassinoit deux fois par jour avec du vinaigre & du sel.

Autre.

Elle se manifesta dans l'Election de Gion, par une enflure considérable aux mâchoires, & s'étendoit promptement par tout le corps, de maniere que l'animal périssoit en très-peu de tems. J'ignore l'époque où elle parut ; mais voici le remede dont on se servit, contenu dans un imprimé que l'administration fit courir dans toutes les provinces.

Un cautère à la panne ; ensuite on donnoit à l'animal malade, une chopine de vin blanc, une once de bonne thériaque, quelques grains de poivre-long concassés, une pincée de sel ordinaire, & quelques gousses d'ail.

On appliquoit tous les jours exactement sur la plaie du cautere, de l'herbe appellée *petite brochette*, une petite branche de genievre attachée avec un fil, que l'on tiroit lorsqu'il falloit réitérer le pansement ; ensuite on graissoit la plaie avec du beurre frais. Après dix ou douze jours, les animaux étoient en état de continuer leurs travaux.

Autre.

En 1744 elle parut dans plusieurs Provinces, & particulierement dans le Hainault. Je n'ai pu me procurer le détail des symptômes de cette maladie ; tout ce que j'ai pu en apprendre, c'est par une lettre que M. Orri, pour lors Contrôleur-Général, écrivit à MM. les Intendans, dans laquelle il leur mande, que cette maladie provient du peu de tems que l'excessif travail laisse aux bestiaux pour digérer ; qu'on ne leur donne pas le tems de ruminer, ce qui forme un mauvais chyle & leur cause cette maladie dont ils périssent ; en même tems il leur envoya la recette des remedes qui avoient eu du succès dans le Hainault, que je vais détailler.

Saignez la bête sous la langue si on apperçoit qu'elle l'ait enflée, ou qu'il y ait des boutons dessus, autrement il faut saigner la bête au col.

Mettez l'animal au masticadour avec l'assa-fœtida gros comme une noix, pendant sept ou huit heures.

Ce remede n'a manqué aucune bête à Mons, ni dans les environs.

Autre remede éprouvé dans la subdélégation du Quenois. Un breuvage composé d'une demi livre de savon noir, démêlé & fouetté dans un pot de lait.

Autre remede éprouvé dans la subdélégation d'Avesnes. Trempez une couverture dans les eaux qui sortent des fumiers, ou imbibez-la; couvrez-en la bête malade; tenez-la bien chaudement: il se fait une éruption au bout de quelque tems à la peau, qui devient couverte de boutons, & elle guèrit.

Autre remede éprouvé à Marville, subdélégation de Landrecy. Laissez la bête à jeun pendant six heures; donnez-lui un breuvage composé d'une poignée de suie de cheminée fine passée au tamis, d'une poignée de sel, de trois œufs délayés dans une pinte d'urine d'homme; ensuite de deux en deux heures un autre breuvage, composé d'une poignée de feuilles de sauge, autant de lierre terrestre, de feuilles de plantain long, bouillies dans environ deux pots de petit lait.

Si la bête paroît fort échauffée, donnez-lui de deux en deux heures des lavemens comme le breuvage dernier, à l'exception de la sauge: à mesure que l'animal guèrit, donnez ces remedes plus rarement.

Autre.

M. le Clerc, Médecin des armées du Roi, nous a fait le détail de celle qui parut en

1744, & qui a duré jusqu'en 1746.

Elle s'annonçoit par les poils hériffés, un tremblement prefque univerfel; les cornes & les oreilles froides, l'inflammation des yeux & le larmoyement; tantôt les nafeaux donnoient paffage à une morve continuelle, tantôt les narines étoient retrécies, rouges & fans écoulement; la langue étoit féche ou couverte d'une falive blanchâtre écumeufe; la falivation abondante, les gencives rouges pleines de varices, parfemées de petits boutons jaunâtres; la même chofe arrivoit quelquefois au palais & à la langue; il furvenoit à plufieurs un bubon ou dureté inflammatoire au fanon & aux aînes; les uns fe foutenoient à peine, les autres avoient les jambes roides, ne pouvoient fe coucher; plufieurs ne s'appuyoient que fur les jambes de devant; les pieds de derriere étoient fi fenfibles, que les bêtes ne pouvoient fupporter le moindre attouchement; le battement des arteres étoit fort & fréquent; vers la fin du fecond & troifieme jour la refpiration devenoit difficile, l'animal battoit des flancs & pouffoit des gémiffemens; il rendoit par la bouche & par le nez de la morve & de la falive qui devenoit, avant la mort, fétide & fanguinolente; le quatrieme, cinquieme & fixieme jour, il périffoit comme affommé d'un coup de maffue: dans le commencement, les excrémens étoient durs & brûlés, & devenoient enfuite liquides & putrides; le lait des vaches ne paroissoit altéré que la veille de leur mort ; il devenoit jaunâtre, d'une odeur désagreable.

Remede par le même. Eloignez tout purgatif; saignez à la veine jugulaire ou à la poitrine, ou aux deux endroits en même tems; on peut tirer cinq, six & sept livres de sang, suivant l'âge & les forces du malade. Si les symptômes ne sont pas diminués le lendemain, répétez la saignée & n'hésitez pas à en faire une troisieme si la violence du mal l'exige : ne saignez jamais le troisieme jour (M. Vitet la croit nuisible le second); donnez soir & matin, si l'animal est constipé, une demi-livre d'huile de lin exprimé, ou un lavement composé d'une livre & demi & plus d'huile de lin fraîche & un peu tiede, d'une once & demi de sel ordinaire dissous dans un verre de bon vinaigre.

Les jours suivans les saignées, donnez-lui toutes les trois heures une demi-once de la poudre suivante, délayée dans une écuelle d'eau ou de petit lait : prenez du nitre purifié, de la crême de tartre, de chacune une livre; de camphre deux onces, & reduisez le tout en poudre subtile : si la chaleur, la fievre, la difficulté de respirer & l'insomnie étoient considérables, une heure & demi après chaque prise donnez deux cuillerées du remede suivant.

Prenez du vinaigre de vin, miel cru, de chacun six onces, nitre pulvérisé demi-livre, huile de vitriol demi-once, mêlés en femble, & agités pendant un quart d'heure sur un très-petit feu sans bouillir. (M. Vitet dit de retrancher ce remede comme mal imaginé, & d'y substituer un simple mélange de miel avec du vinaigre.)

Il regarde comme un secours très-important, de laver tous les jours la bouche du malade &c. avec d'excellent vinaigre, de l'eau-de-vie, de l'huile de lin à parties égales, & un peu de sel de nitre.

Si la bête étoit attaquée d'un grand flux de ventre, supprimez l'huile de lin & diminuez d'un tiers ou d'une moitié les remedes indiqués ci-dessus; & servez-vous d'une grande quantité de petit lait mêlé de farine ou de son.

Si elle commence à se rétablir, ne suspendez pas pour cela les remedes tout-à-coup, diminuez-en seulement la dose & la fréquence.

Etrillez bien doucement deux fois par jour l'animal; & comme l'expérience de tous les siécles a prouvé que dans les maladies contagieuses, les incisions & les cauteres sont des remedes efficaces, M. le Clerc les recommande expressément, de même que la propreté & les parfums toutes les six heures, avec du fort vinaigre ou de poudre à canon, mêlé avec du sel commun & des graines de genievre.

Pour nourriture, de la farine de seigle dans du petit lait jusqu'à consistance de bouillie, du son & des pommes mûres ou non; éloignez l'usage du foin, qui reste dans l'eftomac de l'animal, s'y féche & s'y brûle.

Pour boiffon, du petit lait, ou du lait aigre toujours tiéde, d'heure en heure, environ une livre, à défaut de l'eau pure ou de l'eau de fon légere, avec un verre d'excellent vinaigre fur trois livres de cette boiffon.

Telle eft, dit M. le Clerc, la méthode qui m'a toujours réuffi, & elle eft beaucoup préférable à tous les remedes irritans, âcres, chauds, incendiaires, dont le peuple fait ufage, tels que l'ail, l'eau-de-vie, le foufre pris intérieurement, la thériaque, & tous les remedes de cette nature, qui font plus propres à feconder la force du venin, à enflammer les humeurs, à déchirer les vaiffeaux, à hâter la corruption, qu'à y remedier; de forte qu'il en profcrit abfolument l'ufage.

Autre.

M. *de Sauvages* nous décrit celle qui fe manifefta en 1745. Elle commençoit par le dégoût, le refus conftant des alimens & de la boiffon, le défaut de rumination, les oreilles & la tête baffe, la vue trouble, les friffons de tout le corps, le poil fe hériffoit rapidement & fucceffivement de la croupe à la tête & de la tête à la croupe, les yeux larmoyoient à la plupart, fouvent les larmes devenoient chaffieufes & purulentes, elles creufoient quelquefois un fillon fur la peau, il découloit des narines une

morve purulente & quelquefois fanguinolente, qui paroiffoit venir du bord des narines; la refpiration étoit gênée vers le troifieme jour; le bœuf gémiffoit, battoit des
flancs; fon cœur battoit plus de quarante-
cinq fois par minute, & même jufqu'à qua-
tre-vingt-dix, tandis qu'en fanté il ne bat
qu'environ trente-fix ou trente-huit.

Le fymptôme le plus remarquable & le
plus conftant, étoit le cours de ventre, qui
commençoit le fecond ou le troifieme jour;
il étoit précédé de différens efforts pour
fienter, & d'une évacuation de matieres dures & noirâtres; mais le cours de ventre
une fois déclaré, ils rendoient, & fouvent
lançoient fort loin une matiere coulante
d'un vert foncé & d'une odeur infuppor-
table; le cinquieme ou le fixieme jour cette
diarrhée étoit fanguinolente; les urines
étoient naturelles, & plufieurs bœufs perif-
foient les jours qu'ils prenoient la diarrhée.

Les Profeffeurs de Médecine de Mont-
pellier confultés, furent d'avis d'attaquer
cette maladie par des remedes préfervatifs
avant qu'elle fe déclarât, plutôt que par
des remedes curatifs; tels que la féparation
des malades avec les fains, de les tenir
proprement, bien étrillés & bouchonnés,
& de parfumer les écuries avec du bois de
genievre, de laurier, & furtout avec du vinaigre.

Auffi-tôt qu'un bœuf feroit attaqué, ils
recommanderent de le faigner à la veine
jugulaire, de le purger avec l'aloès & la

brionne mêlée avec le jus de pruneaux; le lendemain d'employer les médicamens propres à pousser la transpiration & la sueur, tels qu'une once de thériaque avec une noix muscade, du géroflé, de la canelle, du poivre, de chacun une pincée en poudre dans une pinte de vin; les tenir chaudement & couverts pendant l'usage de ces remedes; les parfumer, les faire boire chaud & souvent; & après le sudorifique, mettre un séton à la panne avec l'ellébore.

Autre.

Elle parut en 1760. M. Reinier qui, la traita, nous dit que l'animal perdoit ses forces, il trembloit, se tenoit couché, ne se levoit que pour chercher à se rafraîchir; il avoit la tête basse, les oreilles pendantes; étoit triste, avoit les yeux rouges, pleuroit, sa peau étoit chaude & séche, la respiration fréquente & difficile.

Après beaucoup de progrès l'animal battoit des flancs, sa toux étoit fréquente, l'haleine fétide, le cœur & les arteres battoient avec force, la langue & le palais étoient arides & noirâtres, la rumination cessoit, il perdoit l'appétit, urinoit peu & rarement, les urines étoient rougeâtres, la soif étoit considérable au commencement, les excrémens étoient durs & noirâtres, quelquefois liquides & sanguinolens; les vaches perdoient leur lait.

Chez plusieurs il se formoit des tumeurs

inflammatoires, tantôt vers la poitrine, aux vertebres du col & au ventre, tantôt aux mamelles & aux parties naturelles; chez d'autres il paroissoit des boutons comme de gale & des furoncles: plus ces symptômes étoient multipliés, plutôt l'animal périssoit; ordinairement le quatrieme jour il étoit mort ou guèri: s'il passoit le quatrieme & que le septieme fût heureux, sa guèrison étoit comme certaine.

M. *Reinier*, pour combattre cette maladie, eut recours à l'eau pure, au petit lait, au suc de laitue, de petite joubarbe avec décoction d'orge, de son, de semences de courge ou de concombre, donnés en breuvage & en lavemens: si le mal étoit urgent, du nitre, le vinaigre mêlé avec suffisante quantité de miel & étendu dans une décoction de feuilles de mauve & de pariétaire, donnés en breuvage ou en lavement.

Lorsque la diarrhée étoit considérable & que la dyssenterie paroissoit, il faisoit diminuer la quantité de vinaigre, & ajoutoit au petit lait deux onces de quinquina, ou quatre onces d'écorce de frêne en poudre. Le séton placé à la panne ou au bas ventre, & les parfums de vinaigre, produisirent de très-bons effets.

La maniere de traiter les tumeurs fut de les ouvrir, ensuite d'appliquer sur toute l'étendue un cataplasme fait avec les feuilles d'absinthe, de menthe, de rue, le sel ammoniac & le vin, qu'on changeoit dès qu'elles commençoient à fécher, & de panfer l'ulcere avec l'onguent égyptiac, qu'on recouvroit du cataplafme précédent.

Autre.

On s'en apperçut en 1761. Les animaux ne mangeoient point & avoient un défir infatiable pour la boiffon, les yeux triftes & troublés; fur le champ le lait tariffoit aux vaches; toute la face interne de la bouche ne préfentoit qu'un ulcere, & des nafeaux découloit continuellement une matiere plus ou moins fétide; la langue étoit noire & defféchée, la refpiration difficile; enfin la gangrene s'emparoit de l'arriere bouche & l'animal mouroit.

On étoit perfuadé que les petits vers étoient la caufe de cette maladie; c'eft pourquoi M. Plenciz faifoit prendre au malade quarante-huit grains de mercure doux, demi dragme de camphre & du vin quantité fuffifante pour un bol; & cela deux fois par jour; on donnoit au cheval & au bœuf une très-grande quantité d'eau blanche, où l'on avoit fait bouillir du mercure.

M. *Vitet* obferve que les breuvages & les lavemens avec la feule décoction de pruneaux ou de tamarin, furent les feuls remedes qu'on employa avec fuccès en qualité de purgatifs; que plufieurs confreres de M. Plenciz fouhaitoient qu'on lavât la bouche & les nafeaux avec une forte infusion de feuilles d'absinthe & de suie de cheminée dans du petit lait; qu'on le donnât deux fois par jour en breuvage & en lavemens; & qu'on les parfumât deux fois par jour avec du cinabre, & qu'on ne se servît pas du mercure doux.

Autre.

En 1762 elle se manifesta en Dannemark, où elle fit de grands ravages, par un frisson général, par la toux; les yeux devenoient ternes, humides & chassieux; il en couloit deux jours après, des larmes; les vaches perdoient leur lait; la chaleur survenoit ensuite & surtout à la nuque; l'animal dégoûtoit les alimens solides; il buvoit volontiers tant que l'inflammation ne l'empêchoit pas d'avaler; il sortoit abondamment des narines & de la bouche, une matiere baveuse & d'une odeur insupportable; quelquefois il étoit constipé, mais la plupart rendoient, au commencement, des matieres fécales plutôt aqueuses que solides; vers la fin de la maladie, les deux dernieres articulations de la queue se corrompoient & devenoient mollasses; si on enlevoit la peau qui les couvroit, il en sortoit une matiere purulente & fétide; la corruption gagnoit de proche en proche jusqu'aux cornes, qui devenoient froides & se vuidoient; lorsque le froid atteignoit les oreilles & les narines, ce qui arrivoit le sixieme ou le septieme jour, l'animal mouroit.

On n'a pas fait part au public des remedes dont on ufa. M. *Vitet* dit que dans cette circonftance, il faut donner de l'eau blanche nitreufe, le camphre & le nitre unis avec le miel, le miel diffous avec une grande quantité d'eau aiguifée avec du vinaigre, le petit lait, le fuc de feuilles de laitue ou la décoction d'orge en lavement ; enfuite pour donner des forces à l'animal, une once de fuie de cheminée délayée dans une infufion de feuilles d'abfinthe de chopine, réitéré deux fois par jour en boiffon ; un féton avec l'ellébore au fanon, & laver plufieurs fois dans le jour la queue, avec une forte infufion d'abfinthe & de rue, dans du vinaigre faturé de fel amoniac.

Autre.

La même année il en parut une en Dauphiné, dans la Paroiffe de Mefieux : elle s'annonçoit par le refus de toute efpece d'alimens folides & mêmes liquides, par la tête & les oreilles baffes, les yeux larmoyans, le poil terne, la conftipation, l'enflure douloureufe aux environs de la ganache & le long du cou ; le pouls plus concentré que fréquent, & une humeur écumeufe qui fortoit de la bouche & des nafeaux ; & trois ou quatre jours après, il arrivoit un battement de flancs confidérable, & une extrême foibleffe, figne d'une mort prochaine, ou des tumeurs inflammatoires qui faifoient bien augurer des malades.

Suivant les observations qui ont été faites, le Dauphiné & la Bresse sont très-souvent exposés à cette maladie épidémique ; elle est, pour ainsi dire, propre à ces pays.

M. *Bourgelat* donna d'abord un préservatif contre cette maladie ; de conduire les bêtes saines dans des écuries non infectées & propres, & parfumées avec des baies de genievre & de laurier, écrasées & macérées dans du bon vinaigre, & faire évaporer le tout à une douce chaleur; les saigner à la jugulaire, leur donner pour boisson de l'eau aiguisée de vinaigre, diminuer la quantité de nourriture, les envoyer au pâturage après la rosée passée, les ramener avant la chute du sérein, & ne pas les laisser exposés à l'ardeur du soleil.

Pour la contagion, il fit saigner à la veine jugulaire une fois seulement ; pour toute nourriture & pour boisson, de l'eau blanchie par le son, plus ou moins saturée de nitre ou de vinaigre, selon les symptômes ; des lavemens composés d'une décoction de feuilles de mauve & de pariétaire, dans laquelle on faisoit dissoudre une once de nitre, deux fois par jour ; d'injecter trois fois le jour dans les naseaux & dans la bouche, une décoction de plantes de ronces & d'aigremoine, & les vapeurs d'une infusion aromatique, animée d'une plus ou moins grande quantité de vinaigre.

Les tumeurs inflammatoires, qui tenoient de la nature du charbon, furent conduites à suppuration par des cataplasmes maturatifs ; aussitôt qu'on y apperçut fluctuation, on les ouvrit avec le bistouri ou un bouton de feu, ensuite on les traita comme ulcère simple.

Autre.

En 1763 elle se manifesta dans le Brouageois, élection de Marennes, généralité de la Rochelle, par le refus de nourriture; l'animal étoit triste, la tête baissée, les oreilles froides & abattues, le poil hérissé & terne, les flancs applatis, le ventre tendu & plein, tout le corps tiraillé, & faisant des efforts pour uriner ; les urines étoient claires, la constipation survenoit, la rumination cessoit ; quelques heures après, s'il ne paroissoit point de tumeurs à la superficie du corps, les frissons saisissoient le malade ; il trembloit, ses yeux se ternissoient & devenoient larmoyans ; il sortoit une bave tenace de la bouche & des narines ; il se couchoit & mouroit tranquillement, ou agité de convulsions plus ou moins vives dans les extrêmités ; il alongeoit souvent la tête ; il étoit essouflé, poussoit de longs soupirs ; quelquefois il toussoit : ces symptômes venoient avec tant de rapidité, que plusieurs bœufs succomboient sous le joug avant que le laboureur s'apperçût du moindre mal.

Les tumeurs qui attaquoient le nez, la bouche & le fondement des bestiaux, & particulièrement le poitrail des chevaux, étoient presque toujours les signes avant-coureurs d'une mort prochaine ; au contraire, celles qui affectoient le fanon des bœufs, étoient moins dangereuses.

La mortalité s'étendit sur les bœufs, les chevaux & les brebis.

M. *Nicolau*, aidé des conseils de M. *Bourgelat*, ordonna pour préservatif, de faire de grands feux près des étables ; de les tenir propres & parfumés avec le genievre & le soufre ; de séparer les malades des sains ; d'enterrer les cadavres dans des fosses profondes ; de les priver du fourrage corrompu ; de les abreuver dans l'eau courante ; de faire boire tous les jours au bœuf & au cheval, une pinte de vinaigre où l'on auroit fait macérer une poignée de baies de genievre.

Il faisoit donner au malade, une fois par jour pendant tout le cours de la maladie, à jeun, demi-once de gomme ammoniac, & autant d'assa-fœtida, grossièrement pilé, qu'on faisoit dissoudre dans une demi-pinte de vinaigre ; dans le cas où le mal devenoit plus grave, il recommanda l'alcali volatil, de sel ammoniac à la dose d'une demi-cuillerée dans un quart de pinte de vin ou d'infusion de genievre, & cela trois fois le jour ; au moindre signe de sueur, il prescrivit de la soutenir avec une once de thériaque ou d'orviétan, délayé dans les mêmes véhicules, de couvrir l'animal, ensuite d'abattre la sueur avec le couteau de chaleur, enfin de le bouchonner avec

avec force ; d'appliquer sur les tumeurs les véficatoires dès qu'elles étoient dures & peu disposées à la suppuration ; d'ouvrir la tumeur s'il y avoit fluctuation, plutôt avec le feu qu'avec l'instrument tranchant ; de panser l'ulcere avec l'onguent égyptiac & le suppuratif mêlés à parties égales ; de faire deux fois par jour des lotions avec de l'eau simple & de l'eau-de-vie, tenant en solution deux dragmes de sel commun, sur une pinte d'eau commune & demi-pinte d'eau-de-vie ; enfin de panser l'ulcere accompagné d'un pus louable, avec le digestif ordinaire jusqu'à parfaite cicatrice.

Autre.

Elle a paru en 1773 dans une partie de la généralité d'Amiens ; elle s'annonce d'abord par une toux plus ou moins forte : dès cet instant, il faut saigner l'animal & le mettre aux boissons délayantes ou rafraîchissantes. On prendra ensuite de farine de seigle une jointée ou deux, de son de froment, que l'on mettra dans un sceau d'eau commune, avec demi-once de sel de nitre, & au fond demi-verre de vinaigre, que l'on fera tiédir, & on en donnera abondamment pour boisson.

On administrera trois fois par jour un lavement composé d'une jointée ou deux de son de froment, avec une once de cristal minéral, le tout divisé en trois : au bout de trois ou quatre jours, si l'animal va mieux, on discontinuera l'usage de la boisson.

Si la fiévre se manifeste; les poils se hérissent sur les reins, le dos & presque sur tout le corps, la tête est basse, les oreilles pendantes, les flancs battent, & la respiration est difficile; il y a constipation, ensuite diarrhée, quelquefois même dyssenterie: il faut continuer les précautions ci-dessus, & réitérer la saignée; ajouter de plus sur chaque sceau d'eau blanche, deux bouteilles d'une forte décoction d'orge, avec trois onces de miel commun, & faire respirer à l'animal la vapeur de l'eau chaude.

Donnez pour toute nourriture des bols de son de froment & de miel cuit ensemble.

S'il y a constipation, multipliez les lavemens, & ajoutez-y un verre d'huile d'olive ou du sain-doux.

S'il y a diarrhée, faites les lavemens avec une poignée de graine de lin bouillie avec une demi-once de sel de nitre, & autant de miel sans huile ni sain-doux.

S'ils ne procurent pas soulagement, faites-en avec deux gros de quinquina en écorce bouillie dans l'eau, & après la colature, ajoutez-y deux cuillérées de miel.

Pour appaiser la toux, prenez cinq à six figues grasses, écrasez-les avec trois onces de miel; enveloppez le tout dans un linge autour d'un bâton; placez-le trois ou quatre fois par jour dans sa bouche en maniere de mords de bride.

Bouchonnez l'animal trois ou quatre fois par jour avec de la paille ; couvrez-le ; tenez l'écurie propre, & brûlez-y du vinaigre sur une pelle chaude.

Si les accidens augmentent, faites un bol avec trois gros de quinquina, un gros de camphre, que vous ferez dissoudre dans quatre jaunes d'œuf, une once de miel & une cuillerée de vinaigre, & donnez-le deux heures après ; faites prendre une bouteille ou forte décoction de graines de genievre : si la sueur se manifeste, entretenez-la par les couvertures, la chaleur de l'étable & une once de thériaque, que vous ferez avaler dans une bouteille de vin rouge ; quand elle sera passée, bouchonnez & parfumez.

Lavez la bouche de l'animal avec un mélange d'eau d'orge, de miel & de vinaigre.

Lorsque les soins auront opéré, & que la maladie sera appaisée, il faut employer le purgatif suivant.

Séné deux onces ; faites infuser pendant trois heures dans une bouteille d'eau commune bouillante ; coulez & ajoutez aloès succotrin, manne grasse, de chacun une once ; laissez infuser le tout pendant la nuit sur les cendres chaudes ; ajoutez-y le lendemain deux onces de sel d'Epson, & faites prendre le tout tiéde à l'animal, qu'on ne laissera manger que sur les neuf ou dix heures.

On aura aussi attention après la cure, de faire observer la diete pendant quelque tems.

Cette méthode a été donnée par le sieur Mallet, éléve de l'Ecole Vétérinaire.

CHAPITRE III.

Des Bêtes à laine & de leurs Maladies.

IL paroît inutile de rien dire de plus des bêtes à laine, que ce qui a été observé à ce sujet dans la premiere partie de cet Ouvrage : aussi il ne sera parlé ici que de leurs maladies.

Maladie appellée Tournoyement, Vertige.

Voyez ci-devant aux Chap. des Chevaux.

Il n'y a point de différence pour le traitement de cette maladie, sinon qu'il faut saigner la brebis à la queue, & lui donner pour nourriture & boisson, un peu de son humecté avec de l'eau saturée de deux parties de nitre, & d'une partie de sel marin. M. *Vitet*, M. *Hastfer Suédois*, outre la saignée à la queue, conseille encore l'incision aux oreilles.

Autre Remede. Tenez l'animal à la diete & à l'eau blanche; saignez une ou deux fois; donnez des lavemens & purgez plusieurs fois. M. *Helvetius*.

Autre Remede. Prenez deux pailles de seigle battu ; rognez l'épi au troisieme nœud, en y laissant les barbes; coupez ensuite le tuyau de la paille à deux ou trois pouces plus bas que la naissance de l'épi, selon la longueur de la tête; insinuez chaque paille par le bout opposé aux trois nœuds de l'épi, dans chacun des conduits que les moutons ont au bout de la partie supérieure du palais derriere les gensives, qui pénétrent depuis leur orifice jusqu'au cerveau, de sorte que les barbes soient arrêtées dans les ouvertures: on les y laisse six ou huit jours, & même jusqu'à ce qu'elles tombent en pourriture. M. *Carlier*, dit que c'est le seul remede dont une bête tourni puisse être soulagée, & que cette méthode est préférable.

Autre maladie appellée Toux.

C'est ordinairement au printems que les bêtes à laine sont incommodées de cette maladie.

Remede. Faites boire de l'eau miellée, aiguisée d'une petite quantité de sel, & donnez-en peu; faites recevoir au malade les vapeurs d'encens & de soufre. M. *Vitet.*

Si la toux est violente & soutenue depuis long-tems, elle annonce la pulmonie, maladie incurable. M. *Carlier* dit, que si la toux dure plus de huit jours, il faut saigner à la tête, & donner de l'eau blanchie avec la farine d'orge, un peu d'ail & d'avoine.

Autre maladie appellée Abcès à la Gorge.

Les bêtes à laine sont sujettes aux abcès

à la gorge, qui donnent quelquefois un pus d'un jaune foncé.

Remede. Dès que l'abcès est parvenu à sa maturité, ouvrez-le & lavez avec du vinaigre. M. *Hastfer*, M. *Carlier*.

Autre maladie appellée Erésipele, Feu-Sacré.

La douleur, la chaleur, la tuméfaction légere des tégumens, constituent l'érésipele; ses bornes ne sont point limitées comme celles des autres maladies inflammatoires; il est presque toujours accompagné de fiévre & d'une rougeur très-vive, qu'on apperçoit en écartant les poils ou la laine.

Remede. Une ou deux saignées faites en vingt-quatre heures, si l'inflammation étoit vive; si elle occupoit la tête & le cou, ne craignez pas de la répéter; une heure après, donnez un lavement composé d'une infusion de feuilles de séné, saturé de crême de tartre, & réitérez trois fois dans vingt-quatre heures; ensuite passez aux lavemens faits avec la décoction d'orge, tenant en solution ou de la crême de tartre ou du nitre.

Pour nourriture, les plantes fraîches & abondantes en mucilages aqueux; le petit lait ou l'eau blanche nitreuse pour boisson.

Lorsque la maladie diminue, donnez deux fois par jour un bol composé de parties égales de soufre & de miel.

Tant que l'inflammation ne fait pas de progrès, appliquez sur la tumeur une infusion de fleur de sureau aiguisée d'eau-de-vie & de sel de saturne; mais si la douleur & la chaleur étoient vives, fomentez avec une infusion de fleur de sureau, aiguisée d'une petite quantité d'eau-de-vie, jusqu'à son dernier degré d'accroissement; alors mettez-y des linges ou des étoupes imbibées d'une solution de sel de saturne dans l'eau-de-vie : si la suppuration s'établit, appliquez sur la partie ulcérée un onguent composé de deux parties de sel de saturne & d'une partie de bon miel exactement triturés, & couvrez de compresses imbibées d'eau-de-vie. M. *Vitet.*

Si la gangrene paroît, mettez en usage les moyens indiqués ci-devant.

Autre maladie appellée Erésipele Contagieux.

La rougeur, la chaleur & la douleur, s'emparent de la plus grande partie des tégumens; l'animal est triste, dégoûté, inquiet, & pris d'une fièvre plus ou moins vive : ce mal se communique avec assez de promptitude parmi les bêtes à laine, & quand elles en sont infectées, la laine tombe & souvent l'érésipele dégénére en gangrene.

Remede. Séparez l'animal malade des sains; parfumez les écuries avec du vinaigre aromatique; tirez à la bête deux onces de sang de la veine jugulaire ; faites-lui avaler deux fois par jour de soufre & de miel ; même boisson & nourriture que ci-dessus ; exposez-le à la vapeur du vinaigre, où vous pouvez ajouter un demi-septier d'eau-de-vie sur un pot de vinaigre ; lorsque l'érésipele ne tourne pas vers la solution, il faut sur le champ assommer l'animal & l'enterrer, sans l'écorcher, dans une fosse très-profonde. M. *Vitet.*

Autre maladie appellée Chancre.

Les bêtes à laine sont exposées à des petites vésicules pleines d'une humeur rousse, qui attaquent ordinairement les tégumens du cou, elles excitent au commencement une vive démangeaison, & lorsqu'elles sont ouvertes, elles s'étendent autour ; elles détruisent les tégumens & les muscles voisins, quelquefois elles pénétrent jusqu'aux os : on a vu des bêtes à laine attaquées de cette maladie, avoir les yeux rouges, les tégumens & les muscles de la tête détruits jusqu'à laisser le crane à découvert.

Remede. Suivez la méthode indiquée pour cette maladie au Chap. des Bœufs.

M. *Carlier* donne le nom de chancre ou boucle, à des boutons qui paroissent sur la langue de l'animal, sur les parties inférieures & supérieures de la bouche, & qui n'étant pas traités à propos, gagnent le gosier & même les intestins.

Remede. Si le chancre ne fait que commencer, il suffit de frotter la bouche avec du vinaigre, de l'ail & du poivre.

Les boutons se changent-ils en petites vessies remplies de pus, on les écrase avec un morceau de genievre ; on nettoye & on base l'endroit avec une infusion de vinaigre, de sauge, de sel & d'hysope, d'une demi-once de sel dans une chopine de vinaigre : l'enflure suit, on incise les chairs & on passe dessus les ingrédiens dont on vient de parler ; on fait avaler au malade un peu de thériaque pour le fortifier.

Autre maladie appellée, Rot sans effort sensible pour vomir.

C'est un mouvement convulsif du gosier, d'où naît un bruit approchant du rot ; les bêtes à laine en sont tourmentées avant & après avoir mangé, & en pâturant ; elles maigrissent tous les jours d'une maniere sensible ; elles languissent ; elles vont toujours les dernieres au pâturage, portent la tête basse, mangent peu & leur laine tombe.

Remede. Donnez pour nourriture une petite quantité de foin fin, un peu saupoudrée de sel marin & de nitre ; donnez-leur à jeun & le soir trois heures après avoir mangé, demi-livre de bon vin vieux, & parfumez l'écurie avec parties égales d'eau-de-vie & de vinaigre : si la bouche est enflammée, & si vous soupçonnez de l'embarras dans les premieres voies, faites boire à l'animal de l'eau blanche nitreuse, & donnez-lui à jeun demi-livre de petit lait ; si la chaleur est calmée, & que le rot subsiste, faites-lui boire du vin ou un peu de térébenthine en solution dans un jaune d'œuf. M. *Vitet.*

Autre maladie appellée Assoupissement causé par le Soleil.

Les bêtes à laine ont beaucoup de peine à se rendre à l'écurie, & aussitôt qu'elles y sont arrivées, elles se mettent en peloton, changent rarement de situation, sont peu sensibles aux menaces & aux coups ; elles refusent les alimens & la boisson, & meurent sans entrer en convulsion.

Remede. Faites-leur deux ou trois saignées aux veines de la cuisse & des flancs ; donnez-leur en lavement, de l'eau aiguisée de nitre & de crême de tartre ; faites évaporer beaucoup du vinaigre dans les écuries ; pour boisson, de l'eau blanche saturée de crême de tartre ; appliquez sur toute la tête, des étoupes imbibées de vinaigre de saturne tiéde ; fomentez les jambes avec de l'eau chaude : si l'assoupissement ne paroît pas diminué & accroît, ouvrez les parotides. M. *Vitet.*

Cette maladie est commune au bœuf.

Autre maladie appellée Constipation. Elle est plus fréquente au cheval & aux bêtes à laine, qu'au bœuf.

L'animal reste un jour ou deux, & quelquefois quatre sans fienter ; les crotins sont secs & durs ; l'animal est inquiet, les tégumens sont échauffés, & fait des efforts pour fienter sans le pouvoir ; les bêtes à laine élévent la tête & font le dos haut : cette maladie produit souvent la fiévre, & un commencement d'inflammation dans les intestins.

Remede. Faites feuiller l'animal ; injectez l'intestin rectum d'une décoction de racine de guimauve, tenant en solution trois onces de manne & une once de nitre ; réitérez ce lavement trois ou quatre fois dans le jour ; ensuite contentez-vous d'injecter de la décoction de racine de guimauve aiguisée de nitre ; ne donnez pour boisson que de l'eau blanche, & pour nourriture du son mouillé.

Enlevez avec une petite curete d'acier les crotins des bêtes à laine, & injectez dans l'anus quatre onces de petit lait, & faites-leur en boire six onces, & réitérez jusqu'à guérison. M. *Vitet.*

Autre maladie appellée Morve.

C'est une maladie contagieuse avec écoulement par les naseaux d'humeurs visqueuses, blanches ou rousses, enfin purulentes, qui viennent des poumons ; elle s'annonce par le dégoût, la tristesse & la foiblesse : cette maladie est la plus dangereuse de toutes, pour les bêtes à laine.

La morve des bêtes à laine, est ordinairement mortelle, & souvent elle se communique jusqu'au point d'infecter, en très-peu de tems, des troupeaux nombreux.

Remede. Il faut faire avaler à la bête morveuse, une cuillerée d'eau-de-vie avec du mitridate ; si dans trois jours elle ne guèrit pas, c'est une marque que la morve est formée, & qu'il n'y a plus rien à faire qu'à étouffer l'animal. *L'Auteur de la Nouvelle Maison Rustique.*

M. *Vitet* dit, que lorsqu'il ne se trouve dans un troupeau que deux ou trois bêtes affectées de la morve, il faut les faire assommer sur le champ & les enterrer profondement.

Autre maladie appellée Feu de St. Antoine.

Elle se manifeste par un bouton enflammé, qui s'éléve sur la peau dans les endroits dépourvus de laine, comme dans ceux qui en sont ornés ; bientôt elle dégénére en gangrene, qui détruit les parties voisines ; s'il affecte la tête, les yeux, les cornes & les oreilles tombent, de sorte que le crâne paroît à découvert ; cette maladie attaque souvent la moitié du corps avant que l'animal périsse.

Remede. Plusieurs bergers regardent cette maladie comme incurable : le cerfeuil pilé & mêlé avec la vieille bierre en lotion ; le mélange de l'huile, de tabac, de soufre & de mercure en onction ; & l'infusion de feuilles de rue dans la lessive en lotion, sont les remedes qui ont le mieux réussi. M. *Hastfer.*

M. *Vitet* ne conseille que la seule infusion de feuilles de rue & l'huile de tabac; il ajoute l'infusion d'absinthe saturée de sel ammoniac, celle de sabine & de sauge dans du bon vin, & pendant le cours de la maladie deux bols par jour, composés chacun d'une dragme de racine de gentiane en poudre, & demi dragme de nitre avec le miel, & conseille l'extirpation du bouton & des parties voisines.

Autre maladie appellée Poison.

Dès que les bêtes à laine ont avalé des chenilles ou quelque chose de vénimeux, elles commencent à enfler, surtout à la bouche ou à la langue; l'haleine devient fétide; elles prennent la diarrhée, & souvent une mort subite les enleve.

Remede. Il faut les saigner au plus vîte sous la queue à la partie qui est proche des fesses, ou bien aux veines des levres; ensuite on leur fait boire de l'urine d'homme, ou bien de l'orviétan ou de la thériaque délayée dans l'eau. *L'Auteur de la Nouvelle Maison Rustique.*

Autre Remede. Donnez sur le champ de la thériaque ou de l'urine où vous aurez broyé des oignons & dissous du sel ou de la thériaque avec de racine de tormentille, ou une infusion d'oignons & de rue dans du vinaigre, ou une infusion de feuilles de rue dans du lait de jument ; faites au malade une incision dans les levres & sous la queue ; frottez-lui la bouche avec un mélange de sauge, de sel & d'hysope. M. *Hastfer.*

Autre maladie appellée Jaunisse, causée par les Vers.

Le foie des bêtes à laine contient, même en parfaite santé, des vers, de même que le fiel ; vous leur appercevez un air triste & abattu, en même tems dégoûté & ne respirant qu'à peine.

Remede. Donnez-leur très-peu à boire ; faites-leur prendre deux fois par jour, quatre onces de suc de feuilles de rue saturée de sel marin ; faites boire le matin à jeun & autant le soir, la colature de deux poignées de feuilles d'absinthe, une once de sel marin, & demi-livre d'eau infusée pendant demi-heure.

Si ce remede ne réussit pas, formez un bol de suie de cheminée à la dose de demi-once par jour, incorporé avec suffisante quantité de suc de feuilles de rue ou de feuilles d'absinthe. M. *Vitet.*

Autre maladie appellée Jaunisse Froide.

La tristesse, la perte de l'appétit, la couleur jaune des yeux, les vaisseaux de l'œil variqueux, la langue jaunâtre, la difficulté de respirer, la contraction des muscles de l'abdomen plus ou moins usés, les tégumens plutôt froids que chauds, les vaisseaux superficiels petits, l'urine trouble, les matieres fécales, liquides & jaunâtres, la répugnance pour la boisson, la pulsation aussi fréquente que dans l'état naturel, mais plus petite.

Certains bouchers connoissent que le foie des bêtes à laine est altéré, lorsqu'en poussant & pressant l'œil vers le petit angle, le bouton situé au grand angle de l'œil paroît blanc; d'autres en sont plus certains, quand ils apperçoivent sur la cornée opaque, une teinture jaunâtre & des vaisseaux variqueux.

M. *Carlier* dit, qu'il faut examiner les gencives, le dedans des paupieres & le contour de l'œil; si au lieu d'un rouge vif, naturel & sans inflammation, la couleur de ces parties est un blanc pâle & livide, ces derniers signes annoncent un mal sans remede.

Remede. Le suc exprimé de feuilles de chélidoine, incorporé à partie égale de miel; le foin abondant en feuilles d'aigremoine, d'absinthe, de fumeterre, &c.; le savon incorporé avec l'extrait de genievre; le savon mêlé avec la gomme ammoniac & le miel, sont les remedes dont il faut attendre le plus de succès. M. *Vitet.*

Autre maladie appellée Jaunisse avec chaleur.

L'animal est triste, accablé; la chaleur

des tégumens est augmentée ; les veines qui rampent sur la peau & la cornée opaque sont gonflées ; la langue est chaude ; le désir de la boisson se fait vivement sentir les premiers jours, ensuite l'appétit diminue, la respiration est genée, les muscles de l'abdomen ont beaucoup de tension, les oreilles sont froides, le poil est hérissé, la cornée opaque, les levres & les barres prennent une couleur jaune, les urines colorées, plus ou moins troubles, & paroissent rouges sur le pavé.

Le bœuf & les bêtes à laine rarement échappent à cette maladie ; lorsqu'ils sont foibles & âgés, une violente diarrhée les conduit à la mort ; s'ils sont jeunes & le mal récent, on peut espérer une prompte guérison.

Remede. Saignez & réitérez, selon la plénitude des vaisseaux, l'espece & l'âge ; donnez plusieurs lavemens avec la décoction d'orge & de nitre ; donnez pour breuvage du petit lait, de l'infusion de feuilles d'aigremoine aiguisée avec du nitre ou du vinaigre combiné avec l'alcali fixe, jusqu'à parfaite saturation ; faites prendre plusieurs bains, & non aux bêtes à laine ; donnez pour nourriture, du son humecté avec de l'eau saturée de nitre, & pour les bêtes à laine, de sel marin ; si les chaleurs des tégumens & de la langue disparoissent ; si les matieres fécales deviennent fluides & jaunes ; si la couleur jaune des yeux se maintient ; si l'appétit ne revient pas, employez les remedes prescrits pour la jaunisse froide. M. *Vitet*.

Autre maladie appellée Gale.

Voyez ci-devant au Chap. des Bœufs.

Les bêtes à laine galeuses se frottent & se mordent la partie affectée de gale : cette maladie détruit souvent des troupeaux entiers ; les ulceres qui en proviennent sont très-difficiles à déterger.

Remede. Après avoir lavé les parties affectées avec de l'eau fraîche, frottez-les avec un onguent composé de suif, de goudron & de soufre ; donnez pour remedes intérieurs la poudre de fourmis, mêlée avec un peu de feuilles de rue ; l'infusion de feuilles de tabac dans l'urine plus ou moins saturée d'alun en lotion ; l'onguent composé de soufre & de graisse, seul ; le mélange de soufre, de vitriol & de graisse ; celui de soufre, de verd-de-gris, de graisse & d'alun ; le mélange de soufre, de camphre, de galéga & d'huile, sont autant de compositions que vous pouvez employer avec succès contre la gale. M. *Hastfer*. Ajoutez-y le mélange d'huile de cade avec l'huile d'olive ; observez de laver les bêtes à laine, dès qu'elles sont guéries, avec de l'eau pure & fraîche, & les saines avec de la saumure, & de les rincer tout de suite avec l'eau fraîche pour les préserver.

Autre maladie appellée Pissement de Sang.

Remede. La saignée entre les ongles & sous la queue, la semence rouge de buglose mêlé avec du sel, de l'eau saturée de sel, le cumin mêlé avec le sel, l'huile de mille-pertuis avec de la bierre chaude, passent pour les remedes propres à combattre cette maladie. M. *Hastfer.*

Voyez ci-devant au Chap. du Cheval & du Bœuf.

Autre maladie appellée Colique.

Le gonflement de ventre & l'agitation des bêtes à laine annoncent les coliques, de même que lorsque les vents en sortant de l'anus calment les symptômes.

Remede. Le houblon, la rue, l'absinthe, la racine d'angélique & la thériaque, sont les remedes qui peuvent la dissiper. M. *Hastfer.*

Voyez ci-devant au Chap. du Cheval & du Bœuf.

Autre maladie appellée Difficulté de Respirer.

Cette maladie provient d'une trop grande abondance de sang, de quelque obstruction dans les conduits de la respiration.

Remede. Il faut leur fendre les naseaux, ou bien leur couper le bout des oreilles l'une après l'autre. *L'Auteur de la Nouvelle Maison Rustique*. M. *Carlier*.

Autre Remede. Donnez des fleurs de soufre mêlées avec des baies de genievre & du sel; si l'oppression est considérable, ouvrez les veines de l'oreille. M. *Hastfer*.

Autre Remede. Le mélange de térébenthine avec le miel, & la saignée aux veines de la queue. M. *Vitet*.

Autre appellée Maladie Pédiculaire.

Les poux incommodent fort les bêtes à laine, les dessèchent & les empêchent de profiter.

Remede. Prenez de la racine d'érable, faites-la bouillir dans l'eau, & frottez-en les bêtes malades. *L'Auteur de la Nouvelle Maison Rustique*. M. *Hastfer*.

Voyez ci-devant au Chap. du Cheval & du Bœuf.

Autre maladie appellée Morsure d'une Bête Vénimeuse.

Remede. La thériaque mise sur la morsure d'une bête vénimeuse, & donnée en bol, n'est pas si efficace que l'alcali volatil. M. *Hastfer*.

Voyez au Chap. du Bœuf.

Autre maladie appellée Hydropisie.

Elle se manifeste par la grosseur de la

tête; il survient à la mâchoire inférieure une espece de tumeur capsuleuse remplie de sérosité, & tout le corps enfle.

Remede. Nourrissez les bêtes à laine avec de la bruyere séche; de feuilles d'aulne & des épics de seigle, point de fluide; purgez-les avec le petit lait, & faites leur prendre tous les jours un breuvage composé d'une infusion de nitre de sel marin, de feuilles d'absinthe & de rue, de racine de persil & de gentiane. M. *Hastfer.* M. *Vitet.*

On rapporte qu'un particulier dans la province de Kent en Angleterre, dès qu'il apperçut ses brebis attaquées d'hydropisie, donna chopine à chacune d'une forte décoction de tripemadame ou *sedum minus*; ce qui les purgeat avec force & les guérit.

Autre maladie appellée Enflure.

Cette maladie provient de ce que les bœufs, les bêtes à laine & les chevres, ont mangé des substances trop nutritives & abondantes en air, comme les pommes, la luzerne, le trefle, &c. leur panse devient si grande qu'elle ne peut être distendue sans augmenter sensiblement le volume du ventre; & lorsqu'on le frappe il raisonne à-peu-près comme un tambour.

Remede. Nos Paysans ne donnent d'autre remede qu'une forte prise de thériaque, les font marcher & courir jusqu'à ce qu'ils soient venus du ventre; & rendu beaucoup de vents par l'anus; & si ce remede ne réussit pas, ils enfoncent un couteau dans la panse, & par le trou l'animal se dégonfle & guèrit.

M. *Vitet* conseille de prendre du bon vinaigre, d'y délayer deux onces de l'extrait de genievre & de le faire avaler à l'animal ; ensuite donner un lavement avec une forte infusion de fleurs de camomille romaine, de feuilles de séné, & réitérer toutes les heures, & ne craignez pas de faire marcher ni fatiguer l'animal.

Si cela ne réussit pas, plongez les troicart dans le bas ventre, & laissez-y la canulle jusqu'à ce que l'air contenu dans la panse se soit dissipé.

Autre maladie appellée Clavelu, Claveau, ou Clavin.

Le clavin, maladie particuliere aux bêtes à laine, se communique facilement ; il se manifeste par des boutons enflammés qui s'élevent sur les tégumens au ventre, à l'intérieur des cuisses, aux épaules, au nez, aux mamelles & au-dessous de la queue ; l'éruption est rétardée ou accelerée, selon la température de l'air, la force, l'âge & le tempérament de l'animal : ordinairement cette maladie est complette le quatrieme ou le cinquieme jour ; les boutons sont de plusieurs formes & de différentes couleurs, tantôt ronds, tantôt oblongs ; ils commencent tous par être rouges, ensuite ils blanchiffent, deviennent mous, fuppurent, fe defféchent, & forment une croute noire qui tombe d'elle-même : cette maladie eft ce qu'on appelle petite vérole.

Remede. Donnez à l'animal de l'orviétan ou de la thériaque gros comme une féve détrempée dans une cuillerée d'eau ; après quoi faites une efpece de liqueur compofée d'alun & de foufre diffous dans du fort vinaigre ; frottez-en l'animal, & continuez jufqu'à guérifon. *L'Auteur de la Nouvelle Maifon Ruftique.*

Autre Remede. Parfumez deux fois par jour l'animal avec du vinaigre & de l'encens ; fi la maladie eft confluente & maligne, tirez-lui de la veine jugulaire deux onces de fang, & faites-lui boire une fois par jour de l'eau blanche un peu falée ; ne donnez pour nourriture qu'un peu de fon humecté avec de l'eau faturée de fel marin ; fi l'éruption eft bénigne n'employez aucun remede.

M. *Carlier* dit que dans ce dernier cas, il faut faire tous les jours des fumigations de bayes de genievre & du vinaigre dans la bergerie ; ne pas laiffer fortir en hiver les bêtes malades, & entretenir dans la bergerie un air tempéré, & les promener en été avant & après la chaleur, les nourrir à l'ordinaire & leur faire boire de l'eau blanchie avec de la farine d'orge ou de feigle, & leur déboucher les nafeaux deux fois par jour ; fi l'inflammation devient vive, réitérez la faignée & faites leur prendre deux fois par jour une dragme de nitre incorporé avec le miel ; abreuvez-les une fois le matin, une fois le soir avec le petit lait, ou le suc de laitue, ou l'eau blanche tenant en solution une dragme de nitre sur trois livres d'eau.

Si l'éruption tarde à paroître, donnez un bol composé de deux dragmes de racine de gentiane, une dragme de suie de cheminée & du miel ; le séton avec l'ellébore au poitrail est un avantage évident, & pratiqués à toutes les bêtes à laine un séton avec le fil de crin quelques saines qu'elles soient ; car si la matiere purulente qui s'écoule par le séton ne garantit pas les bêtes à laine du clavin, au moins elles ne seront pas exposées à un danger si évident. M. *Vitet*.

M. *Carlier* rapporte plusieurs reçettes que je ne détaille pas ici.

Autre maladie appellée Fievre ou Tremblement fébrile du pannicule charnu.

L'appétit diminue, la rumination est interrompue, le malade se tient couché, ne sort qu'avec peine, *le pannicule charnu est agité d'un tremblement plus ou moins fort*; les oreilles, le bout du nez & les cuisses demeurent froides pendant vingt-quatre heures, ensuite tout le corps prend une chaleur médiocre, & souvent le tremblement subsiste jusqu'à la fin de la maladie, qui passe rarement le neuvieme jour.

Remede. Le son mouillé avec une petite quantité de sel marin, & le vin d'absinthe à la dose de demi-livre par jour, sont les moyens de dissiper cette espece de fievre: quelques bergers préférent de donner une livre d'infusion faite avec parties égales de feuilles d'absinthe & de rue.

Si la fievre venoit d'une excessive chaleur, saignez à la veine jugulaire; donnez-lui de l'eau blanche nitrée pour boisson, & une petite quantité de farine, jusqu'à ce que la bouche soit fraîche; purgez une fois ou deux avec le petit lait: si malgré ces remedes le tremblement subsiste, donnez-lui quatre onces d'infusion d'absinthe le matin à jeun, jusqu'à ce que le tremblement soit dissipé. M. *Vitet.*

Autre maladie appellée Vers des Ongles.

Entre les ongles, il se rencontre quelquefois un petit trou de la grosseur d'une tête d'épingle; en frottant les ongles les uns contre les autres, vous en verrez sortir avec du pus une espece de vers.

Remede. Elargissez le trou, tirez le vers, versez-y de la teinture d'absinthe, & remplissez-le de suie de cheminée. M. *Hastfer.* M. *Vitet* dit de remplir la cavité d'onguent fait avec le miel & la suie de cheminée, & panser la plaie avec de la teinture de térébenthine jusqu'à guèrison: cette méthode convient à toutes les bêtes à corne. M. *Carlier* dit qu'il a observé que ce trou est

une

une espece de cautere naturel, qu'il faut bien prendre garde de dissiper : lorsqu'il s'y engendre un ver, on le tue avec le poivre.

Autre maladie appellée Scorbut.

Voyez ci-devant au Chap. du Bœuf.

M. *Carlier* dit que c'est une humeur caustique qui se jette sur les gencives ou à côté, sans qu'il paroisse aucun bouton.

Remede. Blasez les gencives avec une liqueur composée de vitriol, de couperose & d'alun, une once de chacun dans deux pintes d'eau : si le mal fait des progrès dans le fond de la bouche, faites avaler une cuillerée de cette potion.

Autre maladie appellée Maigreur par une espece de ver solitaire.

L'animal est triste, tantôt dégoûté, tantôt d'une grande appétit ; il se tient souvent couché en rond ; quelquefois on voit sortir de l'anus, après les matieres fécales, de petits morceaux de vers plats & blanchâtres ; la maigreur est considérable. Le bœuf, les chevau, la chevre & le porc, ne sont point sujets à cette maladie : les chiens y sont plus sujets que les moutons.

Remede. Le sublimé corrosif, le mercure doux, le turbith minéral, mêlés avec la suie de cheminée ; l'huile dans lequel on a fait macérer de la coloquinte seule ou avec le sublimé corrosif, l'huile essentielle de lavande, sont les remedes estimés pour combattre cette espece de vers. M. *Vitet*.

L'Auteur de la Nouvelle Maison Rustique, observe que lorsque les bêtes à laine sont malades il faut les séparer, toutes leurs maladies étant presque contagieuses ; & qu'alors il faut parfumer les bergeries, & donner aux bêtes saines du sel & un quart de soufre mêlés ensemble, pour les purger & les préserver de la contagion.

Des maladies des Agneaux.

On emploie les mêmes remedes qui viennent d'être détaillés, à l'exception de la fievre, qu'on leur guèrit en les séparant de la mere, & leur faisant boire de son lait mêlé avec autant d'eau de pluie s'il se peut.

Maladie appellée Gratelle.

Lorsque ces petits animaux mangent de l'herbe encore mouillée de rosée, la gratelle leur vient au menton.

Remede. Pour les en guèrir, prenez de l'hysope avec du sel broyés ensemble, & frottez-en le palais, la langue & tout le museau ; ensuite lavez la gratelle avec du vinaigre, & frottez-la avec de la poix-résine fondue dans du sain-doux, ou avec du vieux oing & du verd-de-gris incorporés à froid. *L'Auteur de la Nouvelle Maison Rustique*.

CHAPITRE IV.

Des Boucs & Chevres, & de leurs maladies.

LA chevre a de sa nature plus de sentiment & de ressource que la brebis; elle vient à l'homme volontiers; elle se familiarise aisément; elle est sensible aux caresses & capable d'attachement; elle est aussi plus forte, plus légere, plus agile & moins timide que la brebis; elle est vive & capricieuse, lascive & vagabonde : l'inconstance de son naturel se marque par l'irrégularité de ses actions; elle marche, elle s'arrête, elle court, elle bondit, elle saute, s'approche, s'éloigne, se montre, se cache, ou fuit comme par caprice, sans autre cause déterminante que celle de la vivacité bizarre de son sentiment intérieur, & toute la souplesse des organes & tous les nerfs du corps suffisent à peine à la pétulence & à la rapidité de ses mouvemens, qui lui sont naturels. Ce n'est qu'avec peine qu'on la conduit & qu'on peut la réduire en troupeau ; elle aime à s'écarter dans les solitudes, à grimper sur les lieux écartés, à se placer & même dormir sur la pointe des rochers ; elle s'accouple avec ardeur, & produit de très-bonne heure; elle est robuste, aisée à nourrir, presque toutes les herbes lui sont bonnes, & il y en a peu qui l'incommodent; elle dort au soleil, & s'expose à ses rayons les plus vifs sans en être incommodée; elle ne s'effraye point des orages, ne s'impatiente point à la pluie ; mais elle paroît très-sensible à la rigueur du froid.

Ces animaux, qui ne coûtent presque rien à nourrir, ne laissent pas de faire un produit assez considérable ; on vend la chair, le suif, le poil & la peau ; leur lait est plus sain & meilleur que celui de la brebis ; les chevres se laissent téter aisément, même par les enfans, pour lesquels leur lait est une très-bonne nourriture.

Le bouc est un assez bel animal, très-vigoureux & très-chaud : un seul peut suffire à plus de cent cinquante chevres ; mais au bout de quatre, cinq, six ans ces animaux sont énervés.

Il faut qu'il soit jeune & de bonne figure, âgé de deux ans, la taille grande, le cou court & charnu, la tête légere, les oreilles pendantes, les cuisses grosses, les jambes fermes, le poil noir, épais & doux, la barbe longue & bien garnie.

Il y a moins de choix à faire pour les chevres ; seulement on peut observer que celles dont le corps est grand, la croupe large, les cuisses fournies, la démarche légere, le mamelles grosses, les pis longs, le poil doux & touffu, sont les meilleures, & ne doivent être livrées au bouc qu'à deux ans.

Elles portent cinq mois & mettent bas au commencement du sixieme : c'est depuis le mois de Septembre jusqu'à la fin de Novembre qu'elles sont en chaleur, & le deviennent en quelque saison que ce soit si elles approchent souvent du mâle ; elles souffrent beaucoup quand elles chevrotent : c'est pourquoi il faut y veiller avant la délivrance.

Ne laissez jamais plus d'un chevreau à nourrir à la même chevre : elles allaitent leurs petits pendant un mois ou cinq semaines ; le chevreau commence alors de paître.

On châtre tous les mâles à six mois ou un an, pour qu'ils deviennent plus forts & plus gras : on peut se dispenser de la litiere en été, mais il leur en faut l'hiver ; & comme toute humidité les incommode beaucoup, on ne les laisse pas coucher sur leur fumier, & on leur donne souvent de la litiere fraîche : l'herbe chargée de rosée qui incommode les bêtes à laine, fait grand bien aux boucs & aux chevres : elles produisent jusqu'à sept ans.

La chevre & la brebis sont deux especes d'animaux dont l'organisation intérieure est presque entierement semblable ; elles se nourrissent, croissent, & multiplient de la même maniere, & se ressemblent encore par le caractere des maladies, qui sont les mêmes, & auxquelles il faut apporter le même traitement. *L'Auteur de la Nouvelle Maison Rustique* dit, que néanmoins les chevres ont quatre autres maladies de plus, que je vais détailler d'après lui.

Maladie appellée Fievre Putride, ou Pestilentielle.

Elle fait en peu de tems beaucoup du dégât dans un troupeau ; les chevres qui en sont attaquées deviennent tout d'un coup languissantes & abattues, maigrissent & meurent en peu de tems : cette fievre leur vient presque toujours d'excès de nourriture, qui les charge de trop d'humeur, & met trop le sang en mouvement.

Remede. Séparez-les, saignez-les, mettez-les à la diete jusqu'à parfaite guérison ; saignez aussi le reste du troupeau, & ne l'envoyez paître qu'une fois le jour pendant deux ou trois heures.

Autre maladie appellée Hydropisie.

Cette maladie vient aux chevres pour avoir trop bu de l'eau. Pour les en guérir avant qu'elle soit formée.

Remede. Faites une ponction au-dessous de l'épaule, afin de faire écouler par-là tout l'amas d'eau qui leur enfle le ventre, & mettez sur la ponction un emplâtre fait de poix de Bourgogne & du sain-doux pour guérir la plaie.

Voyez ci-devant au Chap. des Bêtes à Laine.

Autre maladie appellée Enflure.

Elle vient aux chevres lorsqu'elles ont

chevroté ; la matrice leur enfle souvent, ou à cause des grandes douleurs qu'elles ont souffert en chevrotant, ou parce que l'arriere-faix n'est pas bien venu, ce qui leur cause un grand désordre.

Remede. On leur fait avaler un verre de bon vin rouge, ou trois demi-septiers de vin doux cuit.

Autre maladie appellée Mal Sec, ou Desséchement des mamelles.

Cette maladie leur vient des grandes chaleurs, & les mamelles deviennent tellement desséchées, qu'il n'y a plus la moindre goutte de lait.

Remede. Menez-les paître tous les jours à la rosée, & frottez les mamelles avec du lait bien gras, ou avec de la crême, ou bien tenez-les enfermées dans l'écurie, & nourrissez-les de feuilles de vigne ou d'herbes les plus tendres ; donnez-leur du son humecté, de l'eau blanche, des plantes tendres & récemment cueillies ; tenez-les chaudement ; exposez les mamelles plusieurs fois le jour aux vapeurs de l'eau chaude, & couvrez-les d'une peau de mouton non apprêtée.

M. *Vitet* dit, que pendant ce traitement il faut tenir la malade dans une écurie saine & propre, & à l'abri des courans d'air ; de la nourrir de plantes mucilagineuses, d'avoine, où vous ajouterez du sel commun.

Cette maladie eſt commune à la vache & à la brebis auſſi : elle peut également être cauſée par le froid & les mauvaiſes qualités du lait; ordinairement elle eſt accompagnée d'une obſtruction dans les conduits lactifères : alors il faut, avec une aiguille de bas trempée dans l'huile d'olive, ſonder le conduit de chaque mamelon, faire des frictions légeres ſur les mamelles avec du miel & du camphre, ou avec du beurre frais & de l'eſſence de térébenthine ; des cataplaſmes avec la pulpe de racine de guimauve & celle d'oignon.

CHAPITRE V.

Des Cochons & de leurs Maladies.

DE tous les quadrupèdes, le cochon paroît être l'animal le plus brut; toutes ſes habitudes ſont groſſieres, tous ſes goûts ſont immondes, toutes ſes ſenſations ſe réduiſent à une luxure furieuſe & à une gourmandiſe brutale, qui lui fait dévorer indiſtinctement tout ce qui ſe préſente, & même ſa progéniture au moment qu'elle vient de naître.

Sa voracité dépend du beſoin continuel qu'il a de remplir la grande capacité de ſon eſtomac ; & la groſſièreté de ſes appétits, de l'hébétation du ſens, du goût & du toucher.

La rudeſſe du poil, la dureté de la peau,

l'épaisseur de la graisse, rendent ces animaux peu sensibles aux coups. M. de Buffon rapporte que l'on a vu des souris se loger sur leur dos, & leur manger le lard & la peau sans qu'ils parussent le sentir ; ils ont donc le toucher fort obtus, & le goût aussi grossier que le toucher ; leurs autres sens sont bons.

Cette imperfection dans les sens du goût & du toucher, est encore augmentée par une maladie qui les rend ladres ; c'est-à-dire, presque entierement insensibles, & qui vient de leur mal-propreté naturelle, & de la corruption qui doit résulter des nourritures infectes dont ils se remplissent.

Personne n'ignore les profits qu'on tire des cochons ; leur chair se vend bien ; le lard encore mieux ; le sang, les boyaux, les visceres, les pieds, la langue se préparent & se mangent ; le fumier du cochon est plus froid que celui des autres animaux, & on ne doit s'en servir que pour les terres trop chaudes & trop séches ; la graisse des intestins & de l'épiploon, qui est différente du lard, fait le sain-doux & le vieux oing ; la peau a ses usages, on en fait des cribles, comme l'on fait aussi des vergettes, des brosses, des pinceaux avec les soies ; la chair de cet animal prend mieux le sel, le salpêtre, & se conserve salée plus longtems qu'aucune autre.

Le mâle qu'on choisit pour propager l'espece, doit avoir le corps court, ramassé & plutôt carré que long ; la tête grosse, le grouin court & camus, les oreilles grandes &

pendantes, les yeux petits & ardens, le cou grand & épais, le ventre avalé, les felles larges, les jambes courtes & groffes, les foies épaiffes & noires : les blancs ne font jamais auffi forts que les noirs.

La truie doit avoir le corps long, le ventre ample & large, les mamelles longues : il faut auffi qu'elle foit d'un naturel tranquille & d'une race féconde.

Lorfqu'elle eft pleine, on la fépare du mâle; dès qu'elle a mis bas, on la nourrit largement; on la veille pour l'empêcher de dévorer quelques-uns de fes petits.

Il ne faut pas fouffrir que la truie allaite fes petits pendant plus de deux mois; on commence même au bout de trois femaines à les mener aux champs avec la mere, pour les accoutumer peu-à-peu à fe nourrir comme elle ; on les fèvre cinq femaines après, & on leur donne foir & matin du petit lait mêlé de fon ; où feulement de l'eau tiéde avec des légumes bouillis.

La truie eft en chaleur prefque en tout tems; elle porte quatre mois, met bas au commencement du cinquième, & bientôt elle recherche le mâle, devient pleine une feconde fois; & produit par conféquent deux fois l'an.

On éleve les cochons dans toutes fortes de terrains, foit dans les terres labourables, en friche, montagnes ou valons, marais & prés, bois & lieux fangeux.

En automne & hiver, on les mene dans les forêts, où les fruits fauvages font abondans.

L'été on les conduit dans les lieux humides & marécageux : au printems on les laisse aller dans les terres en friche & dans les champs ; on doit les laisser sortir deux fois par jour, depuis le mois de Mars jusqu'au mois d'Octobre, le matin quand la rosée est passée jusqu'à dix heures, & depuis deux heures après midi jusqu'au soir.

En hiver on ne les mene qu'une fois par jour, dans le beau tems ; la rosée, la neige ou la pluie leur sont très-contraires : il ne faut jamais les laisser souffrir de soif ; outre la pâture, il faut encore leur donner quelque chose au retour des champs ; quand la pâture est rare ou trop nouvelle, il faut leur donner du grain de tems en tems ; ceux qui ont été nourris de grains, sont meilleurs que ceux qui ont été nourris de glands, de même que ceux-ci valent mieux que ceux qui ont été nourris de son ou de farine.

C'est au printems & en automne qu'il faut châtrer les cochons ; & cette opération se doit faire à l'âge de six mois : on les engraisse prodigieusement, en leur donnant de l'orge & de l'eau de son.

Maladie appellée Lépre ou Ladrerie.

Les langayeurs connoissent cette maladie à la langue, au palais & à la gorge, qui sont chargés de graines ou de petites pustules, qui gagnent dans la suite la tête, le cou & tout le corps de l'animal. Il arrive quelquefois que ces animaux n'ont point de graines à la langue, & que cette maladie ne fe connoît qu'après avoir tué l'animal & l'avoir mis en morceaux : cette maladie eft très-difficile à guérir, & lorfqu'elle eft parvenue au dernier degré d'accroiffement, elle eft incurable.

Remede. Tenez le porc dans un endroit pavé, propre & bien aëré ; étrillez-le deux fois par jour ; faites-le baigner tous les jours dans une eau courante & pure ; ramenez-le enfuite à l'écurie, après l'avoir bouchonné au fortir de l'eau ; changez-lui quatre fois par jour de litiere ; faites-le promener une heure le matin, autant le foir ; ne lui permettez de ne manger que du grain de froment ou d'avoine, & du fon humecté d'eau aiguifée de nitre, à une dofe modérée & dans des tems réglés.

Prenez enfuite trois onces de fleur de foufre, une livre de fon ; mêlez exactement & humectez le mélange avec de l'eau fimple ou aiguifée de fel marin ; réitérez cette dofe de fleur de foufre pendant un mois ; parfumez matin & foir le malade avec les vapeurs de deux parties de foufre & une d'encens ; donnez-lui tous les jours avec le grain de froment, la racine de patience, pulvérifée à la dofe de quatre onces. M. *Vitet.* Ce remede eft préférable à tous ceux qui ont été indiqués jufqu'aujourd'hui.

Autre maladie appellée Enflure.

Dans la saison des fruits, les cochons en mangent souvent de pourris en si grande quantité, qu'ils en deviennent enflés ; & cette enflure deviendroit dangereuse, si on n'y rémédioit.

Remede. Faites-leur boire une décoction de choux rouges, ou bien mêlez ces choux avec leur nourriture, ou nourrissez-les simplement de feuilles de mûrier bouillies dans l'eau ; tout cela dissipe l'enflure en peu de tems. *L'Auteur de la Nouvelle Maison Rustique.*

Autre maladie appellée Vomissement.

La gourmandise rend les porcs sujets à cette maladie.

Remede. Ratissez de l'yvraie ; mêlez les ratissures avec du sel bien sec & de la farine de féves, & donnez le tout au cochon avant qu'il aille aux champs. *Le même.*

Autre maladie appellée Indigestion, Dégoût.

Les mauvaises herbes, la dureté ou la crudité de leur nourriture leur causent cette maladie.

Remede. Mettez l'animal à la diete pendant vingt-quatre heures ; donnez-lui ensuite beaucoup d'eau tiede, dans laquelle vous aurez laissé infuser pendant quinze ou vingt heures, de la graine ou de la racine de concombres bien pilées. *Le même.*

Autre maladie appellée Douleur de Rate.

Les douleurs de rate attaquent les cochons lorsqu'ils ont trop mangé de fruits pendant les grandes chaleurs.

Remede. Faites-leur boire de l'eau où l'on aura laissé macérer du bois de romarin ; il a la vertu de dissiper les crudités & les enflures intérieures. *Le même.*

Autre maladie appellée Gourme.

On apperçoit dans le commencement de la maladie des boutons circonscrits, durs & enflammés, qui attaquent ordinairement les cuisses & les jambes des jeunes porcs, & qui se terminent par la suppuration.

Remede. La plupart des paysans se contentent d'ouvrir les boutons avec un instrument aigu ; l'ulcere se déterge, & la cicatrice se fait d'elle-même au bout d'un certain tems, sans qu'il en résulte aucun accident.

M. *Vitet* dit, que le malade, jusqu'à la suppuration des boutons, ne doit manger que du son mouillé où l'on aura mêlé du foie d'antimoine, à la dose de deux dragmes par jour ; & dès que les boutons sont abcédés, ouvrez-les avec le bistouri, ensuite lavez-les deux fois par jour avec du vin saturé de sel commun.

Autre maladie appellée Enflure des glandes du cou.

L'animal est triste, perd l'appétit, respire difficilement, prend le cou très-gros, éprouve une chaleur considérable, s'agite, se couche, se leve, & quelquefois meurt le troisieme ou le cinquieme jour ; quelquefois cette maladie devient épidémique.

Remède. Séparez-le sur le champ du troupeau ; donnez-lui pour seule nourriture un peu de son mouillé avec de l'eau saturée de nitre ; pour breuvage, chopine d'infusion de racine de gentiane, tenant en solution deux dragmes de crême de tartre ; parfumez plusieurs fois le jour le malade avec le mélange d'eau-de-vie & de vinaigre ; enveloppez le cou, après chaque parfum, d'une peau de mouton ; réitérez les lavemens composés de chopine d'infusion de feuilles d'absinthe, tenant en solution une once de sel d'Epsom ou de Glauber ; parfumez l'écurie avec le soufre & l'encens, & placez un séton avec l'ellébore à la partie inférieure du poitrail.

S'il n'y avoit aucune espérance de résolution, faites des cataplasmes avec le levain ou avec la pulpe d'oignon de lys : n'ouvrez point l'abcès que l'inflammation & les duretés ne soient considérablement diminuées ; que l'ouverture soit rélative à la grandeur de l'abcès, & le traitement de l'ulcere à la qualité du pus & à l'état de la tumeur. M. *Vitet.*

Autre madalie appellée Léthargie.

On connoît cette maladie lorsqu'on mene paître ces animaux, qu'ils tombent au milieu des champs & s'endorment au soleil.

Remede. Il faut les mettre à la diete pendant vingt-quatre heures, ensuite on leur fait boire de l'eau où l'on a fait macérer des racines de concombre sauvage broyées; après quoi il leur prend un vomissement qui les guérit; ensuite on les nourrit de poids chiches ou de féves arrosés de saumure, puis on leur fait boire de l'eau chaude, où l'on mêle deux poignées de son. *L'Auteur de la Nouvelle Maison Rustique.*

Autre maladie appellée Gale.

Voyez aux Chap. ci-devant.

Autre maladie appellée Fiévre.

On juge que le cochon a la fiévre, lorsqu'il baisse la tête, qu'il la porte de travers, qu'il court les champs, ensuite s'arrête tout court & tombe étourdi.

Remede. Il faut faire attention de quel côté il tourne la tête, & on le saigne à l'oreille opposée, ou en-dessous de la queue à deux doigts des fesses; ne lui donnez que des alimens rafraîchissans, de l'eau tiede mêlée de deux livres de farine d'orge.

CHAPITRE VI.

De la Volaille & de ses Maladies.

ON éleve à la campagne des poules, des dindons, des oies, des canards, des paons, &c.

Le coq, cet oiseau domestique le plus commun de tous, a beaucoup de soin & même d'inquiétude & de souci pour ses poules; il ne les perd guère de vue; il les conduit, les défend, les mene; va chercher celles qui s'écartent, les ramene, & ne se livre au plaisir de manger, que lorsqu'il les voit toutes manger autour de lui: quand il les perd, il donne des signes de regret; il est aussi jaloux qu'amoureux; il n'en maltraite aucune; sa jalousie ne l'irrite que contre ses concurrens; ses désirs ne sont pas moins impétueux que ses besoins paroissent être fréquens; il a une poule favorite qu'il cherche de préférence, & à laquelle il revient presqu'aussi souvent qu'il va vers les autres.

Les poules doivent être assorties au coq si on veut avoir une race pure; mais si l'on cherche à varier & même à perfectionner l'espèce, il faut croiser les races.

La chair de cette espece de volaille engraissée, est excellente pour la nourriture de l'homme.

La race des dindons nous est venue des

Indes ; elle est d'un grand profit, parce qu'elle multiplie beaucoup, aisément, & souvent. La chair de ces animaux est fort nourrissante, de bon suc, & facile à digérer ; cette race de volaille est vorace, paillarde & difficile à élever.

Les oies sont fort gourmandes, & causent beaucoup de dégâts ; mais aussi leurs plumes, leur chair, leur graisse & leurs œufs, dont elles font par an trois pontes très-abondantes, portent beaucoup de profit. On prétend qu'elles sont assez vigilantes pour servir de sûre garde la nuit, parce qu'au moindre bruit elles se réveillent, & jettent de grands cris qui avertissent.

Les canards se plaisent plus sur l'eau que sur la terre, c'est pourquoi où l'eau n'est pas commune, il est presque inutile d'y en élever : outre que leurs plumes & leur chair sont très-utiles, ils purgent les écuries, les basses-cours & les avenues de la maison, de toutes sortes d'insectes & des bêtes vénimeuses.

Le paon passe pour le plus beau des oiseaux ; il n'est estimé que pour sa beauté ; sa chair est difficile à digérer, & veut être mortifiée ; elle est assez agréable au goût : celle du paoneau est recherchée ; ces oiseaux sont goulus, d'un grand entretien, & font du dégât sur les toits & dans les jardins.

On nourrit les paons de même que la volaille : le mâle est fort lascif ; il casse les œufs de la femelle qu'il a saillie pour jouir plus souvent d'elle.

Tous ces animaux & autres qui forment la basse-cour, méritent que nous portions nos vues sur leur conservation.

Il faut observer que tous les animaux granivores, sont sujets aux maladies dont nous allons parler.

Maladie appellée la Pépie.

On connoît cette maladie, lorsque ces animaux ne veulent ni boire ni manger, qu'ils commencent à baisser les aîles, ou qu'ils ne les serrent pas exactement contre leur corps, & ont à la langue un certain cartilage blanchâtre.

Remede. Il faut leur ouvrir le bec, & avec une aiguille ou une épingle, leur enlever le cartilage & leur laver le bec & la langue avec du vinaigre un peu chaud; leur donner à boire de l'eau claire, où l'on mettra tremper de la graine de melon, de concombre ou du jus de poirée, & les nourrir avec de l'orge & du son détrempé.

Autre Remede. Il faut examiner la tête de l'animal avec attention; on y trouvera deux ou trois poux, plus ou moins, qui sont bruns & très-petits d'abord, mais qui dans fort peu de jours parviennent à ronger tellement la tête, qu'ils s'arrondissent & sont aussi gros que la graine de choux: cet insecte est la véritable & unique cause de la pépie. Pour le tuer, il ne faut que laisser tomber une goutte d'huile de baleine sur la tête, & frotter un peu pour l'étendre;

les poux creveront dans l'inſtant, & l'animal n'aura jamais ni poux ni pépie. Ce remede eſt infaillible quand l'animal feroit à l'extrêmité.

Autre maladie appellée Mal aux Yeux.

Cette maladie provient du grand froid, du grand chaud, ou d'une trop grande replétion de cerveau.

Remede. Il faut traverſer les naſeaux de l'animal d'une plume, & lui laver les yeux avec du jus de pourpier ſauvage, mêlé avec du lait de femme; & s'il y avoit quelque tumeur, en faire ſortir la matiere, & mettre ſur la plaie un peu de ſel broyé.

Autre maladie appellée Flux de Ventre.

Cette maladie provient de ce que ces animaux mangent de l'herbe ou des choſes qui lâchent trop.

Remede. Il faut leur donner pendant deux ou trois jours des jaunes d'œufs durcis, hachés & mêlés avec du chenevi bien pilé, le tout détrempé dans du vin, dont on fait des petites pilules, qu'on leur donne avant toute autre nourriture.

Autre maladie appellée Pareſſe de Ventre.

Cette maladie, contraire à la précédente, arrive principalement aux jeunes animaux.

Remede. Il faut d'abord leur ôter les plumes du croupion & des entrecuisses : pour leur faciliter l'évacuation, on prend des bettes ou des laitues qu'on hache bien menu, & qu'on mêle avec de la farine de seigle, du son & de l'eau, dans laquelle on aura mis un peu du miel.

Autre maladie appellée Vermine.

Les poux & les puces incommodent beaucoup ces animaux, & les empêchent de profiter.

Remede. Il faut les oindre de beurre & d'huile, & les tenir fraîchement & proprement ; ou les laver dans l'eau où l'on a fait bouillir du cumin ; ou faire brûler du soufre, & en parfumer l'endroit où les volailles dorment.

Autre maladie appellée Faim Vorace.

Quelquefois ces animaux sont si affamés, qu'ils cassent leurs œufs & les mangent : dès qu'on s'apperçoit de cette avidité extraordinaire, il faut faire le remede suivant.

Remede. Prenez un œuf, ôtez-en le blanc, & mêlez dans le jaune du plâtre détrempé, ensorte que cela devienne dur comme une pierre ; lorsque ces animaux affamés voudront, comme à l'ordinaire, se jetter sur cet œuf pour l'avaler, trouvant beaucoup de résistance, ils s'ennuyeront & perdront leur mauvaise habitude ; & pour leur faire passer leur voracité, il faut mêler du raisin sauvage dans la mangeaille, qu'on leur donnera à doses raisonnables.

Autre maladie appellée Gale.

On connoît que ces animaux ont la gale, lorsque les plumes de la partie où elle s'est jettée tombent.

Remede. Il faut leur faire manger des bettes & des choux, qu'on hache bien menu, qu'on mêle avec du son, le tout détrempé dans un peu d'eau; après quoi on prendra du vin dans la bouche dont on les arrose, & on les fait aussitôt sécher au soleil ou au feu: ce soin doit durer jusqu'à ce qu'ils soient guèris.

Autre maladie appellée Goutte.

On croit que le froid leur cause souvent cette maladie.

Remede. Il faut leur engraisser les pieds & les jambes avec du beurre frais ou de graisse de poule; & pour les en préserver, il faut faire ensorte que ces animaux ne couchent jamais dehors, & que le poulailler soit assez chaud & parfumé souvent.

Autre maladie appellée Abcès.

On soupçonne cette maladie à ces animaux, quand ils sont tristes & mélancoliques.

Remede. Il faut leur regarder le croupion où se forme cet abcès, le fendre avec des ciseaux & le presser avec le doigt; ensuite leur donner des laitues ou bettes hachées, mêlées avec du son détrempé dans l'eau.

Autre maladie appellée Mue.

Cette maladie rend ces animaux tristes, mélancoliques ; ils ne mangent point, hérissent leurs plumes, secouent celles du ventre d'un côté & d'autre, & les tirent avec leur bec en se grattant la peau, & souvent ils en meurent.

Remede. Il faut d'abord les empêcher de se lever matin, & de se coucher trop tard ; pendant le jour il faut leur faire prendre le soleil le plus qu'on pourra ; ensuite on prendra du vin, qu'on laissera tiédir dans la bouche & qu'on jettera sur leurs plumes ; ensuite on leur donnera un peu du sucre dans leur eau, & on les nourrira avec du millet ou du chenevis.

Autre maladie appellée Mélancolie.

Elle provient d'une nourriture qui les a trop échauffés : cette maladie se connoît lorsque ces animaux se hérissent, qu'ils ont le jabot plus gros que de coutume, qu'il y paroît de veines rouges, & qu'ils jettent leur nourriture en la becquetant.

Remede. Il faut les nourrir avec de l'orge, & un jour & l'autre non leur donner des laitues & de la poirée bien hachée, avec du son détrempé dans l'eau où l'on aura mis fondre un morceau de sucre.

CHAPITRE VII.

Etat des Médicamens convenables aux Animaux quadrupedes.

Purgatifs végétaux.

LA manne, le séné & l'aloès.

Purgatifs minéraux.

Préparations antimoniales, le sel mercuriel purgatif.

Médicamens urinaires.

La patience, le persil, la térébenthine, l'alcali fixe, le nitre, le sel marin, les eaux minérales.

Médicamens transpiratoires.

L'angélique, la fourmi, l'alcali volatil, la suie de cheminée.

Médicamens masticatoires.

La pyrethre, l'assa-fœtida.

Médicamens Détersifs.

Le tabac, pour les naseaux; le soufre, pour les poulmons; les feuilles de noyer & l'absinthe, pour les plaies purulentes; la chélidoine, la chaux & les préparations cuivreuses.

Médicamens astringens, vulnéraires, absorbans, cicatrisans, &c.

La sanicle, l'ipécacuanha, le quinquina, l'amadou, les terres argileuses, les terres calcaires, l'alun & les préparations ferrugineuses.

Médicamens aromatiques.

La camomille, la sauge, la rue, le laurier, le genievre, la gentiane, la gomme ammoniac, l'encens, le camphre, le vin, l'eau-de-vie, l'esprit de vin.

Médicamens inflammatoires.

Les scarabées, les mouches cantharides.

Médicamens caustiques.

L'arsénic, la pierre à cautere, la pierre infernale.

Médicamens rafraîchissans, repercussifs, astringens.

L'oseille, la crême de tartre, le vinaigre, les préparations de plomb, l'esprit de sel, l'acide nitreux, l'acide vitriolique.

Médicamens mucilagineux, tempérans, adoucissans, relâchans, émolliens, muqueux, aqueux & huileux.

La laitue, les pommes, le lait, l'eau, la guimauve, l'orge, l'avoine, le froment, la réglisse, le miel, l'huile d'amande, l'huile d'olive, la graisse, les œufs de poule.

Maniere d'administrer les remedes dont on vient de parler.

Purgatif avec la manne.

C'est le purgatif le plus doux : il convient dans les maladies où il y a de chaleur.

La manne, diſſoute dans ſuffiſante quantité d'eau, ſe donne en breuvage & en lavement au bœuf, depuis demi-livre juſqu'à une livre; au cheval, depuis demi-livre juſqu'à une livre & demi; au mouton en breuvage, depuis quatre onces juſqu'à demi-livre.

M. *Vitet* obſerve que ce remede ne produit aucun effet ſur la brebis.

Purgatif avec le ſéné.

Prenez des feuilles de ſéné deux onces, verſez deux livres d'eau bouillante deſſus; laiſſez macérer ce mélange pendant deux heures; paſſez, exprimez & donnez la colature au bœuf & au cheval, en y ajoutant une infuſion de racine de gentiane à la doſe de demi-once, ou de ſel d'Epſon à la doſe d'une once, ou la crême de tartre à la doſe d'une dragme.

Les feuilles de ſéné en infuſion, purgent la brebis, depuis une once juſqu'à une once & demi.

Pluſieurs ſubſtituent aux feuilles de ſéné, la racine de brionne fraîche, donnée par tranche juſqu'à la doſe de deux ou trois onces; elle purge bien, excite l'appétit, & met l'animal dans le cas de ſe promptement engraiſſer.

Le ſéné eſt un purgatif rarement utile. M. *Vitet*.

Purgatif avec l'aloès.

Prenez d'aloès pulvériſé deux onces, deux jaunes d'œuf mêlés exactement; ajoutez peu-à-peu deux livres & demi d'eau blanche ; donnez sur le champ ce mélange au bœuf ou au cheval, en breuvage ou en lavement.

L'aloès est le purgatif le plus efficace ; il augmente les forces de l'estomac & des intestins, facilite l'expulsion des vers, ranime les forces vitales, augmente l'appétit. On ne doit point s'en servir dans les maladies inflammatoires, ni lorsque l'animal est échauffé. M. *Vitet.*

Purgatifs minéraux.

Purgatifs avec la régule d'antimoine.

Renfermez dans une bouteille de verre, une partie de limaille de régule d'antimoine, & quatre parties de bon vin ; au bout d'un mois, passez ce mélange, dont vous vous servirez au besoin pour le bœuf, le cheval & la brebis : la dose de ce remede varie suivant la qualité du vin, le plus ou le moins qu'il contient d'acide.

Ce remede donné à haute dose, purge sans exciter des coliques, augmente l'appétit, & diminue les humeurs qui se portent vers les tégumens. M. *Vitet.*

Purgatif avec le kermès minéral.

On peut administrer le kermès minéral en bol ou en breuvage, depuis deux dragmes jusqu'à une once au cheval & au bœuf, & depuis une dragme jusqu'à demi-once à la brebis & au porc, en bol avec du miel, ou délayé dans l'eau blanche.

Il facilite l'expectoration, & augmente un peu l'insensible transpiration. M. *Vitet.*

Purgatif avec le foie d'antimoine, ou crocus metallorum.

On donne au cheval, au bœuf, au porc, le foie d'antimoine porphirisé & mêlé avec du son ou de l'avoine, depuis trois dragmes jusqu'à deux onces, & à la brebis, avec du sel & un peu de farine, depuis une dragme jusqu'à demi-once.

Ce remede n'est point vermifuge, n'excite les sueurs que pris à haute dose, & tourmente l'animal, ne détruit point la ladrerie, affoiblit les forces, irrite les intestins & purge rarement. M. *Vitet.*

Purgatif avec le turbith minéral.

On l'administre depuis deux dragmes jusqu'à demi-once. On doit s'abstenir de ce purgatif. M. *Vitet.*

Purgatif avec le mercure doux, ou l'aquila alba.

Mettez dans une bouteille deux jaunes d'œuf & une chopine d'eau blanche; versez dessus du mercure doux, depuis une dragme & demi jusqu'à trois dragmes; agitez le tout, & administrez sur le champ ce mélange.

Idem.

Purgatif avec la panacée mercurielle.

On peut l'administrer de la même maniere que le mercure doux, depuis deux dragmes jusqu'à une once pour purger, &

comme altérant dans les maladies vermineuses, depuis demi-dragme jusqu'à une dragme, avec deux ou trois onces de miel. *Idem.*

Maniere d'administrer les Médicamens urinaires.

Prenez de racine de patience demi-livre, d'eau six livres; faites infuser pendant quatre heures; passez, ajoutez de miel deux onces; donnez au bœuf ou au cheval ce breuvage, que vous pouvez réitérer deux fois par jour: la dose est depuis demi-livre jusqu'à une livre.

Elle augmente légérement le cours des urines, & aide à l'action des remedes pour détruire la gale. M. *Vitet.*

Donnez au bœuf & au cheval, depuis quatre onces jusqu'à une livre, sur six livres d'eau d'infusion de racine de persil, & à la brebis depuis demi livre jusqu'à une livre & demi.

Ce remede ne convient point aux animaux qui allaittent. M. *Vitet.*

Prenez de la térébenthine une once, trois jaunes d'œufs; ajoutez d'eau blanche ou d'eau miellée demi-livre; mêlez exactement, & donnez sur le champ au bœuf ou au cheval, depuis demi-once jusqu'à deux onces; à la brebis, depuis deux dragmes jusqu'à une once.

Echauffe, augmente les urines, favorise la détersion des ulceres internes. M. *Vitet.*

Donnez le savon sous forme de bol au cheval & au bœuf, depuis une once jusqu'à quatre onces, & à la brebis, depuis demi-once jusqu'à deux onces ; ou bien donnez-le en solution dans trois ou quatre livres d'eau miellée.

Bon urinaire, rétablit les brebis dont on soupçonne le foie altéré depuis peu de tems. M. *Vitet*.

Faites dissoudre du nitre dans l'eau miellée, depuis demi-once jusqu'à deux onces pour le cheval, le bœuf & la brebis.

Ce remede est excellent dans les épidémies, surtout quand on a soin de le combiner avec le camphre. M. *Vitet*.

Donnez du sel marin ou sel commun pulvérisé avec du son ou de l'avoine, ou en solution dans de l'eau blanche ; au bœuf & au cheval, depuis deux onces jusqu'à quatre ; & à la brebis, depuis une once jusqu'à trois.

Il faut refuser ce remede dans toutes les maladies où il y a tendance vers la fermentation putride. M. *Vitet*.

On est dans l'usage de prescrire les eaux minérales en breuvage, en lavement, en vapeurs, en douche & en bains : les ferrugineuses sont indiquées dans les maladies de foiblesse ; les alcalines augmentent les urines & remédient aux maladies du foie ; les sulphureuses conviennent dans les maladies de poitrine, &c.

Maniere d'administrer les Médicamens transpiratoires.

Prenez de racine d'angélique concassée trois onces, d'eau bouillante deux livres & demi ; laissez macérer ce mélange sur les cendres chaudes pendant douze heures ; passez, & donnez la colature au bœuf ou au cheval.

Vous pouvez la donner en infusion depuis deux onces jusqu'à quatre au bœuf & à la brebis.

Ce remède excite une sueur douce & peu abondante. M. *Vitet.*

Prenez des fourmis une poignée ; triturez ; ajoutez peu à peu d'eau ou d'infusion de racine d'angélique une livre & demi ; exposez ce mélange à l'action du bain-marie pendant une heure ; donnez ce remede le matin à jeun au cheval, à la brebis ou au bœuf.

Ce remede échauffe, augmente le mouvement des arteres, donne de la vigueur, excite le cours des urines, & plus souvent la sueur. M. *Vitet.*

Prenez alcali volatil depuis deux dragmes jusqu'à une once sur deux livres d'eau miellée avec d'eau blanche ou d'infusion de racine d'angélique, & donnez-la en breuvage au bœuf & au cheval ; & pour la brebis, depuis une dragme jusqu'à deux sur une livre d'eau, plus ou moins, saturée de sel marin.

Facilite l'expectoration, échauffe, ranime les forces vitales, augmente la transpiration insensible. M. *Vitet*.

Prenez de la suie de cheminée ; donnez-en au bœuf & au cheval depuis une once jusqu'à quatre onces, & à la brebis depuis demi-once jusqu'à deux onces.

Excite l'appétit, détruit les vers blancs & grêles, échauffe, arrête la diarrhée, ranime les forces vitales, favorise les éruptions cutanées, fait suer l'animal quand on la mêle avec le camphre. M. *Vitet*.

Maniere d'administrer les Médicamens masticatoires.

Pulvérisez de la racine de pyrethre ; enveloppez-la dans une toile forte & serrée, & mettez ce petit sac ou masticadour dans la bouche du bœuf ou du cheval.

Excite une chaleur des plus vives, & un flux abondant de salive. M. *Vitet*.

Employez l'assa-fœtida avec la même méthode : réveille l'appétit, fait rendre quantité de salive, & cause moins de chaleur que la racine de pyrethre. M. *Vitet*.

Maniere d'administrer les Médicamens détersifs.

Les feuilles de tabac pulvérisées & soufflées dans les naseaux, font évacuer beaucoup de mucus & ébrouer l'animal.

La vapeur du tabac desséché & brûlé, introduit dans les naseaux avec un entonnoir, est très-bonne; cette fumigation ne doit durer que cinq ou six minutes; on peut la réitérer huit ou dix fois par jour.

Incite l'animal à expectorer avec force les matieres contenues dans les bronches, & chasse l'humeur qui revêt la membrane pituitaire. M. *Vitet*.

Prenez, pour le bœuf & le cheval, de fleur de soufre, depuis une once jusqu'à deux, mêlé avec du son & de l'avoine; & pour la brebis, depuis demi-once jusqu'à une once & demi par jour, mêlé avec le son & du sel marin; vous pouvez réitérer le soir pour le bœuf & le cheval.

Ce remede combat la toux invétérée, les éruptions cutanées, & facilite l'expulsion de l'humeur bronchique. M. *Vitet*.

Prenez deux parties de suc exprimé de feuilles récentes de noyer, & une partie de miel; faites évaporer ce mélange au bain-marie jusqu'à consistance de miel; conservez cette espece d'onguent, préférable dans une multitude de cas, à l'onguent suppuratif; vous pouvez y ajouter quelque gouttes d'eau-de-vie, si les qualités de l'ulcere le requierent.

Injectez le suc de feuilles de noyer dans les ulceres sinueux & fistuleux.

Frottez le cheval ou le bœuf avec des feuilles de noyer récentes & légérement froissées, vous le garantirez de la piqûre des mouches.

Cette méthode déterge les ulceres fétides, défend les ulceres, les plaies & les excoriations de la peau, & convient aux ulceres dont le pus est verdâtre ou fanieux, & dont les chairs commencent à devenir louables. M. *Vitet.*

Le suc exprimé de feuilles d'absinthe, ou l'infusion de feuilles d'absinthe, destinés pour déterger un ulcere, demandent du miel lorsque les parois de l'ulcere sont sensibles; mais quand le pus est fétide & que l'ulcere est vermineux, il faut l'employer seul.

Ce remede borne les progrès de la gangrene & déterge les ulceres fétides.

Employez les feuilles de chélidoine en cataplasme, ou tirez-en par expression le suc, que vous prescrirez en injection ou en lotion. Lorsque les parois de l'ulcere sont douées d'une grande sensibilité, ajoutez-y plus ou moins de miel: la dose en infusion est, pour le cheval, depuis deux onces jusqu'à quatre onces sur trois livres d'eau; en poudre incorporée avec du miel, depuis une once jusqu'à deux; pour les brebis, depuis demi-once jusqu'à une once, en y ajoutant une quatrieme partie de sel marin.

Déterge les ulceres sinueux du garrot, de la tête, &c. mondifie les ulceres fétides des tégumens; mêlé avec du miel, il nettoie les ulceres des paupieres, des yeux & des oreilles. M. *Vitet.*

Prenez de l'eau de chaux seconde, introduisez-la dans les ulceres sinueux ou fistuleux étant adoucie avec du miel; ensuite passez à l'usage de l'eau de chaux premiere, si l'eau de chaux seconde n'a produit aucun effet.

La dose de l'eau de chaux premiere administrée en breuvage, est pour le bœuf & le cheval, depuis demi-livre jusqu'à une livre le matin à jeun, autant le soir; la prudence exige de commencer le traitement interne ou externe des ulceres, avec de l'eau de chaux seconde.

Ce remede augmente la quantité des urines, facilite l'expectoration des matieres contenues dans les bronches, & déterge les ulceres du poumon & des autres parties du corps. M. *Vitet*.

Prenez de verdet sec & réduit en poudre subtile demi-livre, deux livres & demi de miel, de vinaigre bien fort huit onces; mettez ce mélange dans une bassine de cuivre, que vous exposerez au moyen degré de chaleur de l'eau bouillante; remuez continuellement ce mélange jusqu'à ce qu'il ait acquis la consistance de miel, *& vous aurez l'onguent égyptiac*.

Est un détersif généralement estimé. M. *Vitet*.

Mettez du sel vitriolique dans l'eau seule ou miellée, dont vous laverez les parties affectées de légeres inflammations; réduisez-le en poudre, dont vous formerez avec l'étoupe cardée une espece de bouton, que vous appliquerez sur l'ouverture de l'artere, & que vous soutiendrez avec un fort bandage; vous en toucherez deux ou trois fois par jour les ulceres de la bouche

& les chairs trop éminentes des ulceres.

Il suffit de toucher de la pierre infernale les chairs fongueuses pour les consumer ; elles blanchissent sur le champ, ensuite elles se changent en un escarre noirâtre, que la nature ne tarde pas à séparer du vif. Vous pouvez substituer à la pierre infernale, un bouton de vitriol bleu.

Resserre puissamment le diametre des vaisseaux, suspend les hémorragies, & déterge les ulceres, &c. M. *Vitet*.

Maniere d'administrer les Médicamens astringens, vulnéraires, absorbans, cicatrisans, &c.

Prenez deux poignées de feuille de sanicle, d'eau bouillante une livre & demi ; faites macérer pendant une heure ; passez, édulcorez la colature avec du miel, vous aurez une infusion qu'on peut donner trois fois par jour au cheval & au bœuf ; cette même infusion peut servir à laver les yeux & les paupieres enflammées ; les tuniques internes du nez & de l'oreille légérement ulcérés.

Ce remede consolide & dissipe l'inflammation donné en breuvage, est excellent pour les ulceres commençans de la poitrine & des intestins. M. *Vitet*.

L'Ipécacuanha pulvérisé & incorporé avec du miel, s'ordonne pour le bœuf & le cheval depuis une dragme jusqu'à une once, pour la brebis depuis une dragme jusqu'à demi-once.

La dose de la racine d'ipécacuanha concassée & infusée dans une livre d'eau, est depuis deux dragmes jusqu'à une once & demi pour le bœuf & le cheval, & depuis une dragme & demi jusqu'à demi-once pour la brebis.

Ce remede calme la diarrhée & la dyssenterie; il détruit ordinairement ces deux maladies, si on a l'attention de faire précéder une diete mucilagineuse & des lavemens adoucissans. M. *Vitet.*

Le quinquina se donne au bœuf, au cheval & à la brebis, incorporé avec du miel, depuis deux onces jusqu'à quatre, & en infusion dans l'eau ou dans le vin, depuis trois onces jusqu'à demi-livre, sur une livre & demi de fluide aqueux ou spiritueux.

A la place du quinquina, servez-vous de l'écorce de saule, à qui on attribue la même vertu.

Suspend les diarrhées dépendantes du relâchement des intestins, diminue la quantité de pus qui s'écoule des grands ulceres intérieurs ou extérieurs; en lotion il déterge les ulceres vermineux & trop abondans en matiere purulente. M. *Vitet.*

N'appliquez jamais l'amadou sur l'ouverture d'une artere sans avoir nettoyé & séché exactement la plaie, & vous être rendu maître du sang, s'il est possible, avec le tourniquet, ou une simple ligature autour de la partie affectée: dès que vous aurez placé l'amadou, maintenez-le par un fort bandage compreffif, & ne lâchez que peu à peu le tourniquet ou la ligature : ces précautions font indifpenfables pour arrêter des hémorragies confidérables.

L'agaric préparé jouit des mêmes qualités que l'amadou.

S'oppofe à la fortie du fang, mais fimplement fur des arteres d'un calibre médiocre, & avec beaucoup de précaution. M. *Vitet*.

Prenez de craie blanche réduite en poudre fubtile demi-once, délayez-la dans demi-livre d'infufion de racine d'angélique ou d'eau miellée; donnez-la en breuvage au bœuf ou au cheval le matin à jeun; ne donnez que le quatrieme de cette dofe au poulain & au veau âgé de trois ou quatre mois.

Deux dragmes de craie pulvérifée avec demi-dragme de camphre, incorporée avec le miel pour un bol matin & foir; donnés au poulain & au veau âgés d'un an, les guériffent de la diarrhée & des convulfions entretenues par des matieres acides.

Ce remede convient dans la diarrhée où les matieres rejettées ont une odeur aigre. M. *Vitet*.

L'alun fe prefcrit au cheval & au bœuf en breuvage dans un véhicule refferrant & mucilagineux, depuis une dragme jufqu'à deux, fur une livre & demi d'eau miellée ou d'infufion de feuilles de fanicle.

Saupoudrez d'alun brûlé, toutes les vingt-quatre heures, les ulceres dont les chairs font fongueufes ou éminentes, & dont le pus, quoique louable, est très-abondant.

Est le plus fort refferrant pour les bestiaux, arrête les hémorragies, fufpend la diarrhée, & diminue les évacuations extérieures.

Prenez une livre de limaille d'acier, du bon vin généreux fix livres; fermez le tout exactement dans une bouteille, que vous expoferez à la chaleur d'une étuve pendant huit jours; enfuite vous la mettrez dans une cave d'une chaleur tempérée pendant deux mois; tranfvafez, vous aurez un vin ferrugineux, que vous pouvez donner au bœuf & au cheval depuis demi-livre jufqu'à une livre par jour.

Fortifie les tuniques relâchées & peu fenfibles des premieres voies, & augmente le cours du fang & des urines. M. *Vitet*.

Donnez le fafran de mars de Lemeri au bœuf & au cheval, depuis demi-once jufqu'à une & demi, & à la brebis depuis deux dragmes jufqu'à demi-once, dans une infufion de racine de gentiane ou d'angélique, *id*. Le fafran de mars vitriolique :

Arrête les diarrhées féreufes, accélére le pouls, ranime les fonctions vitales. M. *Vitet*.

On donne la teinture de mars tartarifée, mêlée avec du vin ou de l'eau-de-vie, au bœuf & au cheval, depuis deux onces jufqu'à quatre par jour.

Ce remede est encore meilleur que le vin faturé de limaille d'acier. M. *Vitet*.

L'infusion de la boule d'acier dans l'eau-de-vie ou dans le vin, est bonne pour les plaies récentes, les contusions & autres affections superficielles ; intérieurement il faut prescrire la même dose que la teinture de mars.

Jouit pour l'intérieur des mêmes propriétés que la teinture de mars. M. *Vitet.*

Introduisez quelques gouttes de baume d'éguille dans les ulceres sinueux, lubrifiez-en les plumasseaux d'étoupe, & appliquez sur les parois insensibles des ulceres sanieux ; plusieurs en frottent avec force les parties affectées depuis long-tems de douleur & de foiblesse.

Maniere d'administrer les Médicamens aromatiques.

Prenez une poignée de fleurs de camomille romaine, deux livres d'eau ; faites macérer au bain-marie pendant une heure ; passez, exprimez, & donnez-la en breuvage au bœuf & au cheval le matin à jeun, & en lavement pour les coliques venteuses.

On peut l'appliquer en cataplasme pour dissiper les duretés des mamelles, occasionnées par la dépravation du lait.

On peut se servir de l'huile de camomille pour combattre les tumeurs insensibles & dures, les mouvemens spasmodiques, les douleurs de rhumatisme :

Rétablit l'appétit de l'animal dégoûté. M. *Vitet.*

Les fleurs & les feuilles de sauge sont d'usage en infusion dans de l'eau, du vin ou du vinaigre pour fomenter, laver, injecter, donner en breuvage ou en lavement ; se donnent aussi en poudre incorporée avec le miel ou l'extrait de genievre ; en décoction avec du vinaigre pour parfumer les écuries & les bestiaux ; on en fait des cataplasmes avec suffisante quantité de vin ou du vinaigre, pour appliquer sur les parties affectées ; on l'ordonne au bœuf & au cheval depuis une poignée jusqu'à deux sur deux livres de fluide, & la moitié pour la brebis.

Les feuilles mêlées avec l'eau-de-vie fortifient, échauffent, reveillent le sentiment & l'action des parties attaquées de paralysie ou de stupeur : & dissipent souvent les tumeurs molles & récentes qui viennent aux articulations.

Utile dans les maladies soporeuses & dans la perte ou diminution de différens organes, & les ligamens distendus ; dissipe les tumeurs qui viennent pendant les chaleurs de l'été ; s'oppose aux inflammations & aux ravages des ulceres sanieux. M. *Vitet.*

Le suc des feuilles de rue édulcoré avec du miel, se prescrit au cheval & au bœuf depuis demi-livre jusqu'à une livre, & à la brebis depuis deux onces jusqu'à quatre assaisonné avec du sel ; ou bien donnez les feuilles en infusion dans l'eau, le vin, le vinaigre, ou l'eau-de-vie pour breuvage, en lavement, en lotion & en vapeurs ; vous pouvez en faire des cataplaſmes, qu'il faut changer toutes les ſix heures :

Ranime avec force les fonctions vitales ſans beaucoup échauffer, diſſipe les coliques venteuſes, rétablit les fonctions digeſtives ; en cataplaſme, s'oppoſe au progrès de la gangrene, favoriſe la chûte de la partie morte, attire une louable ſuppuration dans les plaies faites par l'extirpation des tumeurs contagieuſes, contribue à la réſolution des tumeurs articulaires ſenſibles & molles, & à celles des mamelles produites par le ſéjour ou l'altération du lait. M. *Vitet.*

La doſe des baies de laurier en breuvage ou en lavement, eſt depuis une once juſqu'à trois, ſur une livre & demi de fluide pour le bœuf & le cheval.

Les baies de laurier triturées avec du vin juſqu'à conſiſtance pulpeuſe, forment un cataplaſme plus propre à réſoudre les tumeurs inſenſibles & molles, & à augmenter la ſenſibilité & la force des muſcles & des autres parties du corps, que l'huile de laurier, ſi uſité chez les maréchaux.

Diſſipe les coliques flatueuſes, augmente la vélocité du ſang.

La doſe des baies de genievre en infuſion dans l'eau ou le vin, eſt, pour le bœuf & le cheval, depuis deux onces juſqu'à quatre, ſur trois livres de fluide aqueux ou ſpiritueux.

L'extrait de genievre feul ou mêlé avec de la racine de gentiane, l'emporte fur la thériaque : la dofe eft depuis demi-once jufqu'à trois pour le bœuf & le cheval, & depuis demi-once jufqu'à une once pour la brebis.

Reftaure les forces languiffantes de l'animal affoibli par les maladies ou par un pâturage trop humide, favorife les médicamens urinaires dans l'hydropifie, augmente l'appétit du malade, calme la diarrhée dépendante de la foibleffe, de la tunique mufculaire des inteftins, & diffipe les coliques venteufes. M. *Vitet*.

La racine de gentiane fe prefcrit en infufion dans de l'eau ou du vin pour le cheval ou le bœuf, depuis une once jufqu'à deux, fur deux livres & demi de fluide aqueux ou fpiritueux ; ou bien on la pulvérife & on l'incorpore avec l'extrait de genievre, & on la donne depuis une once jufqu'à trois pour le bœuf & le cheval, & depuis deux dragmes jufqu'à demi once pour la brebis.

Excite l'appétit, ranime les forces, échauffe beaucoup, eft bonne pour les maladies du foie de la brebis, & eft d'un grand fecours pour les diarrhées produites par la foibleffe des inteftins. M. *Vitet*.

La gomme ammoniac incorporée avec fuffifante quantité de miel pour faire des bols, fe donne au cheval & au bœuf depuis une once jufqu'à une once & demi, & à la brebis depuis une dragme jufqu'à trois.

Mêlée avec quantité de savon blanc, facilite la résolution des tumeurs formées par un dépôt de gourme, & est efficace dans les maladies du foie.

Réduite en consistance de miel avec du vin ou du vinaigre aromatisé, résout les tumeurs dures des glandes du cou, ou y établit une suppuration avantageuse.

A réussi plusieurs fois dans la pousse. M. *Vitet*. L'encens ou l'oliban est bon pour parfumer les écuries.

Prenez de camphre demi dragme, de nitre une dragme, de miel quantité suffisante pour un bol; donnez-le au bœuf ou au cheval attaqué d'inflammation de poitrine, trois ou quatre fois par jour; la dose pour le cheval est depuis demi dragme jusqu'à une, pour le bœuf depuis vingt grains jusqu'à quarante, & pour la brebis depuis dix grains jusqu'à vingt-cinq. Doses que vous pouvez réitérer trois ou quatre fois par jour: faites boire après de l'eau miellée, de l'eau blanche, ou de l'eau blanche nitrée.

L'eau-de-vie camphrée est extérieurement d'une grande efficacité pour dissiper les accidens qui naissent d'une contusion, d'un effort ou d'une distension violente des ligamens & des muscles, pour prévenir la gangrene & s'opposer à son progrès, borne les ulceres des jambes qui tendent vers la putridité, & résout les inflammations superficielles & récentes.

Ranime les forces vitales, facilite l'éruption de la clavelée & des tumeurs contagieuses, oblige la nature dans les fievres malignes à faire ses efforts pour chasser la matiere morbifique; en général plus utile au bœuf qu'au cheval, & très-souvent nuisible à la brebis. M. *Vitet.*

Le vin se donne en breuvage au cheval & au bœuf depuis une livre jusqu'à deux le matin & autant le soir; on peut aller jusqu'à six livres par jour.

Ranime les sens engourdis & les forces vitales, réveille l'appétit & hâte la digestion.

Appliqué extérieurement, seul ou avec du miel, il déterge les ulceres abondans en pus aqueux & garnis de bonnes chairs, il consolide les plaies récentes & peu étendues; mêlé avec des plantes aromatiques, il fortifie les muscles & les ligamens qui ont souffert; avec des plantes astringentes, il répercute avec force les inflammations récentes.

On se sert de l'eau-de-vie dans les maladies de foiblesse où le vin ne produit aucun effet sensible : son usage extérieur est très-étendu; c'est un des meilleurs topiques pour les blessures récentes, arrête le progrès de la carie, déterge les ulceres & consolide les ulcérations des tendons &c.; dissipe les violentes contusions, les inflammations légeres, borne la gangrene & mondifie les ulceres contagieux de la bouche.

La dose de l'eau-de-vie est pour le bœuf & le cheval languissans, depuis demi-livre jusqu'à une livre, & pour la brebis depuis deux onces jusqu'à quatre.

Il faut appliquer les plumasseaux imbibés d'esprit de vin sur les parties cariées ou ulcerées, & les arroser trois ou quatre fois par jour sans découvrir l'ulcere ou la carie, & ne les changer que toutes les vingt-quatre heures : l'eau-de-vie doit tenir lieu souvent d'esprit de vin.

Ranime les sens engourdis & les forces vitales & musculaires, réveille l'appétit & hâte la digestion.

Maniere d'administrer les Médicamens inflammatoires.

Les précautions qu'il faut prendre pour favoriser la réussite des médicamens inflammatoires, se réduisent à couper le poil de la portion des tégumens sur laquelle vous voulez les appliquer, & y faire des frictions légeres & continuées, pour y déterminer une grande quantité d'humeurs, & à rendre la peau plus souple par des cataplasmes mucilagineux, & la tenir fort chaude lorsque les inflammatoires y sont appliqués.

A cet effet, appliquez l'onguent de scarabées ou de mouches cantharides sur la partie ; couvrez l'onguent ou le cataplasme d'un linge bien chaud & d'une peau d'agneau; maintenez-le avec un bandage ; laissez-le pendant vingt-quatre heures &, ne donnez à l'animal pour boisson & nourriture, que l'eau blanchie nitrée.

Si au bout de vingt-quatre heures la partie n'est pas ulcerée, réiterez une nouvelle application, que vous laisserez vingt-quatre heures au cheval, & trente-six heures au bœuf, & douze heures à la brebis : l'ulcération sera établie au bout de ce tems & la suppuration abondante; sinon réitérez encore l'application.

Dès que l'ulcere produit beaucoup de pus & qu'il est douloureux, pansez-le avec le miel & le jaune d'œuf; & lorsque vous jugerez à propos de le consolider, employez l'onguent digestif, plus ou moins animé d'eau-de-vie; & il conduira l'ulcere à parfaite cicatrice : il ne faut pas appliquer ces remedes à l'œil, aux orifices extérieurs des naseaux, aux parties de la génération, ni aux mamelles.

Ce remede est très-bon dans toutes les maladies inflammatoires avec éruption, dès qu'elle menace de disparoître ou disparoît avant le tems dans les tumeurs farcineuses; & les dépôts produits par la gourme, aussitôt qu'elles sont répercutées & occasionnent des accidens fâcheux.

Dans les maladies fébriles, aigues, avec foiblesse des forces musculaires : dans ce cas l'application s'en fait aux jambes antérieures ou postérieures.

Dans les maladies inflammatoires internes dont la résolution est difficile, sur la partie la plus éloignée de l'endroit affecté, & quelquefois sur l'endroit affecté.

Dans l'inflammation des yeux, entre les

deux angles de la mâchoire postérieure ou au-dessous des oreilles.

Dans les maladies douloureuses entretenues par une humeur hétérogene, sur l'endroit affecté.

Dans les maladies de foiblesse, sur les parties privées de sentiment & de mouvement.

Dans les maladies soporeuses, sur la superficie interne des cuisses, quand même il y auroit transport.

Appliquez ce remede sur le vessigon, les éponges, les mollettes & autres tumeurs de cette nature.

N'appliquez point ce remede dans les fievres où la langue est aride, la bouche séche, les crotins desséchés & le mouvement du cœur fort & fréquent, ni dans les affections soporeuses avec fievre ardente & coup donné sur la tête, ni dans les affections inflammatoires de l'abdomen.

Ne l'appliquez jamais sur les tumeurs inflammatoires des glandes, sur les dartres & les tumeurs œdémateuses. M. *Vitet.*

Maniere de faire un cautere ou un séton avec le sublimé corrosif, ou l'ellébore blanc.

D'abord ne les placez que sur les tégumens qui forment le fanon du bœuf, les parties lattérales de la croupe, la face externe des cuisses, *exemple* :

Faites au bas du poitrail une section longue d'un pouce & demi, qui pénétre jusqu'au qu'au tissu cellulaire des tégumens; dégagez du tissu cellulaire des tégumens un des bords de la plaie; placez dans le tissu cellulaire de la plaie, un morceau de racine d'ellébore blanc, de la grosseur d'une amande, ou demi-dragme de sublimé corrosif enveloppé d'un peu de coton cardé; fermez la plaie avec une épingle qui en traverse les deux bords, & que vous maintiendrez avec deux ou trois crins de la queue du cheval; laissez la plaie fermée jusqu'à ce qu'il s'y soit accumulé une suffisante quantité de pus; alors retirez l'épingle, ce qui arrive ordinairement au bout de quinze ou vingt-quatre heures pour le sublimé corrosif, & de trente-six ou quarante-huit heures pour la racine d'ellébore; ensuite pansez l'ulcere avec des substances convenables à l'indication; pour entretenir une abondante suppuration, avec l'onguent de scarabées; & s'il faut la diminuer, avec le digestif simple.

N'employez jamais le sublimé corrosif pour la brebis, & soyez-en avare pour le cheval & le bœuf. M. *Vitet.*

Maniere de faire un séton avec les crins.

Percez les tégumens du poitrail du cheval, de la brebis, & le fanon du bœuf, avec une grosse aiguille enfilée de sept à huit crins imbibés d'onguent de scarabées; renouez trois ou quatre fois par jour cette espece de corde, & oignez-la d'onguent de

scarabées, dès qu'il ne sort plus de matieres purulentes.

L'effet de ce séton est si avantageux, que dans toutes les especes d'épidémies, on a rarement vu des bœufs & des chevaux pourvus de séton, attaqués de la peste. M. *Vitet*.

Maniere d'administrer les Médicamens caustiques.

Prenez d'arsénic blanc en poudre, de chaux vive, de chacun demi-livre, mêlés exactement ; ajoutez du miel pour former un onguent, que vous appliquerez sur l'ulcere farcineux tant qu'il fournira des chairs fongueuses ; dès qu'il n'en paroîtra plus, pansez l'ulcere avec l'onguent égyptiac.

Prenez trente parties d'eau & une d'arsénic en poudre subtile ; faites bouillir le tout jusqu'à parfaite solution ; prenez une éponge, que vous imbiberez de cette eau, & que vous tiendrez avec un gand pour en frotter les parties du cheval ou du bœuf affectées de gale.

Après avoir rasé la partie sur laquelle vous voulez appliquer la pierre infernale ou la pierre à cautere, adaptez-y un emplâtre fenêtré, composé de poix navale & d'argile tamisée ; la fenêtre doit être proportionnée à la grandeur de l'escarre que vous voulez former, & y placer le caustique couvert d'étoupe cardée, avec une compresse par-dessus maintenue par un bandage ;

regardez-en toutes les heures les effets, & dès que le cauſtique ſera devenu liquide, levez l'appareil pour en faciliter la ſolution; humectez l'endroit où vous vous propoſez de l'appliquer.

L'uſage des cauſtiques eſt bien borné; à peine conviennent-ils pour détruire les chairs fongueuſes des ulceres, ou pour ouvrir une ou deux eſpeces d'abcès, comme la tumeur glanduleuſe peu ſenſible, qui ſe termine lentement, & fait craindre des ſinus & des fiſtules. M. *Vitet*.

Maniere d'adminiſtrer les Médicamens rafraîchiſſans, répercuſſifs, aſtringens.

Prenez ſix livres de feuilles d'oſeille; exprimez-en le ſuc & mêlez-le avec quinze ou vingt livres d'eau.

Eſt utile au commencement des maladies inflammatoires de la tête, des viſceres, de l'abdomen & de la veſſie; prévient le penchant qu'ont les humeurs vers la putridité, & n'irrite point l'eſtomac & les inteſtins du cheval. M. *Vitet*.

Prenez des feuilles récentes d'oſeille; broyez-les juſqu'à conſiſtance pulpeuſe; paſſez à travers un tamis, & vous aurez une pulpe que vous pourrez appliquer en cataplaſme.

Convertit promptement les tumeurs inflammatoires en abcès. M. *Vitet*.

Donnez la crême de tartre en ſolution dans l'eau blanchie ou dans l'infuſion de racine de guimauve, ou pulvérifée en bol avec le miel; fi vous en prefcrivez une quantité au-deffus de trente-fix grains, qui eft ce que peut tenir en folution une livre d'eau au dixieme degré de chaleur au-deffus de la glace.

Utile dans les maladies inflammatoires du bœuf & peftilentielles, accompagnées de chaleur d'entrailles & de difficulté d'uriner; n'irrite ni l'eftomac, ni les inteftins: les fuccès font prefque affurés dans les maladies où les humeurs tendent vers la putridité. M. *Vitet*.

Il faut mêler le vinaigre avec de l'eau & du miel, à la dofe d'une livre fur quinze ou vingt livres d'eau, & demi-livre ou une livre de miel pour le bœuf; vous doublerez la dofe du miel pour le cheval, & vous le donnerez en breuvage ou en lavement.

S'oppofe au progrès des maladies putrides, tempére le fang dans les maladies inflammatoires, calme la foif; quelquefois il corrige les humeurs dépravées par le virus peftilentiel. M. *Vitet*.

Prenez une livre de miel, fix onces de cérufe réduite en poudre fubtile; mêlez exactement ces matieres fur un porphire, vous aurez l'onguent blanc ou de cérufe.

Répercute & adoucit l'âcreté du pus, defféche, contribue à la guèrifon des ulceres fimples où le pus eft abondant, & où il n'a pas affez de confiftance pour cicatrifer; tempére les ulceres avec chaleur & douleur. M. *Vitet*.

Le vinaigre de saturne se prescrit en injection & en fomentation.

Il rafraîchit, est plus résolutif & plus calmant que le vinaigre pur: servez-vous-en dans le commencement des tumeurs inflammatoires; il adoucit les démangeaisons de la peau; il résout l'inflammation récente du scrotum, de la vulve & des paupieres; dissipe les accidens des brûlures récentes & superficielles. M. *Vitet*.

Introduisez quelques gouttes d'esprit de sel dans les scarifications faites sur la partie gangrenée; touchez-en deux fois par jour les chairs fongueuses, ou les parois de l'ulcere putride.

Borne les progrès de la gangrene, détruit les chairs fongueuses & les parois des ulceres putrides. M. *Vitet*.

On se sert assez communément de l'eau forte, dont on touche tous les jours les chairs fongueuses & les excroissances, jusqu'à ce qu'il se forme un escarre, dont la chute entraîne les parties nuisibles.

Mêlez de l'acide vitriolique avec l'eau, jusqu'à agréable acidité.

Il passe pour rafraîchir, tempérer & s'opposer à la putridité des humeurs, avec plus d'efficacité que le vinaigre & la crême de tartre. M. *Vitet*.

Formez une liqueur avec deux onces d'esprit de vitriol, trois onces d'eau tenant en solution deux onces de miel.

Lavez-en les ulceres de la bouche, & autres parties du corps. M. *Vitet*.

Maniere d'administrer les Médicamens mucilagineux, tempérans, adoucissans, muqueux, reláchans, aqueux, émolliens, huileux.

Pilez les feuilles de laitue fraîches, exprimez, & donnez-en le suc à la dose de six livres, soit en breuvage, soit en lavement, au bœuf & au cheval.

Les feuilles fraîches & triturées, forment un cataplasme convenable pour les tumeurs inflammatoires, qu'on ne craint pas de répercuter.

Donnez des feuilles de laitue au bœuf & au cheval avec un peu de vinaigre, de sel & d'huile; c'est un moyen facile & agréable pour réveiller l'appétit du bœuf & du cheval dégoûté.

Ce remede convient dans le cas où l'animal est tourmenté d'une grande soif, où il a la bouche échauffée & les visceres de l'abdomen enflammés. M. *Vitet.*

Prenez quatre pommes rainettes cuites à la braise, de l'eau huit livres, faites infuser pendant une heure; passez, & donnez ce breuvage au bœuf & au cheval : vous pouvez réitérer deux ou trois fois par jour, & l'édulcorer avec du miel, si l'animal y répugne.

Ce breuvage est rafraîchissant, augmente les urines & calme les symptômes de l'inflammation. M. *Vitet.*

Vous pouvez faire boire au cheval &

au bœuf jusqu'à douze à quinze livres de lait par jour, à la brebis & à la chevre quatre à cinq livres, & du petit lait dix à douze livres : une livre suffit pour purger toute grande brebis, & demi livre pour une petite.

Le lait convient dans les suppurations louables & abondantes, où il s'agit de restaurer l'animal dans les violentes toux. M. *Vitet*.

On donne le lait en lavement, à la dose de six livres pour le cheval & quatre pour le bœuf, à proportion pour la brebis.

Nourrit, calme les vives douleurs qui ne sont pas accompagnées d'inflammation. M. *Vitet*.

On s'en sert en injection, en fomentation & en cataplasme avec de mie de pain.

On se sert du petit lait en breuvage.

Rafraîchit, adoucit & nourrit le bœuf & le cheval durant les plus grandes chaleurs de l'été ; appaise la soif vive & l'inflammation considérable ; excite le cours des urines ; combat les maladies des uretheres & de la vessie accompagnées d'inflammation.

Ne donnez jamais que de l'eau tiede dans les maladies inflammatoires & fébriles ; & pour les autres maladies, proportionnez la chaleur de l'eau à celle de l'animal : plus l'animal est échauffé, plus vous devez augmenter la chaleur de l'eau.

Les vapeurs de l'eau bouillie avec des feuilles de mauve ou de pariétaire, adouciſſent la toux & les autres maladies de poitrine.

En un mot, l'eau d'une chaleur tempérée, rélativement au corps de l'animal, ſous quelque forme qu'on la preſcrive, ne peut jamais cauſer des accidens fâcheux.

Prenez de racine de guimauve demi-livre, d'eau douze livres ; faites infuſer pendant deux heures, & paſſez pour un breuvage : ſi le cheval & le bœuf le répugnent, ajoutez-y deux onces de miel, & un peu de ſel marin pour la brebis, qui ne doit en boire qu'une livre par jour.

Cette infuſion donnée en lavement, peut être réitérée ſept ou huit fois par jour au cheval attaqué de dyſſenterie, & pour le moins cinq fois au bœuf.

Calme l'inflammation des viſceres, ſur-tout de l'eſtomac & des inteſtins ; elle peut ſervir de boiſſon dans les maladies fébriles & douloureuſes.

Servez-vous de la décoction d'orge en injection & en lavement, édulcorée avec du miel : *déterge les ulceres profonds, douloureux & de bonne qualité.*

Prenez une forte poignée de farine d'orge avec douze livres d'eau tiéde, & ſervez-vous-en en forme de tiſane.

Il faudroit fonder la diete des animaux dans les maladies inflammatoires, aigues ou fébriles, ſur la farine d'orge délayée : elle rafraîchit, adoucit & tempére, de même que la décoction, dont on peut ſe ſervir comme de la farine délayée. M. *Vitet.*

Prescrivez l'avoine de la même maniere que l'orge. M. *Vitet* fait un observation bien essentielle, qui est que le bœuf & le cheval qui séjournent dans l'écurie ou dans les champs, ne doivent jamais manger d'avoine si on veut les conserver en parfaite santé, quoique la coutume soit contre cet avis ; & ne conseille de donner de l'avoine qu'au bœuf & au cheval excédé de fatigue.

Elle nourrit & échauffe l'animal, & anime l'un & l'autre.

La dose ordinaire de la farine ou du son de froment, varie selon l'espece de la maladie &c. ; la dose du son pour faire l'eau blanche, est d'une livre sur dix à douze livres d'eau ; ajoutez-y de la farine de froment si vous avez envie de rendre l'eau blanche nutritive : on peut la donner en breuvage & en lavement.

Rafraîchit beaucoup, tempére l'ardeur des intestins & des visceres voisins, & nourrit. *M. Vitet.*

Le levain tempére la chaleur d'une tumeur inflammatoire, & convertit promptement la tumeur en abcès : il est préférable aux graisses, aux huiles, &c.

Prenez de racine de réglisse mondée & concassée une livre, versez dessus d'eau bouillante douze livres ; laissez réposer le tout sur les cendres chaudes pendant une heure ; passez pour un breuvage, que vous pouvez réitérer trois fois par jour, pour les affections cutanées.

L'infusion destinée à laver les parties extérieures, doit être plus faturée de réglisse, c'est pourquoi au lieu d'une livre il en faut trois.

Calme la toux, facilite l'évacuation des matieres par les naseaux du cheval attaqué de gourme ; mais sa principale qualité est de favoriser la résolution des tumeurs qui tiennent du caractere de la dartre & de la gale : en boisson, & en lavant souvent de cette infusion la partie affectée, on est venu à bout de détruire les affections dartreuses qui avoient résisté aux traitemens ordinaires. M. *Vitet*.

Prenez du miel une livre, d'eau seize livres ; faites tiédir l'eau, mettez-y en solution le miel, & servez-vous en.

C'est la boisson qu'il faut prescrire dans les maladies inflammatoires de poitrine. M. *Vitet*.

Donnez le miel seul ou mêlé avec de l'avoine au bœuf & au cheval, à la dose de demi-livre matin & soir ; allez même jusqu'à une livre, si l'animal n'est pas échauffé.

Calme la toux, la pousse commençante & l'inflammation, lorsque l'animal commence à jetter par les naseaux. M. *Vitet*.

Prenez quatre onces de miel, deux livres de vin rouge ; mêlez-le dans un vase exactement fermé, que vous laisserez dans une étuve l'espace de six heures, vous aurez le vin miellé.

Bon pour laver les plaies récentes, & être injecté dans les ulceres profonds, & à servir de boisson à la dose d'une livre ou deux pour reſtaurer l'animal. M. *Vitet*.

Prenez deux livres de miel, une livre de vinaigre, que vous ferez cuire à un feu doux juſqu'à conſiſtance de ſirop : enlevez l'écume.

Trois ou quatre onces de ce mélange, délayé dans ſept ou huit livres d'eau, forment une boiſſon rafraîchiſſante, qui calme la ſoif du bœuf & du cheval. M. *Vitet*.

Prenez des amandes douces, fraîches & dépouillées de leur écorce; triturez-les avec une petite quantité d'eau juſqu'à les réduire en pâte; augmentez peu-à-peu la quantité d'eau; paſſez ce mélange à travers un linge, & faites-en boire pluſieurs fois par jour au bœuf ou au cheval.

On peut le donner en lavement dans les violentes inflammations des viſceres de l'abdomen, & particulierement dans les maladies inflammatoires de la tête, & des organes ſécretoires ou excrétoires de l'urine.

Pouſſe par les urines, tempére & adoucit dans les difficultés d'uriner cauſées par l'âcreté des urines ou par la conſtriction du ſphincter dans les violentes coliques ſans météoriſme, qui ſont cauſées par la préſence d'un médicament irritant ou d'une plante vénimeuſe. M. *Vitet*.

L'huile d'amande ne vaut pas plus que l'huile d'olive pris intérieurement & rancit plutôt; elle produit pourtant un bon effet en boiſſon & en lavement, mêlée avec de ſuie de cheminée pour détruire les vers.

On peut purger le bœuf avec l'huile d'olive & le cheval, à la dose de trois livres, en lavement à la dose de deux livres.

Bonne pour calmer la toux, les violentes coliques & les tenesme accompagné de dyssenterie ou de diarrhée, & surtout dans les coliques vermineuses. M. *Vitet*.

La graisse fraîche bien lavée & fondue au bain-marie, est préférable à l'onguent rosat, & a autant de propriété que le blanc de baleine, qui facilite l'expectoration & adoucit les ulceres douloureux.

On s'en sert en onction sur les parties douloureuses, hâte la suppuration, adoucit les grandes douleurs des ulceres superficiels, & s'oppose au dessèchement de corne, surtout mêlée avec le miel.

Le mélange de farine d'avoine avec des jaunes d'œufs, forme un aliment capable de restaurer en très-peu de tems l'animal exténué par défaut de nourriture ou suite de maladie.

Le jaune d'œuf mêlé avec la farine de froment & l'eau, convient pour nourriture dans les diarrhées, les évacuations de sang, & abondantes suppurations.

Prenez une livre de miel, demi-livre de térébenthine; mêlez exactement, & vous aurez un digestif préférable en plusieurs cas à celui qu'on prépare avec le jaune d'œuf.

Fin de la Seconde Partie.

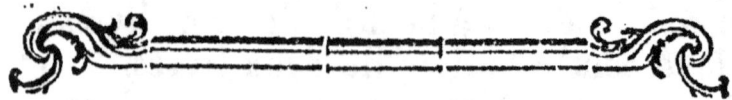

TABLE
DES CHAPITRES

Contenus dans la seconde Partie.

Observations Préliminaires. page 3
Observations générales concernant les maladies des Bestiaux. 10
CHAP. I. *Du Cheval & de ses maladies.* 18
CHAP. II. *Du Bœuf & de ses maladies.* 84
CHAP. III. *Des Bêtes à laine & de leurs maladies.* 148
CHAP. IV. *Des Boucs & Chevres, & de leurs maladies.* 171
CHAP. V. *Des Cochons & de leurs maladies.* 176
CHAP. VI. *De la Volaille & de ses maladies.* 185
CHAP. VII. *Etat des Médicamens convenables aux Animaux quadrupedes.* 192

Fin de la Table des Chapitres de la seconde Partie.

TABLE DES MATIERES.

A

Abcès, 114. 190. Abcès à la gorge. 149
Affections lunatiques. 34
Arrettes, ou Queues-de-rat. 67
Assoupissement causé par le soleil. 154
Atteinte. 82
Avant-Cœur. 52. 99
Avalure. 80
Avives. 36

B

Barbillon. 23
Barres blessées, ou Bouche entamée. ibid.
Bleime. 79
Beautés du Cheval. 19

C

Capelet. 67
Cataracte. 34
Charbon. 52. 108
Chancre. 117. 152
Cerise. 80
Clavin, Clavelu. 165
Constipation. 58. 154
Cors. 58
Courbe. 67
Courbature. 52
Ciron. 38
Crapaud. 73
Crapaudine. 69
Crampe. 62
Crévasses. 68
Corne rompue. 76
Clou de rue. 77
Coup à l'œil. 33

D

Dégoût. 24
Diarrhée. 49
Dyssenterie, ou Flux de sang. 51. 102
Démangeaison de la queue. 58
Dureté au chignon, ou Cors provenant de la foulure du joug. 97
Dessolure des Bêtes à corne. 121
Difficulté de respirer. 162

E

Ebulition. 54
Ecart. 59
Eaux des jambes. 66
Effort. 59
Ecorchure au cou. 98
Encartelure. 73
Enchevestrure. 63
Enflure, ou Œdeme, 113. 164. 174. 181. Enflure aux jambes, 63. Enflure des glandes du cou, 183.
Entorse. 68
Entretaillure. 72
Eparvin. 67
Erésipele, Feu sacré. 150
Erésipele contagieux. 151
Etranguillons. 95
Etourdissement. 32
Enclouure. 74
Epidémies. 121
Eponge. 34

F

Farcin. 47
Faim vorace. 189
Flegmon. 115
Féve ou Lampas. 22
Feu de St. Antoine. 156
Fic. 54
Fievre. 52. 184. Fievre continue simple, 87. Fievre maligne, ibid. Fievre putride, 89. 174. Fievre inflammatoire, 90. Fievre lente, 93. Fievre ou tremblement fébrile du pannicule charnu, 167.
Fluxion sur les yeux. 32
Flux de ventre, 188. Flux d'urine. 41
Forme. 71
Fortraiture. 45
Fourbure. ibid.
Fourmiliere. 81
Fracture. 58

G

Gale. 51. 112. 161. 184. 190.
Ganglion. 82
Gangrene. 56
Garrot blessé. 57
Gourme. 24. 182
Grasfondure. 52
Goutte. 190
Gratelle. 170

H

Hémorragie. 34
Hydropisie. 174

I

Jambes travaillées, foulées ou usées. 63
Javart. 69
Jaunisse causée par les vers, 120. 158. Jaunisse froide, 120. 158. Jaunisse avec chaleur, 121. 159.
Indigestion. 181
Inflammation des poumons. 103

L

Ladrerie ou Lepre. 179
Léthargie. 184

M

Maniere d'engraisser un Cheval. 83
Mal sec, 175. Mal aux yeux, 188. Mal de cerf, 35. Mal de feu, ou Mal d'Espagne, 31.
Maigreur par une espece de ver solitaire. 169
Malandres, ou Solandres. 64
Maladie pédiculaire. 163
Morfondure. 27
Mélancolie. 191
Morve. 28. 155.
Mules traversieres. 62
Musaraigne. 60
Mollete. 65
Mouche dans les narines. 98
Mue. 191

N

Nerferure. 73

O

Onglet. 96

P

Paresse de ventre. 188
Peigne. 78
Pépie. 187
Pieds Solbattus. 81

Piqûre ou Morsure de bêtes venimeuses. 51. 103. 163.
Pissement de sang. 42. 100. 162.
Poison. 118. 157
Pouilleutement, ou Morsure par les poux. 54. 116.
Pousse. 44
Pourreaux. 69
Polype. 38

R

Rage. 49. 104.
Rate. (douleur de) 182
Rétention d'urine. 42. 110.
Rétention d'un corps étranger dans le gosier. 120
Rognon blessé. 58
Rot avec effort, 109. Rot sans effort sensible pour vomir. 153

S

Scorbut. 37. 94. 169
Seime, Quarte. 78
Séparation de la corne du pied & chute des ongles. 117
Suros, Fusées & Osselets. 64
Sortie involontaire de la langue. 39

T

Taches dans l'œil. 33
Taupe. 38
Mal de tête, 29. Mal de tête de contagion, 31
Teignes. 77
Tic. 23
Toux, 149. Toux séche. 27
Tournoyement, Vertige. 148
Tranchées, ou Coliques. 39. 98. 162.

V

Varices. 65
Vermines. 189
Vessigon. 65
Verrues. 54
Vertige. 29
Vers des ongles. 116. 168.
Vomissement. 181
Ulcere. 55

Fin de la Table des Matieres.

TABLE des Médicamens convenables aux Animaux quadrupedes.

Purgatifs.

Manne. pag. 193
Séné. 194
Aloès. ibid.
Régule d'antimoine. 195
Kermès minéral. ibid.
Foie d'antimoine, ou *Crocus metallorum*. 196
Turbith minéral. ibid.
Mercure doux, ou Aquila alba. ibid.
Panacée mercurielle. ibid.

Médicamens Urinaires.

La racine de Patience. 197
Perfil. ibid.
Térébenthine. ibid.
Savon. 198
Nitre. ibid.
Sel marin. ibid.
Eaux minérales. ibid.

Transpiratoires.

La racine d'Angélique. 199
Les Fourmis. ibid.
L'Alcali volatil. ibid.
La Suie de cheminée. 200

Masticatoires.

Racine de Pyrethre. 200
L'Assa-fœtida. ibid.

Déterfifs.

Les feuilles de Tabac. ibid.
Fleur de Soufre. 201
Feuilles de Noyer. ibid.
Feuilles d'Absinthe. 202
Feuilles de Chélidoine. ibid.
Eau de chaux. ibid.
Verd-de-gris. 203
Sel vitriolique. ibid.
Pierre infernale. 204

Astringens, Vulnéraires, Absorbans, Cicatrisans, &c.

Sanicle. 204
Ipécacuanha. ibid.
Ecorce de Saule. 205
Quinquina. ibid.
Amadou. ibid.
Agaric. 206
Craie blanche. ibid.
Alun. ibid.
Limaille d'Acier. 207
Saffran de Mars. ibid.
Teinture de Mars. ibid.
Boule d'Acier. 208
Baume d'Aiguille. ibid.

Aromatiques.

Camomille. 208

Sauge. 209
Rue. ibid.
Bayes de Laurier. 210
Bayes de Genievre. ibid.
Racine de Gentiane. 211
Gomme Ammoniac. ibid.
Encens ou Oliban. 212
Camphre. ibid.
Vin. 213
Eau-de-vie. ibid.
Esprit-de-vin. 214

Inflammatoires.

Onguent de Scarabées. ibid.
Cauteres ou Sétons avec l'Ellébore ou le Sublimé corrosif. 216
Sétons avec les Crins. 217

Caustiques.

Arsénic. 218
Pierre infernale. ibid.

Rafraîchissans, Repercussifs, Astringens.

Oseille. 219
Crême de Tartre. ibid.
Vinaigre. 220
Cérufe. ibid.
Vinaigre de Saturne. 221
Esprit-de-sel. ibid.
Acide vitriolique. ibid.
Esprit-de-vitriol. ibib.

Mucilagineux, Tempérans, Adoucissans, Muqueux, Aqueux, Emolliens, Huileux.

Laitue. 222
Pommes. ibid.
Le Lait. ibid.
Petit lait. 223
Eau. ibid.
Guimauve. 224
Orge. ibid.
Avoine. 225
Froment. ibid.
Levain. ibid.
Reglisse. ibid.
Miel. 226
Amandes douces. 227
Huile d'Amandes douces. ib.
Huile d'Olive. ibid.
Graisse fraiche. 228
Œufs. ibid.
Maniere de faire un bon Digestif pour les plaies ibid.

Fin de la Table des Médicamens.

www.ingramcontent.com/pod-product-compliance
Lightning Source LLC
Chambersburg PA
CBHW070622230426
43670CB00010B/1621